住房和城乡建设部"十四五"规划教材
高等学校智能建造专业系列教材

工程项目管理信息分析

骆汉宾 主　编
钟波涛 副主编

中国建筑工业出版社

高等学校智能建造专业系列教材编审委员会

主　任：丁烈云

副主任（按姓氏笔画排序）：

　　朱合华　李　惠　吴　刚

委　员（按姓氏笔画排序）：

　　王广斌　王丹生　王红卫　方东平　邓庆绪　冯东明
　　冯　谦　朱宏平　许　贤　李启明　李　恒　吴巧云
　　吴　璟　沈卫明　沈元勤　张　宏　张　建　陆金钰
　　罗尧治　周　迎　周　诚　郑展鹏　郑　琪　钟波涛
　　骆汉宾　袁　烽　徐卫国　翁　顺　高　飞　鲍跃全

出版说明

智能建造是我国"制造强国战略"的核心单元，是"中国制造2025的主攻方向"。建筑行业市场化加速，智能建造市场潜力巨大、行业优势明显，对智能建造人才提出了迫切需求。此外，随着国际产业格局的调整，建筑行业面临着在国际市场中竞争的机遇和挑战，智能建造作为建筑工业化的发展趋势，相关技术必将成为未来建筑业转型升级的核心竞争力，因此急需大批适应国际市场的智能建造专业型人才、复合型人才、领军型人才。

根据《教育部关于公布2017年度普通高等学校本科专业备案和审批结果的通知》（教高函〔2018〕4号）公告，我国高校首次开设智能建造专业。2020年12月，住房和城乡建设部办公厅印发《关于申报高等教育职业教育住房和城乡建设领域学科专业"十四五"规划教材的通知》（建办人函〔2020〕656号），开展了住房和城乡建设部"十四五"规划教材选题的申报工作。由丁烈云院士带领的智能建造团队共申报了11种选题形成"高等学校智能建造专业系列教材"，经过专家评审和部人事司审核所有选题均已通过。2023年11月6日，《教育部办公厅关于公布战略性新兴领域"十四五"高等教育教材体系建设团队的通知》（教高厅函〔2023〕20号）公布了69支入选团队，丁烈云院士作为团队负责人的智能建造团队位列其中，本次教材申报在原有的基础上增加了2种。2023年11月28日，在战略性新兴领域"十四五"高等教育教材体系建设推进会上，教育部高教司领导指出，要把握关键任务，以"1带3模式"建强核心要素：要聚焦核心教材建设；要加强核心课程建设；要加强重点实践项目建设；要加强高水平核心师资团队建设。

本套教材共13册，主要包括：《智能建造概论》《工程项目管理信息分析》《工程数字化设计与软件》《工程管理智能优化决策算法》《智能建造与计算机视觉技术》《工程物联网与智能工地》《智慧城市基础设施运维》《智能工程机械与建造机器人概论（机械篇）》《智能工程机械与建造机器人概论（机器人篇）》《建筑结构体系与数字化设计》《建筑环境智能》《建筑产业互联网》《结构健康监测与智能传感》。

本套教材的特点：（1）本套教材的编写工作由国内一流高校、企业和科研院所的专家学者完成，他们在智能建造领域研究、教学和实践方面都取得了领先成果，是本套教材得以顺利编写完成的重要保证。（2）根据教育部相关要求，本套教材均配备有知识图谱、核心课程示范课、实践项目、教学课件、教学大纲等配套教学资源，资源种类丰富、形式多样。（3）本套教材内容经编写组反复讨论确定，知识结构和内容安排合理，知识领域覆盖全面。

本套教材可作为普通高等院校智能建造及相关本科或研究生专业方向的课程教材，也可供土木工程、水利工程、交通工程和工程管理等相关专业的科研与工程技术人员参考。

本套教材的出版汇聚高校、企业、科研院所、出版机构等各方力量。其中，参与编写的高校包括：华中科技大学、清华大学、同济大学、香港理工大学、香港科技大学、东南大学、哈尔滨工业大学、浙江大学、东北大学、大连理工大学、浙江工业大学、北京工业大学等共十余所；科研机构包括：交通运输部公路科学研究院和深圳市城市公共安全技术研究院；企业包括：中国建筑第八工程局有限公司、中国建筑第八工程局有限公司南方公司、北京城建设计发展集团股份有限公司、上海建工集团股份有限公司、上海隧道工程有限公司、上海一造科技有限公司、山推工程机械股份有限公司、广东博智林机器人有限公司等。

本套教材的出版凝聚了作者、主审及编辑的心血，得到了有关院校、出版单位的大力支持，教材建设管理过程严格有序。希望广大院校及各专业师生在选用、使用过程中，对规划教材的编写、出版质量进行反馈，以促进规划教材建设质量不断提高。

中国建筑出版传媒有限公司

2024年7月

序言

教育部高等学校工程管理和工程造价专业教学指导分委员会（以下简称教指委），是由教育部组建和管理的专家组织。其主要职责是在教育部的领导下，对高等学校工程管理和工程造价专业的教学工作进行研究、咨询、指导、评估和服务。同时，指导好全国工程管理和工程造价专业人才培养，即培养创新型、复合型、应用型人才；开发高水平工程管理和工程造价通识性课程。在教育部的领导下，教指委根据新时代背景下新工科建设和人才培养的目标要求，从工程管理和工程造价专业建设的顶层设计入手，分阶段制定工作目标、进行工作部署，在工程管理和工程造价专业课程建设、人才培养方案及模式、教师能力培训等方面取得显著成效。

《教育部办公厅关于推荐2018—2022年教育部高等学校教学指导委员会委员的通知》（教高厅函〔2018〕13号）提出，教指委应就高等学校的专业建设、教材建设、课程建设和教学改革等工作向教育部提出咨询意见和建议。为贯彻落实相关指导精神，中国建筑出版传媒有限公司（中国建筑工业出版社）将住房和城乡建设部"十二五""十三五""十四五"规划教材以及原"高等学校工程管理专业教学指导委员会规划推荐教材"进行梳理、遴选，将其整理为67项，118种申请纳入"教育部高等学校工程管理和工程造价专业教学指导分委员会规划推荐教材"，以便教指委统一管理，更好地为广大高校相关专业师生提供服务。这些教材选题涵盖了工程管理、工程造价、房地产开发与管理和物业管理专业主要的基础和核心课程。

这批遴选的规划教材具有较强的专业性、系统性和权威性，教材编写密切结合建设领域发展实际，创新性、实践性和应用性强。教材的内容、结构和编排满足高等学校工程管理和工程造价专业相关课程要求，部分教材已经多次修订再版，得到了全国各地高校师生的好评。我们希望这批教材的出版，有助于进一步提高高等学校工程管理和工程造价本科专业的教学质量和人才培养成效，促进教学改革与创新。

教育部高等学校工程管理和工程造价专业教学指导分委员会
2023年7月

前言

十年前，作者出版了《工程项目管理信息化》一书。其后，信息技术及其应用得到了长足发展，与土木工程实践结合更加紧密。在出版社的支持下，促使作者规划本书。

本书围绕工程项目全过程信息管理，在体系上注重理论与工程实践的结合，系统地介绍工程项目管理信息化的有关理论知识和实务。全书共分12章，第1章介绍工程项目管理基本概念及数字建造模式下的工程项目管理变革；第2章讨论工程项目管理信息资源，包括工程项目管理信息资源的分类、特点和作用、获取途径等；第3~5章阐述工程项目管理信息的采集与传输、表达与建模、存储与分析方法；第6章介绍工程项目管理信息可视化、数字仪表盘、基于虚拟与增强现实的工程可视化方法；第7章介绍工程项目管理信息化的意义，实施的基本准备工作，实施模式，发展趋势以及工程项目信息化规划等；第8、9章则主要对工程管理信息系统进行了详尽论述，列举了工程管理信息系统的主要类型，包括单业务和综合业务应用系统、项目总控系统、项目信息门户以及面向整个工程行业应用和治理的信息管理系统等；第10~12章分别讨论了工程项目管理信息系统的开发实施，安全管理以及应用评价。

本书由华中科技大学骆汉宾教授担任主编并进行统稿，钟波涛教授担任副主编，同济大学王广斌教授担任主审。各章编写分工如下：第1章（骆汉宾）、第2章（钟波涛）、第3章（钟波涛、刘佳静）、第4章（周迎、陈丽娟）、第5章（钟波涛、刘文黎）、第6章（周迎、陈维亚）、第7章（骆汉宾、余宏亮）、第8章（骆汉宾）、第9章（钟波涛）、第10章（骆汉宾、刘佳静）、第11章（骆汉宾）、第12章（骆汉宾、陈珂）。同时，魏然博士参与了第3、4、10章的编写，高寒博士参与了第1、4、6章编写。此外，方伟立、邢雪娇、雷蕾、罗盈、祝倩、陈雨蝶、向然、何万磊等参加了相关章节素材整理等工作。本书很多内容得益于丁烈云教授的思想和观点，在此深表谢意！同时一并感谢华中科技大学工程管理研究所毕业生徐迅、张军、张黎、曹雷、阎桥露、王子涵、罗颖等提供的支持。在编写过程中，编者还参考并引用了有关作者的论著和国内外应用及研究成果，对此表示诚挚谢意。

本书的出版得到国家自然科学基金区域创新发展联合基金重点支持项目（U21A20151）的支持。

由于工程项目管理信息化相关理论与实践仍在不断地丰富、发展和完善，加之编者水平有限，书中难免有错误和不足之处，恳请读者及同行批评指正。

术语表

本书中所使用的一些术语部分未达成统一的定义，在使用这些术语的过程中，为了避免歧义，在此将术语在文中的含义统一界定。

1. 工程项目周期：是指从建设意图产生到项目拆除的全过程，包括项目的决策阶段、实施阶段和运营阶段。

2. 工程项目全寿命管理：包括项目决策阶段的策划管理、项目实施阶段的项目建设管理、项目运营使用阶段的设施管理等。

3. 工程项目管理信息：是指工程建设管理过程中所涉及的一切文件、资料、图表和工程数据等信息的总称，它能够反映工程建造管理活动在空间上的分布状况、生产完成情况、质量安全管理、设备和物资的调配使用和工程计量支付情况等，并能给组织的管理决策和管理目标的实现提供有价值的数据。其内涵是建设管理活动过程中所产生、获取、处理、存储、传输和使用的一切信息资源，贯穿于工程项目管理的全过程。在本书的描述中，并没有把工程项目管理信息与工程项目信息的概念进行严格的区分。

4. 可视化：是指通过计算机图形技术创建信息图表、模型、视频动画等方式将信息数据以更容易被使用者接受的方式表现出来。

5. 数字仪表盘：在20世纪80年代的时候，"仪表盘"的概念开始被引入工程管理信息系统，是一种通过向决策者展示项目运作整体状况，从而协助决策者在可视化、数字化界面中作出决策的工具。本书的数字仪表盘指建立在工程项目的业务系统之上，按照管理目标体系，建立可以对指标数据进行加工整理、数据挖掘、直观显示等多项功能的决策支持系统。

6. 工程物联网：是指通过工程要素的网络互联、数据互通和系统互操作，实现建造资源的灵活配置、建造过程的按需执行、建造工艺的合理优化和建造环境的快速响应，从而为建立服务驱动型的新工程生态体系提供支持。

7. 工程大数据：是指以工程为载体，在工程项目全生命周期中利用各种软件硬件工具所获取的数据集，通过对该数据集进行分析可为项目本身及其相关利益方提供增值服务。

8. 云存储：是指通过集群应用、分布式文件系统或网格计算等，将网络中大量不同类型的存储设备通过某种手段集合起来协同工作，共同对外提供存储和业务访问的数据存储技术。

目录

第1章 数字建造与工程项目管理 · 1

1.1 数字建造 · 1

1.2 工程项目管理 · 2

1.3 工程项目各阶段的管理 · 4

1.4 数字建造模式下的工程项目管理变革 · 8

思考题 · 12

第2章 工程项目管理信息 · 13

2.1 工程项目管理信息 · 13

2.2 工程项目管理信息需求与获取途径 · 19

2.3 工程项目管理中的信息沟通交互 · 21

思考题 · 26

第3章 工程项目管理信息采集与传输 · 27

3.1 工程物联网 · 28

3.2 工程项目信息采集技术 · 30

3.3 工程项目信息传输技术 · 41

思考题 · 46

第4章 工程项目管理信息表达与建模 · 47

4.1 工程项目管理信息表达与建模的标准化 · 47

4.2 工程项目多维信息建模 · 55

4.3 工程项目多源信息集成建模 · 72

思考题 · 80

第 5 章 工程项目管理信息存储与挖掘 · 81

5.1 工程大数据 · 81

5.2 云存储 · 82

5.3 工程大数据云存储应用案例 · 85

5.4 工程大数据分析和挖掘 · 93

思考题 · 118

第 6 章 工程项目管理信息可视化 · 119

6.1 工程项目管理信息可视化概述 · 119

6.2 工程项目管理数字仪表盘 · 121

6.3 工程项目管理虚拟与增强现实可视化 · 132

思考题 · 142

第 7 章 工程项目管理信息化建设 · 143

7.1 工程项目管理信息化 · 143

7.2 工程项目管理信息化实施的基础准备工作 · 149

7.3 工程项目管理信息化的实施模式 · 151

7.4 工程项目管理信息化的发展趋势 · 152

7.5 工程项目信息化规划 · 155

7.6 工程项目管理信息化建设标准化 · 166

7.7 案例分析 · 174

思考题 · 180

第 8 章 工程项目管理信息系统 · 181

8.1 工程项目管理单业务应用系统 · 181

8.2 工程项目管理综合业务应用系统 · 189

8.3 工程项目总控系统 · 194

思考题 · 204

第 9 章 工程项目管理平台化与治理 · 205

9.1 工程项目管理平台化治理 · 205

9.2 工程项目管理信息系统在建筑市场监督管理中的应用 · 208

9.3 建筑工程质量指数编制与发布系统·210
思考题·215

第10章 工程项目管理信息系统开发与实施管理·216

10.1 工程项目管理系统开发项目启动·216
10.2 工程项目信息管理系统需求分析·220
10.3 工程项目信息管理系统设计·225
10.4 工程项目信息管理系统编码·229
10.5 工程项目信息管理系统测试·231
10.6 工程项目信息管理系统试运行·234
10.7 工程项目信息管理系统验收·238
10.8 工程项目信息管理系统维护·242
思考题·243

第11章 工程项目管理信息系统安全·244

11.1 信息系统安全评估理论·244
11.2 信息安全评估指标体系构建原则·246
11.3 信息安全评估指标体系构建方法·246
11.4 信息系统安全评估指标分析·247
11.5 信息系统安全评估指标体系框架·252
思考题·264

第12章 工程项目管理信息系统评价·265

12.1 信息系统评价的概念·265
12.2 工程项目信息系统评价的特殊性及对策·266
12.3 工程项目信息系统评价指标·266
12.4 工程项目信息系统评价模型·270
12.5 轨道交通建设信息管理系统评价示例·272
思考题·276

附录 需求规格说明书·277
参考文献·281

第1章 数字建造与工程项目管理

1.1 数字建造

新一代信息技术正在迅速发展,其以数字化、网络化和智能化为典型特征。新一代信息技术正在与各产业深度融合,催生新一轮的产业革命。为了抓住新一轮产业革命的历史性机遇,实现工程建造的创新发展,建造业开始了对行业发展数字化未来的探索,建造业在信息技术的驱动下正向着数字建造时代前进。

数字建造是指将数字技术应用于工程产品的决策、设计、施工以及运维服务等过程中,用数字化、结构化、可视化的方式,通过信息建模、仿真分析来改进设计、施工与运维服务,提高工程建造效率和产品性能、降低成本所涉及的一系列活动的总称。

数字建造具有以下几方面特征:

(1) 两个过程与两个产品

工程建造不仅是一个物质建造的过程,还是一个管理业务数字化、产品数字化的过程。工程交付既交付物质产品,同时也交付一个虚拟的数字产品。工程建造的上一阶段不仅向下一阶段交付实体工程(产品),还向下一阶段提交描述相应工程的数字模型(产品)。每一阶段的实体交付与数字交付都体现着一个价值增值的过程。工程完工时,功能完整的实体工程和描述完整的数字模型两个产品同时交付。同时,这一数字产品在工程运营存续的整个过程中起着重要作用,为工程的运营维护乃至拆除提供支持。

(2) 两个工地与两个关系

数字建造有效地连接了工程建造全过程各个阶段,工程数字化建造成为与工程物质建造同等重要的一个并行过程。由此,数字建造可以支持实施基于BIM的虚拟建造、先试后造的模式。

数字建造模式下,同时存在着数字工地和实体工地两个场景。数字工地以整个建造过程的可计算、可控制为目标,基于先进的计算、仿真、可视化、信息管理等技术,实现对实体工地的数字驱动与管控。在数字工地中,通过工程数字模型,可以在实体工程建造之前就进行仿真分析，在虚拟模型中"先试后造"，达到设计阶段做加法（多做分析），施工阶段做减法（减少现场错误）的效果。譬如现代建筑形态越来越复杂，在有限的施工空间中往往存在着大量的交叉作业过程，通过虚拟建造能够更好地发现空间的冲突，并优化作业顺序，避免空间碰撞发生。再如装配式建造工地中重型建筑构件的吊装，需要精确地模拟吊装过程，从而选择正确的吊装方案。数字工地与实体工地密不可分，体现着数字化建造模式下工程建造的"虚"与"实"的关系，以"虚"导"实"，即数字工地的信息流驱动实体工地建设活动，实现物质流和资金流的精益组织，按章有序施工。

工程建造需要后台技术与知识的支持，也少不了前台的人力与物力的努力。工程建造体现为前台与后台的不断交互过程，将数字化技术应用到工程的建造实践，用后台分析助力现场监管，使得现场操作有后台指导。譬如在施工质量管理中需要调用来自后台的技术规范用于指导前台工人的施工以及现场工程师的质量监督，后台质量数据的统计分析支持前台发现施工中的质量隐患，并采取有针对性的措施。再如在地铁工程施工中，前台需要不断采集地表沉降等各类数据并送往后台，后台基于数据挖掘结果与专家智慧给出风险点和风险预防措施，并反馈至前台。数字建造正是以"后台"的知识驱动着"前台"的运作。

1.2 工程项目管理

1.2.1 工程项目含义和特点

人类社会一直存在着各类有组织的活动，它们一般分为两种类型：一种是连续不断、周而复始的活动，可称其为"作业"（Operations），如一个正常的生产活动；另一种是非常规的、一次性的活动，可称其为"项目"（Projects），通常项目有确定的目标和明确的约束条件，如工程项目有明确的时间、费用和质量目标等。

关于项目，在工业生产中开发一种新产品、在学术研究中为解决某一问题进行的课题研究、在文化体育中举办一届运动会等都是项目。在建设领域中，建造一栋大楼、一个工厂、一个体育场也都是项目。项目一般具有以下基本特点：目标性、唯一性、整体性、多目标性、寿命周期性、相互依赖性、冲突性。

关于工程项目，一般而言，是指为特定目标而进行的投资建设活动。《辞海》（第七版）中"工程项目"的定义为："具有独立设计文件，竣工后能独立发挥设计所规定的生产能力或效能的工程。可以指建设项目，也可以指建设项目的单项工程。"

工程项目有如下一些特点。

1）建设周期长

工程项目一般需要较长时期的建设才能完工、运营、回收资金。

2）整体性强

每一个工程项目都有独立的设计文件，在总体设计的范围内，各单项工程具有不可分割的联系，一些大的项目含有许多配套工程，缺一不可。

3）受环境制约性强

工程项目建造的环境包括自然环境和社会环境。工程项目一般在露天作业，受水文、气象等因素影响较大；建设地点的选择受地形、地质等多种因素的影响；建设过程中所使用的建筑材料、施工机具等的价格会受到物价因素的影响，从而使投资控制成为一个大问题。

以著名的港珠澳大桥项目为例来说明工程项目的特点。港珠澳大桥连接粤港澳三地，路线全长约56km。项目从2009年底开始动工建设，并于2017年实现主体工程全线贯通，历时8年的建设周期。该项目设计使用年限120年，项目总投资达1000多亿元。该工程包含路、桥、隧、岛等多项工程以及房建、市政等多专业配套工程。其中的岛隧工程施工难度最大，也是大桥建设的核心工程。该岛隧工程由中交联合体承担，高度集成勘察、设计、施工、科学研究及装备制造资源等完成。岛隧工程的施工受到多种环境因素的制约，增加了大桥的建造难度，环境给工程带来的具体挑战如下：①项目处于亚热带海洋性季风气候区，设计需要考虑超级台风的影响，同时台风造成较大的施工风险，导致有效作业时间相对减少。②珠江口海域海上商贸活动密集，同时大桥与香港大屿山机场的飞机航线相交，需要同时满足机场航空限高和通航净空的要求。③大桥跨越中华白海豚自然国家级保护区，需要保护白海豚的自然栖息环境不被破坏，施工所产生的淤泥一律通过专用运送船舶运输到指定区域，以降低对海洋环境的污染。

1.2.2 工程项目管理的含义和任务

管理是指组织中的如下活动或过程：通过信息获取、决策、计划、组织、领导、控制和创新等职能的发挥来分配、协调包括人力资源在内的一切可以调用的资源，以实现预期的目标。

工程项目管理的核心是提高工作成效，尽管普遍认为人力本身因素对工程成效好坏的影响很大，事实上，无效的工程管理才是效力低下的首要原因，管理活动所带来的影响程度比不熟练的人力所带来的影响程度高。工程管理者可以通过正确的规划、决策、控制和利用资源以及提供和反馈信息提升生产力。工程管理的重要作用是预见问题，并在问题发生前提出并实施解决方案，从而实现工程建造增值。

工程项目管理就是针对项目的需求和期望而将理论知识、技能和工具应用到项目的活动中去。从整体上看，工程项目管理实质是对工程项目全寿命周期的管理。

1.3 工程项目各阶段的管理

1.3.1 工程项目的周期

美国项目管理协会（PMI）将项目全寿命周期划分为四个顺序的阶段：项目启动、组织与准备、项目实施以及终止阶段，且每个阶段所完成的任务以及取得的成果都是实实在在可以计算的可交付物。也可以将项目的生命周期划分为六个阶段：项目策划、项目设计、项目采购、项目建造、项目运营及维护、项目拆除。其中，项目策划阶段包括从项目构思一直到项目立项的全部工作；项目设计阶段包括了各种不同专业的设计，如：建筑设计、结构设计、暖通设计、给水排水设计、电气设计等；项目采购是指项目组织外部获得货物和服务的过程，如：工程招标投标、货物采购、咨询服务采购等；项目建造包括项目实施到交付使用的全部工作；项目运营及维护主要指项目建设完成后对交付产品的运营维护；项目拆除是指当建筑物使用时间超过其设计年限，需要对建筑物进行拆除。

综合不同的生命周期定义，可以总结为：工程项目的项目周期是指从建设意图产生到项目拆除的全过程，它包括项目的决策阶段、实施阶段和运营阶段，如图1-1所示。决策阶段的主要任务是确定项目的目标，即确定项目建设的任务和确定项目建设的投资、质量和工期目标等。实施阶段的主要任务是完成建设任务并使项目建设的目标尽可能好地实现。运营阶段的主要任务是确保项目的运行或运营，使项目能保值和增值。

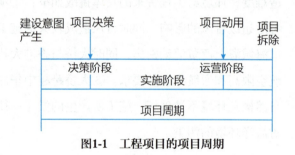

图1-1 工程项目的项目周期

1.3.2 工程项目各阶段的管理

工程项目管理是对工程项目全寿命周期的管理，按项目的阶段划分，它主要包括：项目决策阶段的策划管理（或称开发管理，Development Management，简称DM）、项目实施阶段的建设管理（Project Management，简称PM）、项目运营阶段的设施管理（Facility Management，简称FM）。

（1）工程项目策划管理

工程项目策划，是指从项目投资主体的利益出发，根据客观条件和投资项目的特点，在掌握信息的基础上，运用科学手段，按照一定程序和标准，对投资项目做出选择或决定，即拟定具体的投资方案。工程项目策划（DM）具有先行性、不定性、预测性和决策性等特点。这些内容和特点，使工程项目策划成为项目管理中最困难也是重要的一步，工程项目策划既取决于项目的内部环境和外部环境，还取决于项目策划者和项目决策者的能力。

工程项目决策阶段将对项目在技术、工程、经济和外部协作条件等进行全面的调查研究，根据项目建设的要求和可能条件，拟定出项目的发展框架及项目实施和项目运营阶段的相关管理内容。

工程项目策划是项目实施的重要基础，项目策划工作的充分与否很大程度上影响了项目建设和项目运营的效果。因此，DM对于工程投资者和工程经营者是非常有价值的。它是项目全寿命管理的一个重要部分。

（2）工程项目建设管理

工程项目建设管理的内涵是从实施开始至项目建设完成，通过项目策划和项目控制，使项目的费用目标、进度目标和质量目标得以实现。

根据管理主体的不同，项目管理可以分为：业主方的项目建设管理、设计方的项目建设管理、施工方的项目建设管理、供货方的项目建设管理等。

业主方的项目建设管理工作涉及项目实施阶段的全过程，即在设计前的准备阶段、设计阶段、施工阶段、运营前准备阶段和保修阶段，分别进行如下工作：安全管理、投资控制、进度控制、质量控制、合同管理、信息管理。

设计方的项目建设管理工作主要在设计阶段进行，但它也涉及设计前的准备阶段、施工阶段、运营前准备阶段和保修期。其主要任务包括：与设计工作有关的安全管理、设计工作成本控制和与设计工作有关的工程造价控制、设计进度控制、设计质量控制、设计合同管理、设计信息管理、与设计工作有关的组织和协调。

施工方的工程项目建设管理工作主要在施工阶段进行，但它也涉及设计准备阶段、设计阶段、运营前准备阶段和保修期。在工程实践中，设计阶段和施工阶段往往是交叉的，因此施工方的项目管理工作也涉及设计阶段。施工方项目管理的主要任务包括：施工安全管理、施工成本控制、施工进度控制、施工质量控制、施工合同管理、施工信息管理、与施工方有关的组织与协调。

供货方的项目管理工作主要在施工阶段进行，但它也涉及设计准备阶段、设计阶段、运营前准备阶段和保修期。其主要任务包括：供货的安全管理、供货方的成本控制、供货的进度控制、供货的质量控制、供货合同管理、供货信息管理、与供货有关的组织与协调。

（3）工程项目设施管理

工程项目运营期的设施管理可以以下一个或几个概念的集合来解释：①设施管理是一种技术职能，维持实物设施的实际效用以确保它支持组织的核心活动（业务维护）；②设施管理是一种经济职能，通过控制成本确保高效率地利用实物资源（财务控制）；③设施管理是一种战略性的职能，通过物质基础设施资源的前期规划以支持组织机构的发展和减少风险（变更管理）；④设施管理是一种社会功能，确保实物基础设施的工作符合组织中用户的需要（用户界面）；⑤设施管理是一种服务，提供非核心支持服务；⑥设施管理是一种专业责任，对工作场所的人有社会责任。

设施管理也被认为由维修管理、空间管理、改建工程管理、融资管理、服务经营等组成。设施管理包含了对人、生产过程、环境、健康和安全等"软件"的涉及。综合起来讲，设施管理是一种包含多种学科，综合人、位置、过程及技术，以确保工程环境与功能的专业活动。它以保持业务空间高品质的工作、生活质量和提高空间投资效益为目的，以最新的技术对空间环境进行规划、整合和维护管理工作，满足人们的工作、生活需要。

国际设施管理协会（IFMA）提出设施管理的业务主要包括以下几个方面：年度及长期规划、财务与预算管理、不动产管理、室内空间规划及空间管理、工程维修与保养、保安电信及行政服务，主要应用于公用设施（如医院、学校、体育场馆、博物馆、会展中心、机场、火车站和公园等）以及工业设施（如工厂、工业园区、科技园区和物流港等）。此外，也有一些学者对设施管理的范围进行研究，提出了更为具体的设施管理范围。比较典型的有Quah给出的设施管理范围，如图1-2所示。

以国家体育场"鸟巢"项目的设施管理为例，奥运场馆赛后利用是公认的世界性难题，"鸟巢"依托"反复利用、综合利用、持久利用"的设施管理理念成为了可持续发展的奥运遗产。奥运赛后，针对"鸟巢"场馆制定了全面综合利用和长期设施管理规划。鸟巢的设施管理也可以从财务管理、空间管理、运营管理、行为管理四个维度进行划分。在财务管理方面，鸟巢通过市场化和多元化运营，逐步形成以大型活动、旅游服务、商业开发为支撑的三大主业，在覆盖场馆折旧、维护、能耗及人员等成本的基础上实现运营盈利；在空间管理方面，对场馆空间进行再设计和布置改造，以满足建设多种经营业态的功能区域需求。如在鸟巢南侧引入有丰富馆藏的奥运博物馆项目，利用北侧原酒店预留空间建设鸟巢文化中心，并引入一系列餐饮与旅游产品商户；运营管理方面，鸟巢运维部门对场馆进行整修、美化，并实施高标准的日常维护管理。定期对场馆的钢结构、膜结构进行清洗和吸尘清理，并检查修复场内外破损的线槽、脱落的油漆和损坏的照明灯等；行为管理方面，考虑到部分设施的使用者为盲人，场馆比赛、热身、更衣等功能区的门上都贴有盲文，专设的盲道直达场馆各个区域，电梯也设计了语音提示系统，一切均可确保盲人运动员在场馆内做到无需帮手。鸟巢管理部门也不断提升场馆的服务质量，以保障用户满意度。"鸟巢"也按照"社会性、公益性、群众性"的运营宗旨，开展公益性体育文化活动，发挥奥运场馆的社会效益。从以上对设施管理范围、内容及其涉及的主要问题的讨论中可以看出，有效的设施管理不仅依赖于业务体系，更有赖于这个领域中工作人员的专业水平和管理能力。

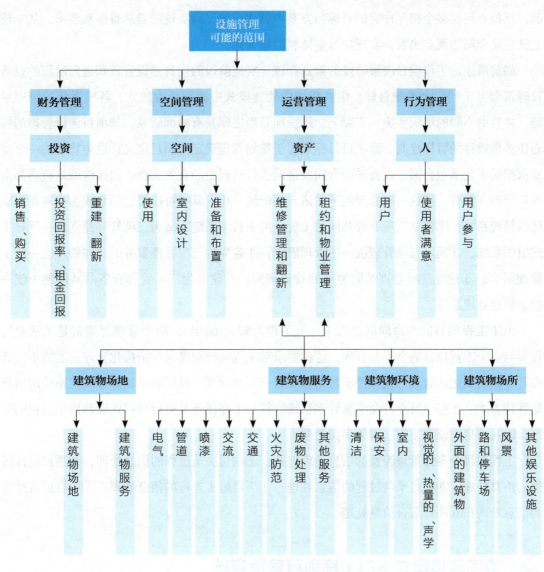

图1-2 设施管理的范围

1.3.3 工程项目全寿命管理

工程项目全寿命管理把工程项目管理的范围从传统的仅局限于实施阶段的管理,扩展到全过程的管理(包括项目决策阶段的策划管理、项目实施阶段的项目建设管理、项目运营阶段的设施管理等)。它通过信息获取,决策、计划、组织、领导、控制等职能的发挥来分配、协调包括人力资源在内的一切可以调用的资源,以实现工程项目系统目标。

工程项目全寿命管理的主要方法是集成化管理。集成化管理是指为确保项目各项工作能够有机地协调所开展的综合性和全局性的项目管理工作。它将项目管理的各方面整合在一起，其核心是在多个相互冲突的目标和方案中做出权衡，以实现项目总目标和要求，从本质上就是从全局的观点出发，实现项目整体利益最大化。

如前所述，工程项目决策阶段的策划管理、实施阶段的项目建设管理和运营阶段的设施管理都服务于同一个系统目标，但在传统的管理模式中被割裂为独立、各成系统的管理系统，并且由不同的组织实施。实际上，这三项管理之间具有内部联系，如项目建设管理的核心任务是项目的目标控制，而项目目标来源于策划管理确定的项目定义；设施管理的一个重要依据是土建承包合同、设备采购合同及合同执行过程中的有关文档，而这些原始资料都由项目管理方保存。将这三项管理经下述诸方面的统一化，就有可能将它们集成为全寿命集成化的管理系统：①建立三项管理共同的（统一的）目标系统；②为三项管理建立统一领导下的组织系统；③确定三项管理统一的管理思想；④建立为三项管理服务的共同的（统一的）管理语言；⑤建立三项管理共同遵守的管理规则；⑥建立为三项管理服务的共同的（统一的）信息处理系统。

由于工程项目的寿命周期很长（一般工程为50~100年），单个管理者通常是无法全过程参与一个工程项目的全寿命管理，这就要求对工程实行制度化、结构化管理，实施不以管理者不同而变化的管理方式。要实行工程项目全寿命管理，最好的手段和方式就是采用信息化管理方式。工程项目全寿命信息管理系统的核心工作任务是进行项目建设和使用过程的管理，以及项目建设和使用过程的界面管理。

工程项目全寿命管理涉及的信息处理包括：①项目决策过程的信息处理；②项目设计过程的信息处理；③项目采购过程的信息处理；④项目施工过程的信息处理；⑤项目运营过程的信息处理；⑥项目综合信息处理。

1.4 数字建造模式下的工程项目管理变革

1.4.1 工程建造行业发展困境

工程建造资产规模大、工程数量多、对关联产业的发展带动力巨大，是我国一个重要的行业。然而，传统工程项目管理模式下，建造业还存在诸多问题，制约着我国从建造大国向建造强国的发展。

1. 工程建造信息碎片化

工程建造过程信息沟通效率低，信息不一致、信息丢失和信息模糊等问题，造成工程项目过程信息损失严重。据统计，在工程项目的施工阶段，信息沟通不畅导致时间被浪费，59.6%的施工时间从事着非增值活动，即处在返工、变更、等待或延误的过程中。传统工程项目中三分之二的问题与信息交流有关，而10%~33%的成本增加与信息交流问题有关。在大型工程项目中,信息交流问题导致的工程变更和错误带来的成本增加则占到了工程总成本的3%~5%。解决信息孤岛与信息损失问题,建立高效的信息交流模式,是保障工程项目管理成功的必要因素。

2. 劳动生产率低

工程建造劳动生产效率低。2016年麦肯锡研究报告显示,1995—2014年,全球来看,总体劳动生产效率的年增长速度仅为1%左右,显著落后制造业3.6%的年增长率水平。我国建筑业的劳动生产率更是低于同时期发达国家水平,生产过程主要以劳动密集型为主,现代化程度不高。同时,建筑业产值利润率也远低于工业平均水平,为产值利润率最低的第二产业。另外,尽管我国大型工程总承包企业产值规模较国际同类企业大得多,但企业利润率与发达国家企业相比仍旧差距显著,这均不利于行业和企业的可持续发展。

3. 能源消耗高、浪费严重

工程项目资源消耗量大、浪费严重。我国是世界上每年新建建筑最多的国家,每年新增建筑面积达20亿m^2。这也伴随着巨大的能源消耗,以2018年为例,当年我国的建造能耗占全社会一次能源消耗的29%。同时,道路、桥梁、房屋建筑寿命短,拆除翻修浪费大。《中国建筑垃圾资源化产业发展报告(2014年度)》指出,我国建筑垃圾是第一大城市垃圾源,城市建筑垃圾达垃圾总量的30%~40%,而建筑废弃物资源化率仅约5%,资源浪费严重,资源转化率相比于发达国家的90%相差甚远。我国建筑垃圾处理手段滞后,管理基本无序,仍处在相对粗放的填埋及堆放阶段,建筑垃圾传统运输、填埋带来的粉尘污染是大气污染的重点源之一,对生态文明建设产生了巨大不利影响。

4. 工程作业环境恶劣

建筑业的自动化和机械化程度较低,大多工作需要繁重的体力劳动,作业环境恶劣,风险高。我国国家统计局发布的《2017年全国农民工监测调查报告》指出,从2007年到2017年,建筑业一线工人平均年龄从33.2岁增长到了43.1岁,年轻人排斥进入建筑业就业。2017年,建筑施工行业报告的死亡人数达3843人,远超发达国家水平。面临老龄化和高风险问题,提高机械自动化水平,改善工人作业环境,刻不容缓。

5. 工程产品品质不高

我国大量建筑寿命不到30年,仅相当于英国建筑的1/4。达沃斯经济论坛《2017—2018年度全球竞争力指数报告》显示我国基础设施总体质量排名全球第47位,我国工程质量仍然有很大的提升空间。除了工程产品质量之外,工程产品功能也面临着提升的需求,面向未来的建筑除了要满足安全、经济、成本要求,也需要满足绿色、健康、舒适、节能等目标。同时,定制化、个性化、智能化也在成为未来建筑的发展趋势。我国建造业的未来发展,必然要向着绿色化、信息化、智能化的高质量的发展路径转变。

1.4.2 工程项目管理变革

随着数字化技术在工程建造领域的应用及发展,工程建造行业正在发生一系列深刻变革。

数字建造模式区别于传统的工程建造方法和管理模式,其本质是以数字化技术为基础,带动资源组织形式、建造过程的变革,并带动管理模式、工程产品的变革。从外延上讲,数字建造代表着以数字信息为代表的新技术与新方法驱动下的工程建设的范式转移,即组织形式、建造过程、管理模式、工程产品等全方位的变迁。

随着工程建造业的发展,工程建造的专业划分更加清晰明确,生产分工更加细致深入,协同建造已成为一种重要的生产组织方式,促进着建造企业的转型升级。协同建造模式可通过工厂预制生产的方式得以实现和发展。首先,工程建造产品将依据专业特点和生产方式等因素进行构件的划分、归类,通过考虑不同制造厂商的专业特色和生产范围,各类构件的生产任务将分配到对应合作制造厂商,并分别在不同工厂内进行大规模的定制生产,之后将按施工计划运送到工地,在施工现场进行装配建造。

面向服务的理念为工程建造服务化的转型提供了发展契机和动力。在此背景下,迫切需要企业从传统的单纯产品建造转向为用户提供具有丰富内涵的产品和服务,直至形成整体解决方案。在"工厂预制生产+现场集成装配"模式下,为促进企业的转型升级、增强企业的核心竞争力,建造企业将依据其专业特色,在工程实体产品制造的同时,向用户提供内涵丰富的虚拟数字产品和全面的建造产品配套服务。同时,产品数字化及管理数字化的过程中将产生大量的工程数据,而对这些工程大数据高效利用方法的研究,将成为工程管理主动控制理论与水平创新升级的新契机,同时也将进一步驱动工程建造资源组织配置方式的变革,引导工程项目价值链上下游协作的平台化。

数字建造将给行业带来一系列深刻变革,具体体现为以下五个方面:

(1)工程项目资源组织方式的变革,即指工程建造企业的经营核心从传统的产品资源供应到数字平台服务资源供应的转变。

工程建造服务化是互联网时代工程建造发展的必然趋势。大数据、物联网、云计算等技术正通过互联网作用于工程建造领域,冲击着当前的传统发展模式,促使工程建造生产模式发生了深刻变化,为工程建造服务化的发展奠定了坚实的技术基础。在互联网大环境下,企业的经营核心将从传统的线下工程产品生产转向线上工程建造服务的提供,实践线上线下资源的深度整合与配置,形成如"互联网+云建造"模式下的"工程建造公共数字服务平台"。

可以将设计、施工、维修等工程业务需求打包上传至互联网平台，进行统一调度和分派，最终用户可同时获得具有丰富内涵的工程建造产品及相应服务。

（2）工程项目生产方式的变革，即指基于工程建造公共数字服务平台，工程产品从粗放式生产到工厂化、集成装配化精细生产的转变。

工程建造工业化生产是现代工程建造发展的另一趋势。将传统的"现场"建造生产方式转向"离场"的工厂预制生产方式，即采用"标准化构件制作、高效化现场装配"的基本模式，按照工程要求进行构件标准化设计，并在工厂内对预制件进行大规模定制生产，在施工现场进行装配的建造方式。工厂预制生产方式在表现形式上是一种"设计-制造-建造"的时空分离过程，需要考虑构件制造生产与工程现场的资源协调、目标优化问题。与传统的现浇方式相比，该生产方式具有高效、清洁等显著优势。

（3）工程项目产品形态的变革，即指在工厂预制生产方式下，工程产品从实物产品到工程数字化产品的转变。

工程建造管理业务数字化、产品数字化过程将产生大量工程数据，这些数据呈现出大数据的特征：数据量大、类型复杂、流转速度快、数据价值大等。工程数字化会演变出新的产品形态，工程交付的不仅仅是物质产品，同时交付一个与之孪生的数字产品。描述完整的数字产品在工程运营维护阶段将继续发挥作用，为工程的智能运营维护提供大数据支持，体现了数字产品的价值增值。这将为工程管理的发展带来新机遇，带动传统工程管理方式向数据驱动的管理模式的转变。

（4）工程建造服务交易方式的变革，即指工程建造服务的提供由线下向线上迁移后，交易方式向多样化、平台化转变。

一方面，工程招标投标信息化有利于提高招标投标效率、规范招标投标行为、节约成本。通过构建基于移动互联网等技术的资源与服务全面物联，可以使参建方的招标投标情况、完成项目的能力、工程质量等信息在网络平台上得以公开，促进工程招标投标透明化；另一方面，基于平台的撮合交易机制能够对工程需求进行推理，在知识库和规则库的支持下，可以为工程项目目标的实现进行个性化服务推送。

（5）工程建造行业治理的变革，即指在开放的行业大数据平台的基础上工程建造行业从单向监管到共生治理的转变。

工程行业治理变革将构建新的行业治理体系，该体系以满足公众需求为导向，将形成以数据为驱动的工程行业多元共治。例如，以数据驱动工程建造政务服务，通过整合建筑电子政务网，建立开放的行业大数据云平台，为工程行业主体和公众提供高效率的政务服务；以数据驱动行业协调，对工程事故与争议进行科学处置，保障公平与公正；以数据驱动标准制定，提高标准的科学性和有效性，使标准能够准确反映行业实际；以数据驱动企业自治，通过大数据分析自主进行市场投资、承揽、变更索赔、纠纷协商等自治活动，促使建造企业增强自我约束、主动改进、自谋发展的能力。

思考题

（1）请阐述工程项目管理的含义。

（2）请阐述工程项目全寿命周期管理的含义。

（3）简述数字建造模式下的工程管理变革的内容。

第 2 章 工程项目管理信息

2.1 工程项目管理信息

2.1.1 工程项目管理信息概述

数据是反映客观事物属性的记录，它是离散的、互不关联的客观事实，是信息的具体表现形式，任何事物的属性都是通过数据来表示的，数据经过处理之后成为信息。信息是客观事物属性的反映，是经过加工整理并对人类客观行为产生影响的数据表现形式，是对数据的解释，具有主观性。知识是通过信息使用、归纳、演绎的方法得到的，表现信息和信息间的关系，是一种规律性的总结。知识位于数据与信息之上，它更接近行动，并与管理决策相关。

工程项目管理信息是工程建设管理过程中所涉及的一切文件、资料、图表和其他工程信息等的总称。工程信息能够反映工程建造管理活动在空间上的分布状况、生产完成情况、质量安全状态、设备和物资的调配使用和工程计量支付情况等，并能给组织的管理决策和管理目标的实现提供参考。工程信息是建设管理活动过程中所产生、获取、处理、存储、传输和使用的一切信息资源，贯穿于工程项目管理的全过程。

信息的分类是信息管理的基础和前提。按照不同的分类标准，可以将工程项目管理信息从不同角度进行分类，如图2-1所示。

（1）按照工程项目管理信息的表现形式

按照信息的表现形式，工程项目管理信息主要包括文字、图纸、图表、影音等类型。传统的工程项目管理中，文字、图纸信息占了很大部分。随着信息存储形式的多样化和信息交流工具的发展，图片、视频和声音等多媒体信息开始发挥重要作用。文字类信息，指项目的可研报告、投资评估报告等；图表类信息，指项目设计图纸、相关图表等；影音资料类信息，指视频信息等。

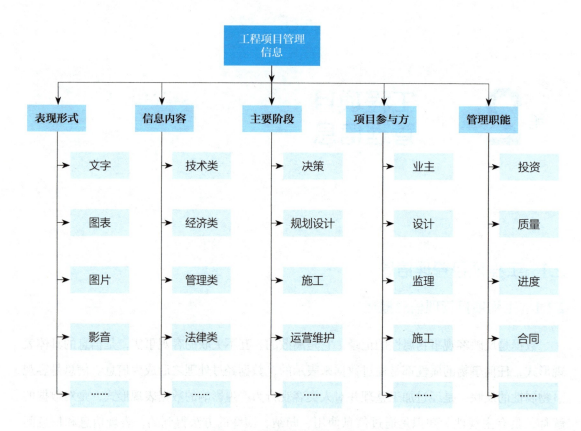

图2-1 工程项目管理信息分类

（2）按照工程项目管理信息的内容

按照信息的内容，工程项目信息具体包括项目的组织类信息，如项目参与方的组织信息、建造业相关的机构组织信息和专家信息等；管理类信息，如与投资控制、进度控制、质量控制、合同管理、安全管理和信息管理有关的信息等；经济类信息，如建设物资的市场信息、项目融资的信息等；技术类信息，如与设计、施工过程和物资采购有关的技术信息等；还包括法规类信息等。

（3）按照工程建造流程的主要阶段

按工程建造流程中主要环节，工程项目管理信息可以分为决策阶段的信息、实施阶段的信息、运营阶段的信息。

1）决策阶段

如批准的项目建议书、可行性研究报告及设计任务书；批准的建设选址报告、城市规划部门的批文、土地使用要求、环保要求；工程地质和水文地质勘察报告、区域图、地形测量图；地质气象等自然条件资料；设备条件；规定的设计标准；国家或地方有关的技术经济指标等。

2）实施阶段

工程的实施阶段又可分为规划设计阶段和施工阶段两个时期。

①规划设计阶段

该阶段主要是形成项目建设技术性解决方案，该阶段需要更多的抽象和模拟信息。设计工作是多专业共同的工作，设计过程是不断修改、变更和完善的动态过程。因此，变更管理、版本控制、并行控制和信息跟踪是设计信息管理的重要内容。规划设计阶段的重要成果是可接受的工程项目产品模型的一系列规格说明书和描述。

规划设计阶段的信息包括一系列设计文件：

a. 方案设计阶段，是将可行性研究中提出的意见和问题，经与发包人协商认可后进行完善，提出建设项目的具体方案设计，并满足初步设计文件和控制概算需要。

b. 初步设计文件，包括如建设项目的规模、总体规划布置、主要建筑物的位置、结构形式和设计尺寸，各种建筑物的材料用量，主要设备清单，主要技术经济指标，建设工期，总概算等。

c. 施工图设计文件，完整地表现建筑物外形、内部空间分割、结构体系、构造状况以及建筑群的组成和周围环境的配合，具有详细的构造尺寸。它通过图纸反映出大量的信息，如施工总平面图、建筑物的施工平面图和剖面图、设备安装详图、各种专业工程的施工图，以及各种设备和材料的明细表等。此外，还有根据施工图设计所作的施工图预算。

②施工阶段

该阶段主要是形成工程项目作业性组织及专项深化技术方案，该阶段需要更多的现场实时、动态信息。施工工作是由多个参建方共同完成的工作，施工过程中，需要不断的作业、跟踪、评价、纠偏、交付的动态过程。因此，招标投标管理、施工过程管理以及竣工验收管理是施工信息管理的重要内容。施工阶段的重要成果应该包括功能完整的实体工程和数字模型两个产品的说明和描述。

施工阶段的信息包括一系列施工文件：

a. 招标投标阶段信息：如投标邀请书、投标须知、合同双方签署的合同协议书、履约保函、合同条款、投标书及其附件、工程报价表及其附件、技术规范、招标图纸、发包单位在招标期内发出的所有补充通知、投标单位在投标期内补充的所有书面文件、投标单位在投标时随同投标书一起递送的资料与附图、发包单位发出的中标通知书、合同双方在洽商合同时共同签字的补充文件等。此外，还有上级有关部门关于建设项目的批文和有关批示，有关征用土地、迁建补偿等协议文件。

b. 施工过程信息：包括各种施工技术操作规程、各种施工组织设计及施工技术方案、各种施工技术表单及报告、各种施工技术记录和日志、各种施工测量、放线、检测记录、各种工序施工验收单、各种隐蔽工程验收报告、各种施工技术测试报告等。

c. 竣工信息：包括竣工验收有关的各种信息资料，其中一部分是在整个施工过程中长期积累形成的,另一部分是在竣工验收期间,根据积累的资料整理分析得到的。

3）运营阶段

该阶段主要是形成项目建设完成后的设施管理方案。施工阶段交付产品的信息在整个工程运营阶段起着重要作用,为工程的运营维护乃至拆除提供重要的支持。工程运营是一种多职能聚合的综合性管理工作,是一种包含多种学科、综合人、位置、过程及技术以确保工程环境与功能的专业活动。因此,维修管理、空间管理、改建工程管理、融资管理、服务经营等是运营信息管理的重要内容。运营阶段的重要成果是数字资产的一系列说明和描述。

该阶段包括设施空间管理、设备运行和建筑物维护等信息内容。设施空间管理强调空间的分配、利用和管理,需求的信息主要包括楼层布局、设备布局和空间房间信息等。设备运行需要的信息包括设备参数、运行计划、周围环境信息和气候条件等,以使设备能尽可能地保值增值。建筑维护需要的信息包括建筑物的体量和外观尺寸、材料性能和维护计划等。

（4）按照工程参与方的需求

按照项目参与各方的需求,工程项目信息包括业主方的信息,设计方的信息,施工方信息,供货方的信息等。①业主方对项目信息的需求贯穿于项目全寿命期中,如在决策阶段掌握的市场信息；规划设计阶段的勘察设计文件资料；施工单位施工档案等；项目运营维护阶段的使用状况和工程维修信息等。②设计方对项目信息的需求包括勘察任务书和勘察合同,业主单位对勘察任务的具体要求等,设计单位的项目信息包括设计任务书、项目前期相关资料、项目基础资料和技术文件、设计合同等,业主方对设计任务的要求等。③施工方信息需求包括施工招标文件、工程承包合同、设计文件以及与项目施工有关的所有技术基础资料等。④供货方的信息需求主要包括项目供货合同资料、客户档案,货物的功能、材料、成本信息等,在施工阶段,供货方的信息需求包括产品型号、材料信息、物流状态信息等。

（5）按照工程项目管理的任务和职能划分

按工程项目管理的任务和职能划分,工程项目管理信息包括投资控制信息、质量控制信息、进度控制信息、合同管理信息、风险管理信息、环境管理信息、行政管理事务信息等。①投资控制信息,如各种投资估算指标,概预算定额,设计概预算,合同价款,工程进度款支付,竣工结算与决算,投资控制的风险分析等。②质量控制信息,如相关的质量标准和规范,质量计划,质量控制工作流程,质量控制工作制度,质量控制的风险分析,质量抽样检查结果,工程质量备案、质量事故等。③进度控制信息,如项目总进度计划,进度目标分解结果,里程碑事件,进度控制工作流程,形象进度,进度控制的风险分析,施工进度记录等。④合同管理信息,如国家有关法律规定,工程项目招标投标文件,工程项目勘察设计合同,土木工程施工合同条件,合同变更协议,合同支付信息等。⑤风险管理信息,如项目投资风险预测,项目敏感性分析,项目实施风险控制管理等。⑥环境管理信息,如项目环境目标的策划，环境目标实现措施等。⑦事务管理信息，如上级主管部门、设计单位、承包商、业主间的来函文件，有关技术资料等。

2.1.2 工程项目管理信息特点及作用

工程项目管理信息是在不同的时空（建设的阶段、建设的实体位置）形成的，与工程项目管理活动密切相关，开发利用好工程项目信息资源，需要对工程项目信息有明确的认识。工程项目管理信息具有如下特点：

（1）数量庞大、类型多样

工程项目管理信息数量庞大、类型多样，并随着工程建设的推进，呈现加速递增的趋势，据统计，一个大型工程在项目实施全过程中产生的文档纸张可以吨计。在某奥运场馆的建设中，仅合同文档就达到4000余份，如此众多的文档，手工管理的困难可想而知。而且，这些信息来自于工程的各个参与方，为不同的参与主体所拥有，并分散存储在不同的位置，导致常常会出现"信息孤岛"现象。因此，迫切需要工程信息的电子化、数字化管理。

工程项目管理的信息类别多样，并服务于多样化的项目目标。与成本相关的项目信息服务于成本的管理控制；与质量相关的信息服务于项目的质量管理控制。但工程项目不同类别的信息不是绝对分离的，一种类别的信息往往会转化成或衍生出另一类别的项目信息，如根据结构设计方案编制项目的预算，或进行项目的施工方案设计等。

信息的多样性要求对信息进行分门别类的管理，这涉及信息的分类编码问题。

（2）来源广泛、存储分散

工程项目管理信息来自业主方、设计方、施工方、供货方以及内部各个部门；来自建设全过程的各个阶段中的各个环节，乃至各个专业；来自质量控制、投资控制、进度控制、合同管理等各个专业方面。

由于大量的工程项目信息分别为不同参与方所拥有，分散存储在信息提供者自己的信息系统中，而信息的发生、传输、加工及其应用往往也存在时空上的不一致性。如何有效激励信息所有者愿意提供和共享信息，如何利用信息技术对存储在不同位置的工程信息进行集成化管理，都需要整体考虑。

（3）信息的时效性强

工程项目管理信息资源的时效性很强，绝大多数信息只在工程建设的某一阶段起主要作用。以工程设计图纸为例，在不同的阶段时刻，由于工程设计的变更，便存在适用于不同时间点的不同版本的多份设计图纸。又如在地铁工程建设中，需要及时监测地表沉降，并通过分析软件进行信息分析，不能及时处理这些信息，就会发生地表沉降超过警戒值而没有报警，给工程造成更大的风险。

信息的时效性要求必须及时进行数据采集、加工、传输，实时动态更新信息，剔除陈旧信息、及时汇总分析新信息。

（4）信息之间关联复杂

工程项目管理信息之间存在复杂的关联性，大多数的信息都是从别的信息提取和派生出来的，一种信息的变化会引起相关信息的变化，如设计信息的变更会引起施工进度信息、造价信息和合同信息的变化。

工程项目信息的复杂关联，要求实施主体在信息的处理方面要有协同性。

（5）信息应用环境差异性大

在一个工程项目中，业主方、设计方、施工方、供货方等参与方创建和管理自身需要的信息；各个团队又各自拥有多个专业工程师，如质量控制工程师、投资控制工程师、进度控制工程师等，他们根据需要也对不同的信息进行创建和管理。同时，不同的工程参与方对工程信息有不同的应用要求，同一信息也有着不同层次的信息处理和应用的要求。需要考虑针对不同的使用主体、不同层面、不同用途，对工程信息进行组织和管理。

工程项目管理信息作为一种资源，在工程建造管理中是不可少的，其作用表现在以下几个方面：

（1）工程项目管理信息是实施项目控制的基础

对工程项目的进度、质量和费用三大目标进行控制，是建设项目管理者的主要任务。其控制的方法是将项目实施情况和计划值或合同目标相比较，找出差异，并对结果进行分析，排除或预防产生差异的原因。为了进行比较、分析和采取措施控制项目建设，项目管理者首先应掌握有关建设项目进度、质量和费用三大目标的计划值，这是进行控制的目标信息；其次，应能掌握三大目标的执行情况，即实施的有关信息。从建设项目目标控制角度看，控制需要信息，离开信息无法进行控制，工程项目管理信息是控制的基础。

（2）工程项目管理信息是管理决策的依据

管理决策能否做到适时性和准确性的影响因素是多方面的，其中最重要的因素之一就是信息提供得是否及时和信息、是否足够和可靠，若没有及时、足够和准确的信息，要作出正确及时的决策显然是不可能的，比如在制定后续施工方案的时候如果没有施工现场的进度信息，将无法做出好的施工安排。

（3）工程项目管理信息是协调建设各方关系的媒介

工程项目建设涉及的单位较多，包括业主方、设计方、施工方、供货方等。要协调好它们之间的关系，使建设各方有机地组织起来，充分发挥他们在工程项目建设中的作用，因此，借助信息的媒介作用对协调好建设各方关系极为重要。

2.2 工程项目管理信息需求与获取途径

2.2.1 工程项目管理层次及信息需求

管理层次就是在职权等级链上设置的管理职位的级数。建设项目有其特殊性,对于不同的参与方可能会有不同的管理层次,比如施工方可能存在企业管理层(施工方总经理)、项目管理层(项目经理)、专业管理层(项目各专业负责人)和现场操作人员,同时存在技术(专家)层,属于附属支持的层面。

层次越高的管理者对信息需求具有非规范性、随机性、模糊性和主观性的特点。不同层面的人员对信息的需求是截然不同的,企业管理人员关注项目总体进展、总体资金使用情况、盈利情况;项目管理人员关注项目中非常规事件的解决、分项目标的完成情况;专业管理人员关注项目日常运作信息、本专业项目完成情况;技术(专家)层关注历史项目积累与知识管理、新的操作规程的实施;现场操作人员关注分派任务完成情况、操作规程的支持等。

按照四个管理层次的分类,工程项目信息需求见表2-1。

不同管理层次的信息需求类型　　　　表2-1

管理层次	信息形式	时间跨度	确定性	信息需求
企业管理层	企业信息	1~5年	差	综合信息、目标和规划
项目管理层	项目信息	1~6月	一般	执行计划、完成情况
专业管理层	专业信息	1~2周	中	专业运作信息
现场操作层	作业信息	每天	好	作业报告和运行情况

同时,管理层次不同,管理者对于项目信息需求的侧重点也有所不同。如表2-2所示,反映了各管理层次对项目信息需求的特点。管理层次越高,对信息粒度、信息的决策影响以及信息的不确定性的需求越高。同时,管理层次越高,对信息的计划详细程度以及信息的结构性需求越低。

不同管理层次对工程项目信息需求的特点　　　　表2-2

管理层次	信息粒度	计划详细程度	决策影响	不确定性	结构性
企业管理层	↑ 增大	↑ 减小	↑ 增大	↑ 增大	↑ 减小
项目管理层					
专业管理层					
现场操作层					

2.2.2 工程项目管理信息获取途径

工程项目管理信息的传递方式是多样的,从传递载体的角度划分,管理信息包括项目实施过程中产生的文本、图像、音频、视频等;从内容的角度,管理信息包括实施过程中直接产生的项目技术规范、工程量清单、报表、函件、会议纪要、备忘录、合同文本、建筑施工规范、产品标准、产品信息、法律、标准合同文件等;从获取和传递的方式角度,管理信息可以分为口头传递、书面传递和信息平台共享信息。但无论工程项目信息是以什么方式进行传递,其传递的信息都可以分为原始创建的信息和非原始创建的信息,其分类和获取途径如图2-2所示。

工程项目管理工作过程中产生的原始创建的信息是以文本、图像、音频、视频等形式存在的;非原始创建的信息是指经过人为处理得到的管理信息,可以划分为项目管理状态信息和项目管理效率信息。

项目管理状态信息的获取途径多种多样,可以通过统计学等方法处理客观信息数据获得,如:从管理信息系统中获取项目信息、从工程文本中提取项目管理信息等。在工程项目信息创建过程中,80%~90%的项目信息都是非结构化的项目文本。项目管理效率信息则是根据主观的信息处理方法加工后得到的,满足管理者对高信息粒度以及低结构性数据的需求,其获取途径依赖于信息处理的方法,常用的获取项目管理效率信息的途径有项目评估、调研分析、风险评价等。

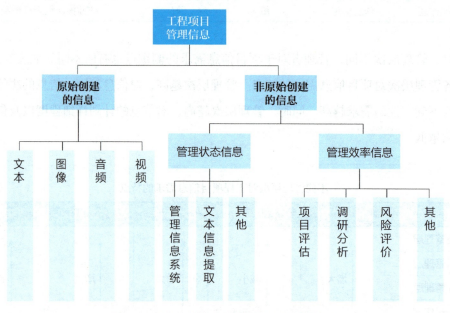

图2-2 工程项目管理信息的原始/非原始创建

2.3 工程项目管理中的信息沟通交互

工程项目信息沟通交互就是交换和共享数据、信息和知识的过程，是指工程项目参与各方在项目实施全过程中，运用信息和通信技术及其他合适的手段，相互传递、交流和共享项目信息与知识的行为及过程。工程项目信息沟通交互的要点包括：

1) 沟通者，包括工程参建各方；

2) 沟通交互过程，贯穿工程项目全过程；

3) 沟通交互手段，主要基于计算机网络的现代信息沟通技术，但也不排除面对面的沟通及其他传统的沟通交互方式；

4) 沟通交互内容，包括与项目建设有关的所有知识和信息，特别是需要在参建各方之间共享的核心知识和信息。

信息沟通交互的重要目的是在项目参与各方之间共享项目信息和知识，良好的信息沟通是努力做到在恰当的时间、恰当的地点，为恰当的人及时地提供恰当的项目信息和知识。工程项目参与各方之间的信息沟通将形成工程信息流，指导和控制工程的物质流。

2.3.1 工程项目管理信息流分析

工程建造过程中会产生如下几种流动过程：工作流、物流、资金流、信息流，在这四种流动过程中，信息流对项目管理有特别重要的意义。工程项目管理信息流反映了不同参与部门、单位，不同建造阶段之间的沟通与交互关系，信息流将项目的工作流、物流、资金流，将各个管理职能与项目组织，将项目与环境结合在一起，它不仅反映而且指挥着工作流、物流、资金流。工程项目建造过程中的信息流共可分为以下几类：

（1）自上而下的信息流

自上而下的信息流就是指单位、项目负责人、专业工程师、班组工人之间由上级向其下级逐级传递的管理信息，信息源在上级，信息宿是其下级，即决策层—管理层—作业层（如项目经理部—项目各管理部门—施工队、班组）。信息内容主要有项目的控制目标、指令、工作条例、办法、规章制度、业务指导意见、奖励和处罚，这个传递过程一般不是简单的传发，而要逐层细化，成为基层可以执行的标准。如图2-3所示，由项目经理部逐级传递直到各生产班组的信息流动方式即为自上而下的信息流。

（2）自下而上的信息流

自下而上的信息流就是下级向上级流动的信息，即作业层—管理层—决策层（如施工队、班组—项目各管理部门—项目经理部）。信息内容主要是项目施工过程中完成的工作量、进度、质量、成本、资金、安全、消耗、效率等情况，工作人员的工作情况，下级为上级提供的资料、情报以及提出的合理化建议等。这些信息是对工程实际情况的具体描述是管理者了解工程现状、制定决策方针的基础。一般来说，上报的信息应该详细准确，没有经过加工处理，而由管理者判定信息的可利用程度，但是反馈的信息过细，也会给管理者带来工作上的麻烦。反之，经过加工处理的信息又可能会歪曲原始信息，或导致解释的根本性错误，使管理者不能真正了解项目的现状。如图2-3所示，由各生产班组逐级传递直到项目经理部的信息流动方式即为自下而上的信息流。

（3）横向间的信息流

横向间流动的管理信息指工程项目管理中，同一层次的工作部门或工作人员之间相互提供和接收的信息。这种信息一般是由于分工不同而各自产生的，但为了共同的目标又需要相互协作互通或相互补充，以及在特殊紧急情况下，为了节省信息流动时间而需要横向提供的信息。如财会部门的成本核算需要其他部门提供施工进度、人工材料消耗、能源利用、机械使用等信息。这部分信息除少量信息外，通常是共享信息，但如果渠道规划不好，信息不能共享，也会造成信息交流不畅，延误时间，甚至造成决策后下达的信息相互冲突。如图2-3所示，各班组在施工过程中相互之间的信息传递即为横向间传递的信息流。

（4）以信息管理部门为集散中心的信息流

信息管理部门为项目决策做准备，既需要大量信息，又可以作为有关信息的提供者。它是汇总信息、分析信息、传输信息的部门，帮助工作部门进行规划与任务检查，对有关专业技术问题进行咨询。因此，各工作部门不仅要向上级汇报，而且应当将信息传递给信息管理部门，以有利于信息管理部门为决策做好充分准备。如图2-3所示，信息中心的职能就是提

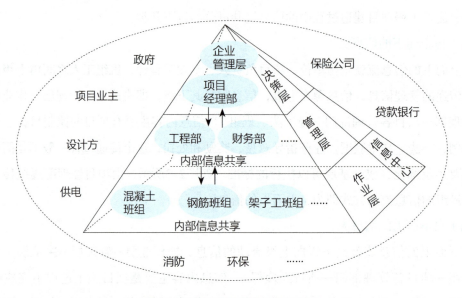

图2-3　工程项目管理信息流分析图

供信息汇总、分析和支持，由信息中心向上下级以及平级部门发布信息的方式即为以信息管理部门为集散中心的信息流。

（5）工程项目内部与外部环境之间的信息流

工程项目内部项目经理部与外部环境单位互为信息源和信息接受者。主要的外部环境单位有：政府及主管部门、项目业主、设计单位、供应厂商、贷款银行、保险公司、质量检测机构，国家有关管理、城市交通、消防、环保、供水、供电、通信、公安等部门，项目所在地单位，新闻单位等。项目经理部与外部环境部门之间进行内外交流。信息内容包括满足本项目管理所需要的信息，满足与外部单位协作要求的信息，按国家规定的要求相互提供的信息，以及项目经理部为提高信誉和竞争力向外界发布的信息。如图2-3所示，政府部门对工程单位的监管和供应商对工程单位的材料供应都是工程项目内部与外部环境之间的信息流。

2.3.2 工程项目管理信息沟通交互分析

（1）工程管理信息沟通交互中的问题

信息是工程建造的依据，是决策的基础，是组织之间联系的主要内容，是工作过程之间逻辑关系的桥梁。工程建造的生产活动及过程是严重地依赖相关信息的，理想的集成化工程建造过程，不但需要过程与过程之间的直接信息传递，而且需要参建各单位之间的直接信息沟通。但在传统的工程建造模式中，层级式的纵向组织、设计与施工分离的生产过程，以及落后的信息处理和传递手段等客观上造成了过程与过程之间信息传递的屏障、单位与单位之间信息沟通的隔墙，从项目管理的角度，传统工程建设组织中存在的信息沟通障碍及主要问题有：

1）大量信息碎片

在建筑业的研究报告中经常可以看到"Fragmentation"一词。任何一个建设项目都是由包括设计师、工程师、估价师、总承包方、分包商、供应商以及业主在内的各方，利用它们各自不同的经验、知识和技术完成的。参与工程项目建设过程的各方是具有不同的目标、管理形式和运作过程的独立组织，这种特征被称为碎片性质。

"碎片"的存在是建筑业生产率不高的一个重要原因。1997年在牛津大学召开的项目管理论坛指出"碎片"问题带来了大量组织和协调工作。英国建设部1998年公布了研究报告《Rethinking Construction》，认为"碎片"现象限制了建筑行业的持续发展。

建筑业中的"碎片"现象主要表现在四个方面：高度的专业化分工所导致的"专业碎片"；不同组织所形成的"组织碎片"；建筑产品生命周期中的"过程碎片"，以及各种计算机应用软件的使用而产生的"信息碎片"。

这些"碎片"影响了建筑业整体水平的提高，为业主增加了大量的组织协调工作和管理成本。同时，由于各参与单位仅强调个人利益的最大化，忽视了整个工程项目的总体目标，使得各主体不能在连续、有效的工作环境中工作，大量项目信息仅集中在少量信息生产者手中，不能充分被其他项目组成员利用。由于项目信息传递缓慢，更新不及时，信息失真等现象的存在，降低了工程质量，增加了建设费用和周期，并带来了不必要的索赔等。

解决以上问题，需要以合作的态度建设项目和建立良好的信息沟通机制。建立一个平等、有效的沟通平台，消除建造过程中的各种"碎片"。

2）落后的信息沟通方式

项目中的信息沟通是指在建造过程中各参与单位对项目信息的交换与共享，是协作与信任的前提和基础，对项目的进展产生重要的影响。对于工程的项目管理而言，数据和信息的共享与交换是至关重要的。项目管理协会（PMI）的"项目管理知识体系"（PMI2004）更是把信息交换的管理作为项目管理知识体系的一个重要组成部分。

尽管在设计阶段传统的CAD等技术使得工程设计信息以数字化形式存在，如项目空间信息等，但当信息转变为纸介质形式时，信息就极大地损失掉了。在施工阶段，无法获取必要的设计信息，在项目交付时无法将工程施工信息交付给业主。在运营维护阶段，积累的新的信息又仅以纸质保存，难以与前一阶段的信息集成，从而造成信息的再利用性极差，同一个项目需要不断重复地创建信息。在传统信息创建和管理方式下，工程建造全生命周期信息在各个阶段的传递过程中不断地流失，形成各个阶段的信息孤岛。

造成信息流失的原因主要包括：

①落后的信息沟通手段：纸质文档的信息表达方式，造成了信息延时，信息利用率低，信息难以保存等问题，并由此带来了工程成本的增加。

②不畅通的纵向信息沟通方式：在项目管理过程中，业主方的意图通常由施工总承包单位传达和执行；而其所接收的施工现场信息也是经过多次处理的。在这个过程中，容易产生信息丢失和扭曲，损失信息的价值。

③过于专业的信息表达：项目现场产生的数据一般是由各专业工程师根据自己的工作习惯记录的，是基于各专业基础知识之上的。因此，这些原始数据是零散、无序而独立的，不便于传递、交流和利用。项目决策者很难从这些珍贵的原始数据中得到自己想要的信息，最后产生的结果就是数据太多，信息太少。

④参与主体各自为政：随着建设项目的规模不断增长，工程建设领域的分工越来越精细，涉及的参与主体也越来越多。然而在项目管理过程中，各参与主体管理各自为政，缺乏有效的信息交流，因此产生了"信息孤岛"。

在传统工程建造模式中普遍存在的这些信息沟通障碍及问题，进一步加剧了已经严重支离破碎的工程建造生产过程，造成了工程建设过程中的"信息孤岛"现象及孤立生产状态，严重地破坏了组织的有效性，大大地降低了组织的工作效率。同时，它们也是造成工程建设过程中的变更、返工、拖延、浪费、争议、索赔甚至诉讼等问题的重要原因，其最终后果必然是导致工程建设成本增加，工期拖延，质量下降，甚至可能会由此造成整个工程项目建设的失败。

现有研究及工程实践表明，通过各种不同的技术或标准，如Internet技术、EDI电子数据交换、PDM产品数据管理、IFC数据模型、STEP标准等，可以局部解决该问题。根据普华永道的调查报告，采用信息技术对项目进行集成管理，可在下列方面得到改善，见表2-3。

集成管理技术改善项目管理 表2-3

项目管理内容	改善效果
交流时间	沟通交流时间节省30%~60%
项目周期	项目整体周期缩短5%
	平均工作流程缩短30%~60%
资源管理	行政人员时间节省20%~50%
	打印、邮寄、差旅成本节省20%~30%
	信息搜索时间节省50%
财务/现金流	增加5%的收入，减少5%的成本
责任和档案	增加项目透明度和责任感
	完整的项目档案和项目历史

（2）工程项目管理信息沟通交互发展展望

随着现代信息技术的发展，产生如视频会议、远程在线讨论组等大量交流途径，这些沟通交互新技术使地域沟通的界限不再明显。在虚拟建设模式中，分处异地的参建各方可以利用功能丰富的现代信息和通信技术实现"遥控式"和"异处本地化"沟通，使传统的时空距离在沟通中不再成为障碍。

按照工程项目信息沟通交互方式不同，可以将信息沟通交互分为人与人、人与计算机、计算机与计算机之间的沟通。在传统建造模式中，信息沟通交互主要是人与人之间的沟通，包括面对面的会议、电话交谈等。如今随着信息技术在建造过程中的应用，项目信息沟通交互渠道更加便利。如利用BIM可以实现模型的"一次创建，多次使用"，随着工程建造过程的推进，BIM中的信息不断补充和完善，并形成一个最具时效性的虚拟建筑。因此，在这个过程中，既包含着对前一阶段信息的无损利用，也包含着新信息的创建补充完善，这些过程体现为一个增值的过程。BIM模型一经建立，将为整个生命周期提供服务，并产生极大的价值,如:设计阶段的方案论证、业主决策、多专业协调、结构分析、造价估算、能耗分析、光照分析等建筑物理分析和设计文档生成等;施工阶段的可施工性分析、施工图纸生成、工程量计算、施工预算、进度分析和施工平面布置等;运营阶段的设施管理、布局分析(产品、家具等)和用户管理等。基于BIM,各参与方能够围绕数字化模型实现全生命周期各阶段、各个专业信息的有效共享与沟通互动。

思考题

(1)工程项目管理信息的特点有哪些?

(2)目前在工程项目信息管理上存在的问题有哪些?如何解决?

第3章 工程项目管理信息采集与传输

工程项目信息管理贯穿工程项目建设全过程，衔接工程项目建设的各个阶段、各个参建方的业务管理。工程项目信息资源的开发利用涉及信息的采集、传输、加工、整理、存储和分析等环节。工程项目信息的有效管理需要使工程项目信息的采集、加工、传递和反馈形成一个连续的闭合环路，并呈螺旋上升，不断推动信息资源更好的开发利用，实现工程项目增值。

信息采集和传输是信息资源管理的首要步骤，采集和传输效果决定了信息获取是否全面、是否准确、是否有效，对信息管理目标的实现有重要影响。施工现场信息产生的形式多样、空间跨度大，针对不同类型的信息需要应用不同的采集和传输手段，增大了采集和传输的难度。同时，现代大型工程项目的建设复杂性日益增加，如跨海通道、超高层建筑等，它们的建设管理对信息获取实时性和可追溯性提出了更高的要求。因此，信息采集和传输过程被视为整个信息管理最重要的阶段。

工程项目的各种信息来自于工程，采集和传输工作应当覆盖工程项目全过程，不能遗漏任何一方面的信息。以建筑工程质量监管为例，信息覆盖工程建设的各个阶段，涉及建设单位、监督机构、施工单位等参与各方需要的信息；内容涉及施工技术管理、施工工序管理等多方面，如工程管理资料、工程物资资料、工程测量记录、工程记录、工程试验记录、工程验收资料等信息。一个常规的建筑工程项目拥有数以百计类别控制点的数据，信息数据量庞大。

工程项目信息的采集和传输需要面向不同的参与方，面向工程的不同阶段。参与各方对信息的需求不同，信息的获取来源、粒度和处理方式也均有所差异。工程项目参与各方在工程不同阶段对信息的需求也不同，侧重点会有差异。工程项目的不同阶段，如项目决策阶段、项目实施阶段和运营阶段等，需要采集和传输的信息内容也不同。如图3-1所示，在工程施工阶段的质量控制中，不同的参与方对信息的需求不一致。

信息采集和传输的手段很多，除人工填写数据外，还可以使用各种数据采集和传输装

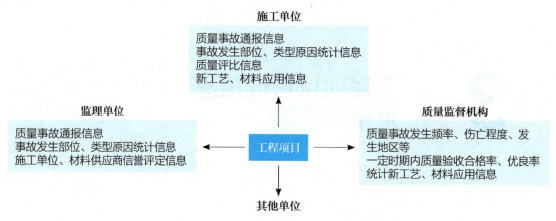

图3-1 不同参与方对工程质量控制信息的需求

置。随着信息技术与建造业的联系日趋紧密，一系列信息技术在施工现场中的应用能够实现数据的自动采集和实时传输。譬如在安全管理中，安装视频摄像头实时监控施工现场，以保障工人安全，利用各种检测仪器监测周边建筑物和管道沉降数据，以管控基坑开挖过程中的风险；在工程质量管理中，使用如钢筋定位仪、钢筋笼长度测试仪、超声检测仪以及无线数据传输仪等工程质量检测及数据远程传输设备，加强工程产品质量的过程管理。工程相关数据通过仪器测量后直接传输至数据管理平台中，增强数据上报和分析的及时性，减少人工填写的差错率，避免人工填报过程中的不真实行为，可为最大限度地保证工程数据的客观性、真实性发挥作用。

3.1 工程物联网

工程物联网是工程数据采集与传输的重要保障。工程物联网是物联网技术在工程建造领域的新形态。工程物联网对工程建造过程中的各种工程要素（包括"人、机、料、法、环、品"）实现泛在感知、互联及监控，为工程数据的采集提供有力支撑。

1999年，美国麻省理工学院（MIT）Auto-ID研究中心提出将网络无线射频识别（RFID）技术应用到日常物品，从而实现智能化识别和管理，率先阐明了物联网的基本含义。2005年，国际电信联盟（ITU）正式提出"物联网"的概念，并在《ITU Internet reports 2005, the Internet of things》报告中介绍了物联网的特征以及未来的机遇与挑战，表达了未来物联网将能建立任何时间和地点的任何物体间的联系的构想，传感器技术、智能终端技术也将获得深入的研究和广阔的发展空间。2008年，IBM提出"智慧地球"的概念，将传感器设备安装在物体上，从而普遍连接形成网络。2009年，欧盟委员会发布物联网战略，围绕重点研究领域制定了物联网未来发展的技术路线。目前，物联网技术在医药物流、智能农业、车辆综合管理等领域中已得到广泛运用。

2014年，中国工业与信息化部在《物联网白皮书》中给出物联网的定义：物联网是通信网和互联网的拓展和网络延伸，它利用感知技术与智能装备对物理世界进行感知识别，通过网络传输互联，进行计算、处理和知识挖掘，实现人与物、物与物的交互和无缝衔接，达到对物理世界实时控制、精确管理和科学决策目的。区别于应用于制造业的工业物联网，将面向工程管理的物联网定义为工程物联网，其基本涵义是指通过工程要素的网络互联、数据互通和系统互操作，实现建造资源的灵活配置、建造过程的按需执行、建造工艺的合理优化和建造环境的快速响应，从而建立服务驱动型的新工程生态体系。

工程物联网集成应用各种感知通信技术、嵌入式计算机技术、控制技术及其相关的硬件、软件等，实现了工程数据采集与传输。在我国大型桥梁、超高层结构以及地铁工程等施工中均有应用案例，特别是在建筑工程施工领域应用比较广泛。例如：对人员作业轨迹定位、工程周边环境变化实时监控；对塔式机重机、电梯、脚手架等机械设备内部应力、振动频率、温度、变形等参量变化进行测量和传输，实现对施工机械设备的运行情况动态监控；通过构件上RFID标签信息读取，获得构件的位移、变形、裂缝等数值，并利用RFID定位技术快速找到危险构件，及时进行加固、修复；结合BIM技术和工程物联网技术，根据时间、部位、工序等维度进行统计，制定详细的物料采购计划，并对物料批次标注RFID标签来控制物料的进出场时间和质量状况。在国外也有许多应用案例，如日本明石海峡大桥、法国米约大桥、挪威阿斯克桥等都建立了桥梁结构健康监测物联网系统；瑞士圣格达基线隧道构建了由2600km电缆、20万个传感器以及7万数据节点组成的自动监控物联网平台。

工程物联网的体系架构可分为五个层次：对象层、泛在感知层、网络通信层、信息处理层和决策控制层。

（1）对象层

工程物联网的对象层指的是工程物联网监测的各工程要素，包括"人、机、料、法、环、品"六个部分。"人"指施工现场作业的各类工种及管理人员，如安全员、质量员、材料员等。"机"指工程机械设备，如土方工程机械、石方工程机械、起重机械等。"料"指工程产品建造过程中使用的工程材料和施工用料，如钢筋、砂石、水泥、模板等。"法"指工程方法，包括建造规划、设计、施工方案等。"环"指工程现场的作业环境和周边环境，包括水文、地质、气象、噪声等。"品"是项目从施工阶段到运维阶段的延伸，具体指工程建造完成后形成的建筑产品。

（2）泛在感知层

工程物联网的泛在感知层由不同类型的信息采集技术构成，如无线射频识别（RFID）、视频监控等感知、捕获和测量技术，用以实时监控对象层各工程要素的状态数据，同时转化为可传输、可存储和可处理的电子信号或其他形式的信息。复杂工程环境下涉及的信息采集装置众多，智能感知需解决各装置的供电、电磁屏蔽、巨量通信数据等问题。

（3）网络通信层

工程物联网的网络通信层由将感知信息无障碍、高可靠性、高安全性地进行短距离传输、自组织LAN网和广域网传输的系列技术构成，包括现场总线技术、以太网、无线网络、第五代移动通信网络等。为提高数据传输效率，复杂工程环境下需根据信息采集装置的类型和管理要求，设置不同的采样频率和传输时间间隔。对于人员、设备的移动轨迹监控等，同样需要满足数据采集、传输和监控指令反馈的技术要求。

（4）信息处理层

工程物联网的信息处理层是工程物联网建设中的重要一环，由各类数据处理技术、数据存储技术、数据可视化技术等构成，用以挖掘工程实体状态在时空域和逻辑域的内在因果性或关联性关系。例如，深基坑监测系统基于数据挖掘技术将采集的沉降监测数据转化为可识别的风险分析图，使现场工程师得以及时监控危险部位，避免安全事故的发生。

（5）决策控制层

工程物联网的决策控制层是工程物联网发挥实际效益的重要体现，由工程控制模型、智能控制系统、微型控制装置等组成。工程建造过程中大部分的监控要素及过程都具有非线性、时变性、变结构、多层次、多因素以及不确定性的特点。在实际施工过程中，往往通过专业人员的经验判断进行风险管理，这种控制方式不满足实时性要求，也难以保障决策的可靠性。因此，建立工程实施控制系统指导工程建造过程的实施推进十分重要。

3.2 工程项目信息采集技术

工程项目中的信息大部分来自于施工现场，是客观存在的，需要通过新兴的信息技术和方法进行有效收集，其采集的效率对工程建设过程有重大影响。不同类型的信息需要运用不同的采集方法。

传统的数据采集工作往往依靠人工完成，需要大批操作熟练的员工和大量的工作时间，导致工程成本的上升。调查显示，施工现场的管理人员有30%～50%的时间都是用于现场信息的采集和处理。传统的数据采集方式通常会经历繁琐的工序、粗略的解读和迟缓的传播速度，这种低效的采集方式很容易导致信息的失真和失效而无法为使用者提供决策支持。随着信息技术的高速发展，工程信息化已逐步成为建造业的发展趋势，工程项目中也已采用一系列自动化数据采集技术来代替人工采集，这有助于提高工程项目管理水平，提高建造业的管理、决策和服务水平。

工程项目信息的可靠采集主要依赖工程物联网泛在感知层涉及的各类信息采集技术。工程建造中广泛使用的信息采集自动化技术包括射频识别技术、图像采集技术、跟踪定位技术等。通过上述各类技术对建造过程中产生的数据进行自动采集，包括各类物理量、音频、视频数据等。数据采集涉及各类传感装置，如温度感应器、声音感应器、图像采集卡、震动感应器、压力感应器、RFID读写器、二维码识读器等。鉴于信息采集技术的类别划分维度各不相同，技术也在不断发展完善，本章选取其中较为典型的技术进行介绍。

3.2.1 射频识别技术

射频识别技术（Radio Frequency Identification，RFID）是一种通过射频信号，无需接触即可自动读取目标对象信息的技术。一个典型的RFID系统由电子标签、阅读器、数据处理和应用系统组成。电子标签通常贴在物体表面或嵌入物体内部，用于存储被识别物体的信息。系统工作时，由阅读器在一定距离内发射读取信号，在该距离范围内的标签接收到信号时，将标签内的存储信息回传给阅读器，阅读器接收到标签的应答，对标签的对象标识信息进行解码以验证数据是否准确。校验通过后将对象标识信息和其他标签信息传递给数据处理和应用系统，以供后续处理。

作为条形码技术的二代产品RFID用于替代条形码技术来进行物体识别，表3-1中给出了两个技术的区别。相比于条形码技术，RFID的标签存储容量更大、识别距离更远、读取速度更快、环境适应性更强，因此在建设工程领域具有更广泛的应用前景。表3-1中对比了RFID技术和条形码技术特点。

条形码技术与RFID技术对比　　　　　　表3-1

项目	条形码	RFID
读取效率	一次扫描一个条码	可同时读取多个标签
扫描速率	平均2s/件	平均0.1s/件
扫描距离	50cm左右	可达到100m（取决于工作频率）
扫描条件	无障碍、有红外线、按特定方向扫描	可穿透障碍物、方向要求低
重复使用	数据不能更新	可更新标签信息，重复使用
存储容量	一维50字节，二维码2K~3K字符	可达数兆
适用环境	易受折损和污染，影响读取效果	受污损不影响读取，严重受到磁场干扰会有影响
使用成本	低	较高

射频识别技术由于其高精准度、低失误率以及低成本等优点，逐渐取代了建造业中传统手工录入的方式，主要涉及施工过程中的质量监控、物资管理（包括材料、设备及工器具管理）、施工进度管理、采购管理、文档整理和行政办公管理等。目前射频识别技术在建设工程中的应用具体体现在以下几个方面（表3-2）。

射频识别技术在建设工程中的应用 表3-2

应用		管理方法	信息内容
材料管理	物资管理	材料进出施工现场时扫描获取材料相关信息	材料基本信息（价格、来源、规格等，下同）
	库存管理	在存储区域，安装远程RFID读取器，以读取嵌入在材料上的RFID标签中的信息。当有新材料存入和取出时，读取标签并自动更新库存数据，从而保证供货及时，加快存货周转率，减少存储成本	材料基本信息
	成本控制	建筑材料成本统计，对工程项目施工期间采购的建筑材料的成本进行统计，实时跟踪	材料价格、数量信息
	成本控制	扫描材料标签和各施工班组的标签，获得施工班组领取和剩余材料的记录，据此计算施工班组的材料浪费量，结合奖惩机制以减少材料浪费	材料基本信息、材料使用信息（领取、回收、消耗量等，下同）
	废料管理	对施工现场的废料尤其是危险物品进行跟踪，在施工现场的出口安装扫描器，扫描装载废料的卡车信息，卡车到达指定目的地时，自动读取信息以控制访问，无需人为干预，从而减少非法倾倒	废料离场时间、废料类型、目标地点等信息
	质量控制	实时跟踪、测试评估使用材料的性能，加强实验室自动化数据收集和管理	实验室测试样品信息
	进度控制	依据材料使用情况计算工程进度，实时监控工程项目进度	材料使用信息
	维护监控	将标签嵌入到材料或结构组件中，实时预防和监控管线电路等隐蔽工程和预埋元件	材料基本信息
施工人员管理	考勤管理	在施工现场办公室安装条形码扫描器，读取进出场的工人信息，结合便携式扫描器实时读取工人信息，实行来访控制与考勤管理	工人工作情况（到场、离场、工作时间、工作量）
	安全目标	获取施工现场人员实时位置信息，对进入或将进入危险位置的工人发出警告，发生事故或人员伤亡，及时发送信号求救，促进救援工作开展	工人位置信息
	劳务信息管理	将工人信息如工作经验、培训教育经历等存于标签中，便于管理员查阅	工人基本信息
机械设备管理	设备管理	跟踪工具设备的位置，以便施工人员快速获取所需工具，防止丢失或错放	机器设备位置信息
	设备维护	存储更新施工机械的操作信息和维护信息，便于管理人员及时了解设备操作情况	设备操作和维护信息
	安全管理	扫描匹配机械设备和操作员信息，针对重型机械开发机器操作许可系统	操作人员信息、机械设备标识信息

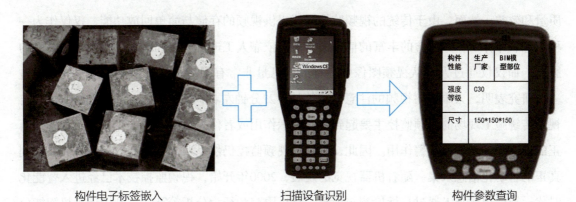

构件电子标签嵌入　　　　扫描设备识别　　　　构件参数查询

图3-2　基于RFID的混凝土质量信息跟踪

例如，在工程项目质量管理中，特殊材料需进行材料试验，以保证材料成型后力学性能满足设计要求。建筑材料试验和施工试验是由持国家试验许可证的单位或工程质量检测中心接受试验委托，按程序对规定的建筑材料及施工半成品、成品进行性能测试的工作。对于混凝土这类需要进行材料强度测试的材料，应保证测试样品与施工使用材料的一致性，避免因材料匹配错误造成质量问题和进度拖延。在浇筑检验试块之前放入RFID芯片，作为检测对象的唯一识别标示，并记录检验时间、力学性能要求、生产厂家信息等信息。通过智能手机等手持设备对构件电子标签中存储的信息进行扫描收集，可实现材料信息的准确无误跟踪，如图3-2所示。

3.2.2　图像采集技术

施工作业场景蕴含着进度、质量、安全管理相关的丰富信息，由此，获取实时场景数据并进行分析处理，具有较大价值。图像是记录场景信息最为便捷适用的形式，施工现场图像通常以视频监控和三维激光扫描等方式进行获取，以下围绕这两种最为典型的施工图像采集技术展开介绍。值得指出的是，由于经过处理后的图像信息才能真正服务于管理需求，下文内容不局限于视频和三维点云数据的获取，针对其常规的处理分析方法也进行了阐述。

（1）视频监控技术

视频监控技术通过摄像头拍照或摄像实时记录现场情况，配合转动装置的使用，合理安排各采集点的位置，就可以全方位地监控记录观测区的全部信息，使用传输介质上传到控制中心，即可为管理员实时提供现场信息。这种通过采集施工现场的视频和图片来进行信息采集的方法很早就被引入施工管理领域，并且由于它具有操作方便、采集的信息形式多样、使用成本低廉等特点，在各行各业中应用都十分普遍。

将视频监控系统推广到施工现场能够通过同步传输声音和图像信息再现现场环境，管理员不用亲临现场也能对施工场地进行监控管理和统一指挥，减少管理人员工作量，提高管理质量和效益。然而，由于传统的视频监控只能提供视频的存储与简单回放功能，仅仅作为一种信息载体保留，其蕴含的丰富的信息还是需要依靠人工进行分析和挖掘，易受主观经验的影响。而仅仅通过人眼从视频图像中挖掘的信息量非常有限，美国圣地亚国家实验室通过一项研究表明，人眼观察视频的注意力仅能持续22分钟左右，之后将有超过95%的信息被忽视。传统施工现场的视频监控主要起到威慑警示作用或者作为事后取证的工具，无法实现真正的安全监控和危险预警作用。因此，传统的视频监控仍然是通过人工获取信息，无法做到真正的自动化信息采集。随着机器视觉的发展，2000年开始，视频监控技术已经进入智能化时代。智能视频技术通过目标检测与识别、目标跟踪和行为分析等算法，利用计算机智能分析施工现场的视频内容，从而实现实时响应和自动预警等功能。

视频监控技术在建设工程中的应用如表3-3所示。

视频监控技术在建设工程的应用　　　　　　　表3-3

应用	应用方法	信息内容
跟踪定位	跟踪施工现场的工人、材料和施工机械在施工活动中的位置	工人/材料/机械空间坐标
施工行为分析	结合视频监控和机器视觉，通过获取施工工人的轮廓外形信息识别工人的姿态，计算工人生产效率或分析工人不安全行为	工人/机械空间坐标
	对塔式起重机等施工机械的吊臂进行实时跟踪，分析施工机械的作业行为	
实体建模	利用视频监控拍摄图片或视频，结合机器视觉的三维重建算法，获得施工过程中建筑实体的三维模型，并将该模型与设计模型对比，以评估施工进度	建筑空间信息
进度监控	拍摄施工现场的图像，通过不同时段图像的变化获取施工进度信息	工程实体图像

例如，基于深度学习的计算机视觉技术能有效识别视频监控场景中施工人员的不安全行为，如未正确佩戴安全帽、安全绳，行走在钢支撑上等。以识别施工人员是否佩戴安全帽为例，采集大量包含有工人佩戴和未佩戴安全帽的图像构成训练、测试算法模型的数据集，构建深度学习模型对样本进行学习以调整模型参数，进而用不同复杂程度的场景图片测试算法的鲁棒性。如图3-3所示，测试了深度学习模型在不同的拍摄距离、天气状况、光照条件、人员姿态及遮挡情况下的识别效果。

此外，在室内工程的施工进度管理过程中，基于深度相机的进度信息采集方法可有效提升进度管理效率。室内工程由于自身场地有限，通常会面临工作面重叠、施工流水作业衔接混乱等问题，易导致工程进度延误、成本超支，从而增加项目风险。传统人工检查、手工录

图3-3 不同场景条件下安全帽佩戴识别测试

入进度信息的方式不仅耗时费力,且结果大都以文字形式呈现,数据处理、分析效率较低,难以满足现代室内工程项目施工进度跟踪对数据精度、及时性和准确性的要求。利用基于深度相机的三维建模方法创建现场实时点云模型,提供实时准确的现场数据,并进一步将其与BIM模型集成,可支持现场进度可视化展示,帮助管理人员及时发现进度偏差。其中,基于深度相机的三维景象重建流程通常包括7个阶段,具体为:①获取深度图像,使用者手持深度相机对目标场景或物体进行拍摄,获取目标对象的深度数据和彩色数据对;②预处理,对获得的深度图像进行滤波以降低噪声;③点云计算,将经过预处理的数据转换为二维深度图

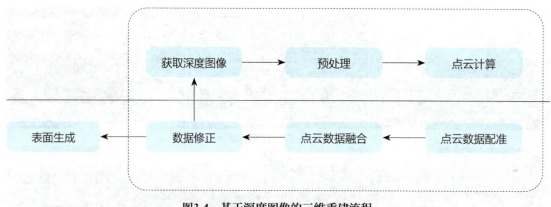

图3-4 基于深度图像的三维重建流程

图3-5 某办公室室内三维重建模型

像,进而结合深度摄像机的内参矩阵计算出各像素点在摄像机坐标系下的三维坐标值和三维法向量,获得点云数据;④点云数据配准,通过对不同视角拍摄的图像进行点云数据配准,以获取完整的点云数据;⑤点云数据融合,融合不同视角的点云数据,去除多片点云重叠区域的重复点;⑥数据修正,完成点云融合操作后,需要对系统识别出的帧间对应进行过滤,去除错误对应,保证模型重建的准确性;⑦表面生成,重复步骤①至步骤⑥获得的数据重建出对应视角的三维点云模型(图3-4)。在获得若干帧点云数据后停止处理,同时将设备获取的彩色信息作为纹理输入,映射到三维点云模型中,得到可视化的真实三维模型。如图3-5所示,基于上述流程得到了某办公室室内的三维重建模型。

(2) 激光扫描技术

激光扫描技术(Laser Distance and Ranging,LADAR)通过向被测目标发送激光信号,并计算信号传输的时间以测量被测目标的距离,汇总这些距离信息得到被测物体的三维点云数据,进一步转换成物体的三维可视化模型。通过分析这种三维模型,可以快速获得物体的距离、尺寸、面积、体积等信息,以满足使用者的不同需求。三维激光扫描技术是一种非常

重要的非接触式测量技术,具有以下特点:

1)信息数字化:通过三维激光扫描获得的信息全为数字信息,便于用户处理分析以及与其他软件进行数据共享;

2)信息质量好:采集到的信息分辨率高、准确性好、密度高,便于用户操作处理;

3)应用范围广:对使用条件要求低,环境适应能力强,因此能够在恶劣天气或者野外环境实现复杂结构物体的精准测量;

4)非接触式测量:通过激光发射脉冲无需直接扫描物体,因此适用于危险、恶劣、人员难以进入环境条件下物体的测量;

5)信息丰富多样:既能够快速获取物体的空间三维数据,同时还能获得物体的颜色、表面反射率等信息,充分还原物体的真实形态,提高可视化效果;

6)静态扫描识别:由于扫描仪一般固定于现场,因此适合对静态物体进行扫描识别,不适用于动态目标的跟踪。但是通过对比不同时间的扫描结果,也能够起到动态跟踪定位和时间进度测量的效果。

目前三维激光扫描技术普遍应用于地形地质、工程测绘、历史文物保护、工程结构健康检测等,用于准确地获取建筑三维数据,并将其与设计模型叠加,可实现生产进度、生产质量的自动评估(表3-4)。

LADAR在建设工程的应用 表3-4

应用	应用方法	信息内容
质量监控	在钢筋混凝土施工过程中,通过激光扫描获取钢筋笼和锚固螺栓等内部结构部件的密集点云数据,检查内部构件的尺寸质量,减少返工和延误	结构构件尺寸信息
模型构建	进行管道安装时,结合激光扫描和基于轮廓的算法构建管道的模型	建筑空间信息
模型构建	结合LADAR、视频测量和计算机视觉技术,自动创建带有目标语义信息的BIM模型	建筑空间信息
进度跟踪	从3D点云识别建筑组件,并将其与BIM模型比较来实时跟踪施工现场的进度	建筑空间信息

譬如,在盾构法施工过程中,面临着一些不容忽视的质量问题,如管片拼装错台、管片破损、椭圆度超标、注浆质量差等,极大地威胁着隧道结构体的安全。根据《盾构法隧道施工及验收规范》GB 50446—2017的规定,工程师通常依靠裸眼观察,定期检查沿隧道延伸段的组装质量,在部分分段和环的某些位置进行选择性检查。然而,这种传统方法存在效率低下、检查不全面、不准确等问题。借助三维激光扫描技术,可在不与盾构管片接触的情况下,高效、精准地获取几何信息,采集管片三维点云数据,对点云数据进行去噪预处理,进

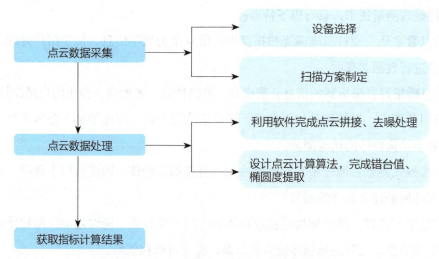

图3-6 基于点云的管片拼装成型质量检测流程

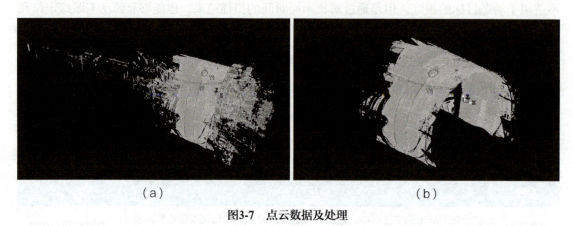

图3-7 点云数据及处理

（a）扫描原始点云数据；（b）处理后的点云数据

一步提取得到管片的错台值、椭圆度等尺寸数据，可实现拼装过程中的快速质量跟踪检查，基本流程如图3-6所示。图3-7（a）、（b）分别展示了利用三维激光扫描仪对盾构管片扫描获取的原始点云数据及处理后的点云数据。

3.2.3 跟踪定位技术

跟踪定位技术由于能够获取目标物的实时位置和运动轨迹信息，常用于对现场工人、机械和建筑材料的定位，以开展施工安全监控、施工操作分析等工作，是提高工程项目安全管理及效率水平的重要技术之一。跟踪定位技术可以分为室外定位技术和室内定位技术。在室外环境下，全球定位系统（GPS）、北斗定位系统（BDS）等全球导航卫星系统（GNSS）为用户提供高精度的位置服务；在室内环境下，由于建筑物遮挡和多径效应的影响，一般采用室内定位技术，主要包括RFID技术、超宽带技术、蓝牙技术等，室内无线定位技术也可以用于室外局部区域定位。

（1）室外定位技术

室外定位技术一般是指卫星导航定位技术，目前已基本取代了地基无线电导航、传统大地测量和天文测量导航定位技术。基于卫星导航定位技术的全球导航卫星系统（Global Navigation Satellite System，GNSS）可以在地球表面或近地空间的任何地点为用户提供全天候的地理坐标、速度以及时间信息的空间无线电导航定位系统。当今，GNSS系统不仅是国家安全和经济的基础设施，也是体现现代化大国地位和国家综合国力的重要标志。现阶段，GNSS系统主要包括美国GPS（Global Positioning System）、中国北斗卫星导航系统、俄罗斯GLONASS系统和欧盟GALILEO系统。

使用GNSS系统进行定位具有以下特点：

1）可进行全天候的实时定位：不受天气、时间和地点的限制，因此无论何时何地都可以实时确定目标的运动轨迹和速度。

2）观测时间较短：观测时间的长短与定位模式和观测距离都有关系，目前采用实时的动态定位模式可以将观测时间控制在几秒钟左右。

3）自动化程度高：只需要管理员开关仪器以及视察仪器工作状态，具体的定位测量和跟踪记录等工作由系统自动完成并将采集到的数据自动传输到管理中心，为管理层提供决策支持。

4）全球统一的三维坐标：不仅可以测定平面位置的坐标，还可以确定高程坐标值。由于它的定位坐标系统是全球统一的，因此不同地点的测量结果可以相互连接。

（2）室内定位技术

室内定位是定位技术的一种，和室外的无线定位技术相比有一定的共性，但是室内环境的复杂性和对定位精度和安全性的特殊要求，使得室内无线定位技术有着不同于室外定位技术的特点。

1）RFID定位技术

RFID定位技术是利用射频信号进行非接触式双向通信交换数据以达到识别和定位的目的。RFID技术传输范围大、成本很低，但作用距离短，最长只有几十米，而且射频信号不具有通信能力，只使用射频识别技术是不能进行室内定位的，必须与其他辅助技术相结合才能完成。

2）超宽带定位技术

在短距离高速率无线通信技术的支撑下，超宽带（Ultra Wide Band，UWB）定位技术通过发送纳秒级或纳秒级以下的超窄脉冲来传输数据，可以获得1GHz级的数据带宽，结合基于到达时间差（Time Difference of Arrival，TDOA）的测距算法可以实现室内定位。UWB可以充分利用信号时间分辨率高的优点实现厘米级的精准定位，抗干扰能力更强、运行功耗和部署复杂度更低，但较高的系统建设成本限制了超宽带定位技术的应用。

3）蓝牙定位技术

蓝牙（Bluetooth）技术是一种为短距离移动的数字化硬件设备开发的无线通信系统。基于信号强度指示（Received Signal Strength Indication，RSSI）的蓝牙定位技术可以根据测量终端设备信号强度并基于指纹定位算法进行定位。IBeacon是苹果公司制定的专用于蓝牙定位的一种协议技术，定位精度一般在3m以上；基于到达角（Activity On Arrow，AOA）的蓝牙定位技术可以实现厘米级的定位。例如，芬兰的Quuppa公司的蓝牙定位技术综合了军事领域的无源相控阵雷达技术和AOA技术，可以实现在超市内厘米级定位。随着蓝牙AOA技术应用的广泛应用，国产化的进程也很快，很多国内蓝牙芯片厂商能够快速迭代更新以支持蓝牙5.1的AOA技术。蓝牙定位技术安全性高、成本较低、功耗低、设备体积小。

以上跟踪定位技术在建设工程的主要应用如表3-5所示。

跟踪定位技术在建设工程的主要应用　　　　　　表3-5

应用		管理方法	技术	信息内容
材料构件管理	质量管理	通过跟踪观测建筑物变形以及振动情况，检测工程结构健康	GNSS	建筑物位置信息
	资源定位	将GNSS与各类型无线通信技术协同使用，减少因GNSS信号缺失导致的监控死角，实现全方位无盲区的跟踪定位	GNSS/RFID/蓝牙	材料构件位置信息
施工人员管理	行政管理	对室内工作人员位置跟踪定位，便于考勤管理	GNSS/RFID/UWB/蓝牙	工人位置信息
	安全管理	根据经验预先划定高空坠物的虚拟危险区域，通过实时获取工人位置信息判断人员是否处于危险区域，发布警报提醒周围人员	UWB/蓝牙/GNSS	工人位置信息
	施工工艺管理	跟踪工人运动轨迹，分析工人出现在工地各处的概率，利用路径规划算法，给出工人运动的最佳轨迹；同时以规避机械与工人相撞为原则，给出施工机械的最佳行驶轨迹	UWB/蓝牙	工人位置信息
机械设备管理	生产效率管理	跟踪定位车辆位置，合理安排车辆调度路线，掌握施工机械设备的运行轨迹和工作状态	GNSS	施工机械位移信息
	安全管理	实时跟踪起重机起重臂的运动，通过位置数据对可能引起的碰撞事故进行判断，当可能发生碰撞时向起重机操作人员和现场工人报警，停止并重新进行路径规划以避开碰撞	UWB/GNSS	机械位置信息
	进度管理	通过记录施工机械的位置信息和速度信息，在数据精简的基础上，自动分析各工序的耗时，代替人工工时分析	GNSS	机械位置信息、机械速度信息
	设备安全管理	通过分析挖掘机和推土机的位置信息，自动识别两种机械的作业轨迹，分析施工机械之间的交互式作业	GNSS	施工机械位移信息

图3-8 工人进入危险区域检测

对各类定位技术性能进行全方位的对比分析发现,在该应用场景下,蓝牙+无源相控阵雷达定位技术和UWB超宽带定位技术在定位精度、对障碍物的穿透性以及对环境的抗干扰性等硬件性能方面均优于其他技术。进一步的对比表明,在标签数量很大时,前者的建设运营成本优于后者。由此,在石化工程项目中可优先选择蓝牙+无源相控阵雷达定位技术。如图3-8所示,系统可以实时显示石化工程项目施工过程中的工人与危险区域的位置信息,并可以据此实现进入危险区域检测与报警功能。

3.3 工程项目信息传输技术

工程项目信息的可靠传输主要依赖工程物联网网络通信层涉及的各类信息传输技术,如现场总线、以太网等。随着传输技术的发展,工程项目信息的传输已由传统的基于金字塔的分层模型向基于分布式的全新范式演化,如图3-9所示。与传统工地信息传输基于严格的分层结构不同,高层次的系统单元由低层次系统单元互联集成、灵活组合而成。

根据工程应用需求及各类技术特征,不同层次接入的传输技术有所区别。对于工序级涉及的本地服务器设备,往往通过工程现场总线技术进行连接;对于工地级的项目应用,一般采用有线和无线网络相结合的方式;对于企业级的信息传输,则通常采用无线网络上传至企业云端。在复杂工况下,如超深地下工程、超密集结构区域,当有线网络难以布设时,无线自组网的方式往往是最佳的选择。5G通信技术的发展更是为工程项目信息更加快速、可靠地传输创造了条件,以下分别对现场总线、以太网、无线网络技术进行简要介绍。

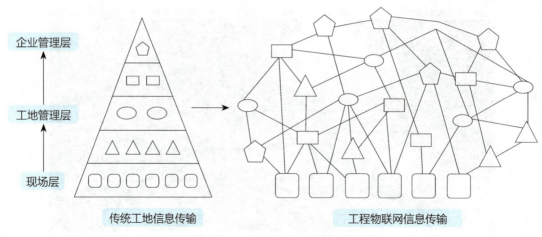

图3-9 工程项目信息传输形式演化

3.3.1 现场总线技术

现场总线技术是计算机、网络通信、超大规模集成电路、仪表与测试、过程控制和生产管理等现代高科技迅猛发展的综合产物，主要解决工程现场的施工装备、机械等设备间的数字通信以及这些现场控制设备和高级控制系统之间的信息传递问题。

现场总线技术具有高系统开放性、互可操作性与互用性、智能化与功能自治性、系统结构高度分散性以及对现场环境高适应性等特点。高系统开放性指通信协议是公开的，现场总线开发者致力于建立统一的底层网络的开放系统，对相关标准的使用具有共识。开放系统把系统集成的权利交给用户，用户可根据自身需求把来自不同供应商的产品组成任意大小的系统；高互可操作性与互用性指互联设备间、系统间的信息传递与沟通，可实行点对点，一点对多点的数字通信，并且不同生产厂家性能类似的设备可实现互换互用；智能化与功能自治性指传感测量、补偿计算、工程量处理与控制等功能分散到了现场各设备中完成，仅依赖于现场设备便可完成自动控制的基本功能，设备的运行状态也可以被随时诊断；系统结构的高度分散性指现场总线技术因其可完成自动控制的基本功能，从根本上改变了现有DCS集中与分散相结合的集散控制系统体系，简化了系统结构，提高了可靠性。对现场环境的高适应性指现场总线技术专为在现场环境工作而设计，可支持双绞线、同轴电缆、光缆、射频、红外线、电力线等，具备较强的抗干扰能力，能采用两线制实现送电与通信，并可满足安全防爆要求等。由此，现场总线技术具有节省硬件数量与投资、安装费用、维护开销，用户具有高度的系统集成主动权等优点。

现场总线的网络拓扑结构大体分为四类，即环形拓扑结构，星形拓扑结构，总线型拓扑结构，树形拓扑结构。现场总线技术作为工地数字通信网络的基础，建立了现场控制设备之间及其与更高控制管理层次之间的联系。因此，现场总线技术的内涵已远远不是指一根通信线或一种通信标准。现场总线技术的应用促使施工自动化控制技术向智能化、网络化和集成化方向发展，为自控设备与系统开拓了更为广阔的领域。

3.3.2 以太网技术

以太网技术是一种计算机局域网技术，IEEE组织的IEEE 802.3标准制定了以太网的技术标准，规定了包括物理层的连线、电子信号和介质访问层协议的内容。以太网取代了其他局域网技术，如令牌环、FDDI和ARCNET，是目前应用最为普遍的局域网技术。

根据传输速率的不同，以太网技术可以分为快速以太网、千兆以太网、万兆以太网、光纤以太网，以及端到端以太网。快速以太网也称作百兆以太网，基于扩充的IEEE 802.3（Ethernet）标准；千兆以太网是一种新型高速局域网，能提供1Gbps的通信带宽，最大传输距离达80km，可以用于城市区域网络的建设；万兆以太网保留了以太网帧结构，借助波分复用等技术提供10Gbit/s传输速度；光纤以太网依靠以太网设备采用以太网数据包格式实现广域网通信业务，可以适用于任何光传输网络，实现10Mbit/s、100Mbit/s以及1Gbit/s等标准以太网速度；端到端以太网方案以以太网作为接入技术，成本低，带宽高，因此不仅可以作为一般用户Internet连接，多媒体点播或广播用途，也可以作为企业用户实现VPN虚拟私有专网互联使用。

以太网相关组件及技术已经广泛应用到工业及工程实施的关键环节中，如EtherCAT、Ethernet、Powerlink等。这些以太网技术大体均是各家厂商在百兆网的基础上增加实时特性开发的。除此以外，以太网提供了一个无缝集成到新的多媒体世界的途径。目前，IEEE 802正在对实时以太网TSN进行标准化，以满足工程环境中时间敏感性需求，这增加了以太网技术在施工中的应用价值。TSN构建了一个标准的开放式网络基础设施，可支持不同厂商仪器之间的相互操作和集成。同时，TSN可支持制造应用中的其他网络传输，进而驱动企业内部信息系统网络与现场控制系统网络的无缝融合，这也有助于推动以太网在工程领域的应用与发展。

3.3.3 无线网络技术

无线网络技术是指无需布线就能实现各种通信设备互联的网络。无线网络技术的涵盖范围很广泛，既包括允许用户建立远距离无线连接的全球语音和数据网络，也包括为近距离无线连接进行优化的红外线及射频技术。

无线网络技术利用无线技术进行传感器组网以及数据传输，具有节省线路布放与维护成本，组网简单（支持自组网、不需要考虑线长、节点数等制约），可移动性强，能突破时空的限制等优点。根据无线网络的覆盖范围不同，可将其划分为无线广域网、无线城域网、无线局域网和无线个人局域网。无线广域网是基于移动通信基础设施，由网络运营商如中国移动、中国联通、Softbank等所经营，负责一个城市甚至一个国家所有区域的通信服务。无线局域网是短距离范围内应用无线通信技术将计算机设备联系起来，构成可以互相通信和实现资源共享的网络体系。目前，无线局域网络以IEEE学术组织的IEEE802.11技术标准为基础，即人们日常生活接触紧密的Wi-Fi网络。无线广域网和无线局域网不是完全互相独立的，两者相结合可以提供更为强大的无线网络服务。无线局域网让接入用户共享到局域之内的信息，而通过无线广域网就可以让接入用户共享到局域之外的信息。无线城域网是可以让接入用户访问到固定场所的无线网络，其将一个城市或者地区的多个固定场所连接起来。无线个人局域网则是用户个人将所拥有的便携式设备通过通信设备进行短距离无线连接的无线网络。

目前，无线网络技术在工程环境感知、过程测量与控制等方面已经得到广泛应用。特别是，在极端工况下不适宜有线布放，如超大面积的吊装盲区观测，无线网络几乎是唯一的选择。5G网络作为第五代移动通信网络，其理论传输速度峰值可达到每秒10Gb，这比4G网络的传输速度快数百倍。目前，5G技术已经实现了虚拟现实的应用，例如应用于混合现实相关的旅游、体育、视频会议等诸多场景。随着5G技术的逐步深入，其也将成为工程项目信息传输的有效助力。如5G网络的接入速率将使AR技术得到更广泛应用。这也意味着缺乏足够现场经验的工人，只需要借助手中的平板电脑或者相关AR眼镜设施就能立刻获取对象工况信息，由此采取最佳的行动方案。除此以外，5G网络还将促成更加安全可信的网络架构的构建，实现网络自动化管理等。

3.3.4　信息传输技术应用案例

为保障某市地铁施工安全监控和应急指挥的业务需求，构建了相应的工程物联网，设置了地铁集团监控指挥室和施工现场分监控室。地铁集团监控指挥室作为所有工地的安全监控数据的联网汇集中心，可以实时调阅各工地的结构化数据、文本、图片、音视频等信息资源并加以处理、分析和利用，如图3-10所示；施工现场分监控室负责与辖区内各传感器、网

图3-10　地铁集团监控指挥室

络、计算机等设备的互联互通，汇聚该地辖区内结构化数据、文本、图片、音视频等信息，并按照相关技术标准统一接入地铁集团监控指挥室，如图3-11所示。监控室的安全管理人员可通过远程监控手段，实时掌握地铁工地现场人员、机具、环境的动态变化，确保地铁在建工地的安全和正常运转。

工程物联网网络通信层采用专用城域网络（有线传输+无线传输相结合）的VPN组网方式，实现了地铁集团监控指挥室和施工现场分监控室的网络互联。网络传输架构（图3-12）整体上分为广域网（与云平台对接）和局域网（施工工地现场）两大部分。在现有线缆管道

图3-11 施工现场分监控室

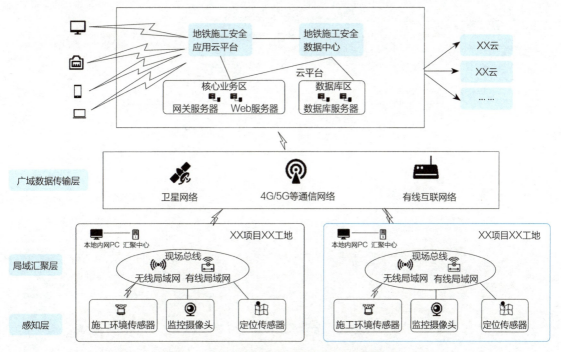

图3-12 地铁安全工程物联网网络传输架构图

资源富裕地区直接布放光纤以太网至接入工地，降低工程造价成本、提高现有光纤资源利用率，同时有线接入进一步保障了接入网络及带宽的稳定；在线缆管道资源不富裕、不具备通信线缆管道施工条件接入的地区采用无线（5.8GHz）中继传输组网的方式将工地接入VPN专网。而在施工现场分监控室内部网络，工地内部的传感器根据现场的状态一般采用无线方式连接，包括Wi-Fi、Zigbee等技术；而针对便于布线且需要网络稳定的传感器，还是会采用现场总线或有线以太网络。根据传感器布点位置不同，通过不同网络形式汇聚到工地的数据汇聚节点上，再接入地铁专用以太城域网络中。

思考题

（1）简要阐述工程物联网的含义。

（2）工程项目信息采集的方式有哪些？试比较其异同处。

第 4 章 工程项目管理信息表达与建模

工程项目管理信息的表达主要是指把工程建设管理中的数据信息进行加工整理，提供给不同需求的各类工程参与人员使用。工程现场数据需要进行加工表达，才能使之更好的服务于工程管理过程。例如在地铁工程的基坑开挖过程中，从各监测点收集上来的地表水位沉降数据和周围地表沉降信息，需要进一步地利用各种手段来分析判断地表沉降在多大程度上的下降是允许的，在多大程度范围需要报警。因此，信息加工整理的一个重要方面就是将来自工程的各个参与方，为不同的参与主体所拥有，并将分散存储在不同的位置的工程信息整合起来，使之从零散的、割裂的、仅反映某一方面的信息变成统一的、集成的、综合的信息，这就需要工程信息的标准化表达，以反映工程项目的整体管理状态。

4.1 工程项目管理信息表达与建模的标准化

4.1.1 工程项目管理信息化标准体系概述

工程项目管理信息在项目全寿命周期内传递，从规划设计到施工到运营再到项目报废，这是一个完整的过程。

工程项目信息语义在每个阶段、专业、工种的传递中尽量减少损失是产业链间协同共享的要求。在传统建造业中，因为不同主体、阶段、专业数据的重复利用，在建造一个工程项目过程中要多次录入数据，在这个过程中，语义常常发生较大歧义，导致建造过程中很多的误解与浪费。因此，在建筑物的几十到上百年寿命期内，需要一个各阶段及不同主体业务信息传递、集成与共享协作的基准线，这就需要若干信息管理方面的标准，如何统筹这些标准间的内在联系，这就需要构建一套工程项目管理信息化标准体系。

工程项目管理信息化标准体系是为了达到最佳的标准化效果，在一定范围内建立的、具有内在联系及特定功能的、协调配套的工程项目信息化标准有机整体。工程项目管理信息化标准体系可以分解成若干个子体系，每个子体系由具有内在联系和特定功能的标准组成，各子体系联合起来形成总体系，并完成总体系的系统目标。

(1) 工程项目管理信息化标准体系设计原则

要使得工程项目管理信息标准化取得最好效果，信息化标准体系框架必须合理，从"质"与"量"双方面达到要求：标准体系框架间需有足够多的共同属性，且这些属性应是高质量提取的，能充分体现标准间的联系。为了满足该要求，构件信息化标准体系框架应遵循以下五个原则：

完整性：完整性要求体系可容纳各工程项目信息化的相关标准，并将每个标准分类、归纳至相应框架中的位置，各标准间相互协调，相辅相成，构成一个完整的标准体系，让使用者可快速利用框架找到标准所在位置，提高利用效率。

系统性：系统性要求处理好标准体系框架内各个标准间的联系与区别，精确地将各类工程建造信息化相关标准对应在相应的分类中，使得标准体系层次分明、分类恰当，各标准间也维持着相互协调的配套关系，并防止相互交叉。

兼容性：兼容性要求在构建标准体系框架时，考虑到现存的各部门已出台的各个相关标准或标准体系，在保证工程项目信息化特质的同时，与已有的其他工程行业体系做到无缝连接。

预见性：预见性要求在根据目前信息化水平制定工程项目信息化标准体系框架时，考虑到未来信息化发展的方向，使得标准体系框架也能适应工程项目信息化的发展变化。

可扩充性：可扩充性要求工程项目信息化标准体系框架的制定应考虑到工程项目信息化发展导致的标准更新、拓展与延伸。要将相关国际标准、国家标准与行业标准等的不断完善结合起来，对标准体系框架进行更新与充实。

(2) 工程项目管理信息化标准体系设计

根据工程的类别不同（如房屋建筑、电力、铁路），我国颁布了多部分工程建设标准体系，如《工程建设标准体系（城乡规划、城乡建设、房屋建筑部分）》《工程建设标准体系（电力工程部分）》《工程建设标准体系（铁路工程部分）》，各部分标准体系框架由基础标准、通用标准与专用标准三个层次构成。通过建立并实施科学规范的工程建设标准体系，可以实现对工程建设标准化的科学管理和标准项目的合理布局，明确重点、科学立标、避免矛盾、减少重复，使工程建设标准适时全面覆盖工程建设活动的各个领域和各个环节，从而保障工程建设活动的有据有序进行。

工程项目信息化标准体系包含许多子体系，各子体系内包含内容有联系且具有特定功能的标准。工程项目信息化标准体系设计可采用不同方案。

如参考《工程建设标准体系》并沿用《住房和城乡建设领域信息化标准体系研究》推荐的标准体系框架，工程项目信息化标准体系由基础标准、通用标准与专用标准三个层次构

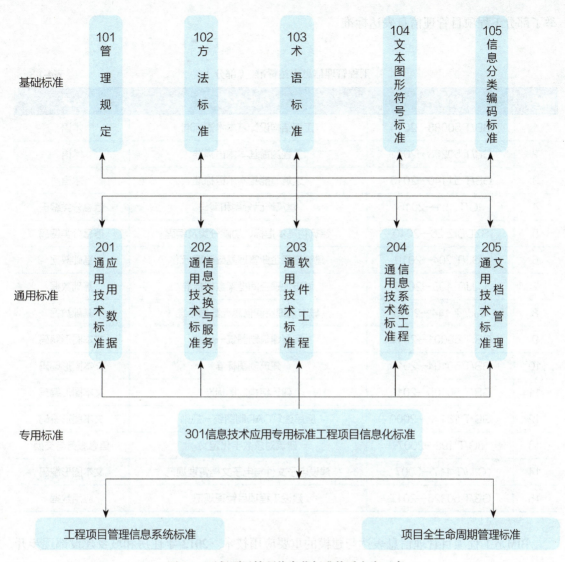

图4-1 工程项目管理信息化标准体系方案示意

成(图4-1)。再如按照信息化系统构建要素为核心进行设计,将工程项目信息化标准体系分为:总体标准、应用标准、信息资源标准、应用支撑标准、信息安全标准、信息化管理标准以及基础设施标准7个分体系。具体设计方法和案例参见第7章。

4.1.2 工程项目管理信息表达与建模标准

工程项目管理信息表达与建模标准在工程项目管理信息化标准体系(图4-1)中属于基础标准和通用标准,涉及术语标准、信息分类编码标准、基础数据、文本图形编码标准、应用数据标准、信息服务与交换标准等类别。

工程项目管理信息表达涉及多主体、多管理要素,标准编制的内容也较丰富,表4-1列举了部分工程项目管理信息表达标准。

工程管理信息表达标准（部分） 表4-1

序号	标准编号	标准名称	分类
1	GB/T 50083—2014	工程结构设计基本术语标准	术语
2	GB/T 50228—2011	工程测量基本术语标准	术语
3	GB/T 51140—2015	建筑节能基本术语标准	术语
4	JG/T 151—2015	建筑产品分类和编码	信息分类编码
5	SZDB/Z 26—2010	建筑物基本指标、功能分类及编码	信息分类编码
6	JGJ/T 204—2010	建筑施工企业管理基础数据标准	基础数据
7	CJJ/T 103—2013	城市地理空间框架数据标准	基础数据
8	CJJ/T 144—2019	城市地理空间信息元数据标准	基础数据
9	GB/T 50001—2017	房屋建筑制图统一标准	文本图形编码
10	GB/T 50104—2010	建筑制图标准	文本图形编码
11	GB/T 50105—2010	建筑结构制图标准	文本图形编码
12	GB/T 18112—2000	房屋建筑CAD制图统一规则	文本图形编码
13	JG/T 198—2007	建筑对象数字化定义	信息服务与交换
14	CJJ/T 117—2007	建设电子文件与电子文档管理规范	文本图形编码
15	GB/T 50326—2017	建设工程项目管理规范	应用数据

BIM是工程项目管理信息表达与建模的重要应用技术。2012年住房和城乡建设部逐步开展了《建筑工程信息模型应用统一标准》《建筑工程信息模型存储标准》《建筑工程设计信息模型分类和编码标准》《建筑工程设计信息模型交付标准》等国家标准的编制和发布工作，编制完成了涵盖BIM模型建模、分类编码、交付及统一应用的核心标准，面向BIM的工程项目信息化标准体系基础标准和通用标准初步构建完成。与此同时，各地方根据行业发展状况和实际工程需求，编制了适应本地特点的BIM信息表达、建模与交付标准，表4-2列举了部分BIM信息表达与建模的国家及地方标准。表4-3列举了各工程类型BIM信息表达与建模标准情况。

BIM信息表达与建模标准（部分） 表4-2

序号	标准编号	标准名称	分类
1	GB/T 51212—2016	建筑信息模型应用统一标准	总体应用
2	GB/T 51269—2017	建筑信息模型分类和编码标准	信息表达

续表

序号	标准编号	标准名称	分类
3	GB/T 51301—2018	建筑信息模型设计交付标准	建模与交付
4	JGJ/T 448—2018	建筑工程设计信息模型制图标准	信息表达
5	DBJ43/T 330—2017	湖南省建筑工程信息模型交付标准	建模与交付
6	DBJ50/T 283—2018	市政工程信息模型交付标准	建模与交付
7	DBJ/T 15-160—2019	城市轨道交通建筑信息模型（BIM）建模与交付标准	建模与交付
8	DBJ430/T 011—2020	湖南省BIM审查系统模型交付标准	建模与交付

各工程类型BIM信息表达与建模标准编制情况　　　　　　表4-3

序号	工程领域	标准类型			
		国家	行业	地方	企业
1	建筑工程	3	1	8	1
2	市政工程			5	
2.1	桥梁工程			4	
2.2	隧道工程			2	
2.3	道路工程			4	
2.4	管线工程			3	
2.5	综合管廊			3	
3	轨道交通			5	
4	铁路工程		1		
5	水利工程		1		
6	人防工程			1	
7	勘察设计			1	

4.1.3　工程项目信息基础数据元标准化

工程项目信息基础数据元是实现工程项目信息化的底层基础，属于工程项目信息化标准体系中信息资源标准定义的重要内容。对基础数据元进行标识命名、分类编码，对实现标准化具有十分重要的意义。

数据元，是指被一系列属性（定义、标识、表示、允许值等）所描述的数据单元，通常指不可再分的最小数据单元。数据是信息的基础，要实现信息标准化和规范化，必须先规范建造业信息基础数据元,实现对基础数据的统一筛选、分类与组织,提高信息资源传递与共享的效率。

数据元属性包括编号(分类编号)、中英文名称、中文全拼、版本、定义、注册机构、数据格式、数据元类型、值域、计量、状态单位、备注等内容。

(1)数据元命名规则

数据元的中文名称命名需要遵守三个方面的原则:唯一性规则、语义规则与语法规则。

唯一性规则:数据元在一定语境下名称应唯一,且名称应包括对象词、表示词、特性词与限定词。例如:数据元"建筑使用年限"中,"建筑"是该数据元的对象词,"使用"为该数据元的特性词,"年限"为该数据元的表示词。

语义规则:对象词是用来表示数据元所属概念或事物的,一般情况下,它是数据元中占主导地位的部分,表示当前语境下的活动或对象。特性词是数据元名称中用来表示数据元显著特征的词汇,表示词在数据元名称中用来表示数据元有效值的集合的格式。当遇到数据元在特定语境中唯一的情况时,可使用限定词对特性词、对象词与表示词进行限定,限定词可选。

语法规则:数据元名称中,对象词、特性词与表示词应分别处于名称的第一、第二以及最后位置。限定词在需要使用时附加在对象词、特性词与表示词前,限定词顺序的不同不影响数据元。在特性词与表示词有重复的情况下,可将冗余词汇删除。

例如:数据元"建筑施工企业组织机构代码"遵循上述3个命名规则:

在案例数据元命名中"企业"是信息化的核心,处于主导地位,是对象词;"组织机构"只是描述企业的一个方面的特性(属性),也是数据元要定义的显著特征,是特性词;"代码"是数据元的有效表示集合,是表示词。"建筑施工"是企业的限定词。

(2)数据元分类方法

数据元分类是指在工程建造行业管理对象与管理业务基础内涵与信息的特征或属性的基础上,制定规范的排列顺序与分类体系,将数据元按照业务领域进行的归类与区分。目前,数据元分类的方法主要有三种:线分类法、面分类法与混合分类法。

线分类法(Method of Systematic Classification)又称层级分类法与体系分类法。它是以初始分类对象被选定的属性或特征作为划分依据,利用若干属性或特征将初始分类对象逐步划分为若

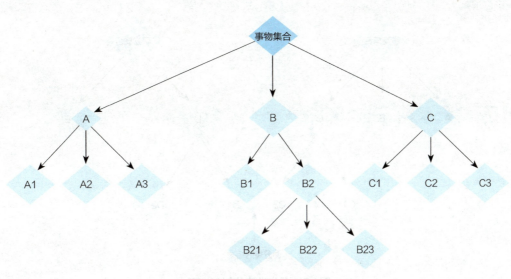

图4-2 线分类法的树形表示

干层级,在各层级下划分若干类目,并据此形成一个逐级展开的有层次的分类体系的方法。在同一分支下的同层级类目之间是并列关系,而在不同层级下的类目之间则是隶属关系(图4-2)。

举例说明:03 金属

03 10 钢筋

03 20 钢丝

03 30 型材

03 40 板(带)材

03 50 棒材

面分类法(Method of Faceted Classification)又称组配分类法。它将给定的初始分类对象本身固有的若干属性,视为没有隶属关系的若干面,各面中都包含了若干彼此独立的类目。使用时可要将有关面中的类目按一定排列顺序组合,组成一个新的复合类目。

对于同一类事物集合进行的分类,分别采用不同的方法进行归类。如图4-3所示,对于一个事物来说,在一种分类方法中它属于C2;在另一种分类方法中它属于D1;把两种方法结合起来进行面分类的话,它属于C2与D1的交集。例如对于一根铝棒,按金属属性分类,它属于"金属-棒材",按用途分类,它属于"装饰材料"。

混合分类法(Method of Mixed Classification)。它是将线分类法与面分类法混合使用,以一种分类法为主,另一种为辅的分类法。

(3)数据元编码

编码是将概念或事物通过一定规则用符号串代表的过程,这一过程使文字、图形、颜色与符号等易于与人和机器进行识别与处理,编码所得符号串为代码,是人类进行统一信息交

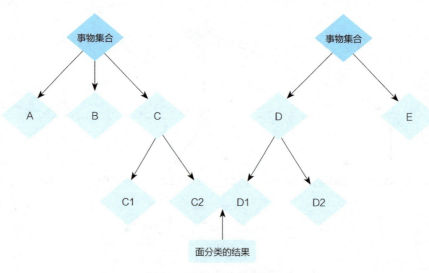

图4-3 面分类法的树形表示

换的一种方式。

数据元分类编码体现数据元在数据元集合中所处位置,是数据元的特征号。数据元编码使得信息资源高效率传递,且编码方式的优劣对整个信息系统的工作效率都有影响。

下面给出"建筑施工企业组织机构代码"这个数据元的线分类法编码案例。

大型建筑施工企业集团的组织机构一般遵循集团—分子公司—项目部(经理部)层级架构形式,这种企业组织机构的架构特点适合采用线分类法,设计"建筑施工企业组织机构代码"数据元层次编码如下:

"建筑施工企业组织机构代码"采用6个层次,每层次2位数字或字符,共计12位数字和字符表示(表4-4)。

"建筑施工企业组织机构代码" 编码表   表4-4

第一层	第二层	第三层	第四层	第五层	第六层
D1D2	D3D4	D5D6	D7D8	D9D10	D11D12
一级法人单位组织机构代码标识符	二级法人单位组织机构代码标识符	三级法人单位组织机构代码标识符	区域公司顺序号或总部部门标识符	经理部顺序号或分公司部门标识符	经理部部门标识符
A1	01-99	01-99	01-99或AA-ZZ	01-99或AA-ZZ	01-99或AA-ZZ

例如:组织机构:某总公司某局一公司华南公司广州经理部商务部
数据元编码:A103010203SW
数据元编码含义:A1—某总公司组织机构代码标识;03—某局组织机构代码;01——公司组织结构代码;02—华南公司;03—广州经理部;SW—商务部

4.2 工程项目多维信息建模

工程建造过程涉及大量动态复杂的信息，其中包括用于进度、成本、质量、安全等管理的多维度信息。工程管理者利用传统的管理方法很难实现进度、成本信息的准确、高效传递与集成管理，从而导致信息流失，这也是工程建造业长期效率低下的一个重要原因。因此，本书利用BIM模型可以有效地对工程质量、安全等维度信息进行集成管理。

4.2.1 建筑信息模型（BIM）

建筑信息模型（Building Information Modeling）是以工程项目的各项相关信息数据作为模型的基础，建立模型，通过数字信息仿真模拟建筑物所具有的真实信息。它具有信息完备性、信息关联性、信息一致性、协调性、可视性、可模拟性、可优化性和可出图性八大特点。建筑信息模型（BIM）可以从Building、Information、Model三个方面去解释。Building代表的是BIM的行业属性，BIM服务的对象是建筑业而非其他行业；Information是BIM的灵魂，BIM的核心是创建工程产品的数字化设计信息，基于此能为工程实施的各个阶段、各个参与方的建设活动提供各种与工程产品相关的信息，包括几何信息、物理信息、功能信息、价格信息等；Model是BIM的信息创建和存储形式，BIM中的信息是以数字模型的形式创建和存储的，这个模型具有三维、数字化、面向对象等特征。BIM模型能够保证各参与方检索相关的数据，BIM三维模型是基于BIM集成信息的基础模型，进度、质量、安全等相关的各种信息将在此基础上扩充，使得集成模型能够囊括建设工程的全部几何信息和活动信息。各参与方以这个工程信息平台为载体，可以随时检索出项目的进度、质量等信息，从而保证信息的传递和共享，使得信息的流失现象得以缓解。

在建筑全生命周期过程中，BIM模型可以被看作是一个不断完善与扩充的数据库。施工中的进度、成本、质量和安全等维度信息可以通过BIM模型的扩展接口与之进行有机的联系与结合，形成相应的工程建造多维信息模型。

工程项目在BIM环境下的信息集成是将所有工程数据存放在一个统一的标准数据库中。BIM模型作为工程管理集成控制模型构建的重要基础，其中所包含的构件信息就必须满足完备性、关联性和一致性这三点特征。

1）完备性：BIM模型包含的信息需充分，即需囊括建筑构件三维几何信息和具备其项目设计、施工等信息的表达；

2）关联性：BIM模型的信息描述需要使得构件之间能相互确认并关联，方便及时查找关联构件的工程信息，另外，某一个构件的信息变换也关联到其他构件上，并及时完成更新；

3）一致性：建设项目所有数据的存储都基于单一的BIM数据库，保证了项目不同阶段参与方所获取信息的一致性，并且各阶段的工程信息无差别。

三维BIM模型构件的表达是集成控制模型的基础，以建筑工程为例，实体三维BIM模型的组成基础是图元。图元是一种基本单位，它是指由特定图形单元与特征组合而成的三维BIM模型，由模型图元和注释符号图元两部分组成：模型图元代表建筑的实际三维几何图形，分为建筑图元和临时图元两类，建筑图元是指构成三维BIM模型主要实体的图元，临时图元则是随着工程的进展而变化的模型中的其他实体；注释符号图元也分为两类：一是对模型图元标记、解释的图形元素，二是创建非实物环境的基准图元。表4-5详细展示了三维BIM模型图元的组成。

BIM建模图元组成　　表4-5

模型图元		注释符号图元	
建筑图元	临时图元	注释图元	基准图元
建筑：墙、门、窗等	人	注释	轴网
结构：梁、板、柱等	机械	标记	参考平面
机电：管道、机房等	脚手架等	符号等	标高等

随着信息技术的推广和发展，BIM技术在土木工程领域被广泛应用，如BIM碰撞检查、结构分析、能源分析等，基于不同的需求，模型的详细程度也会不同。模型过粗就不能包含全部信息，信息表达上就会有所欠缺，而太细的模型可能会使信息量过大，信息复杂甚至冗余，从而造成延迟交付等。从三维BIM到多维BIM模型的扩展，关键挑战是确定需要集成到基础模型中的信息类型，以实现不同的目的。研究表明，基于BIM的进度、成本管理研究已较为成熟，而由于复杂性程度原因，质量、安全管理等方面的研究则相对较少。因此，本章节主要从基于BIM的质量、安全、电气系统管理三个维度展开。

4.2.2　基于BIM的质量管理模型

以建筑工程为例，建筑工程施工项目质量控制内容包括：单位工程质量、分部工程质量、分项工程质量、检验批质量、工序质量。全面实现质量管理的目标，必须从最低层次即工序质量控制入手，以实现基本单元的质量控制。首先，将工序质量控制中操作者、机械设备、材料、工艺方法、测量和环境六大因素的质量控制要求参数化，然后在三维模型中"建筑图元"的属性信息中设置相应参数，从而实现工序质量信息与三维模型的紧密连接。详细的实现路径，如图4-4所示。

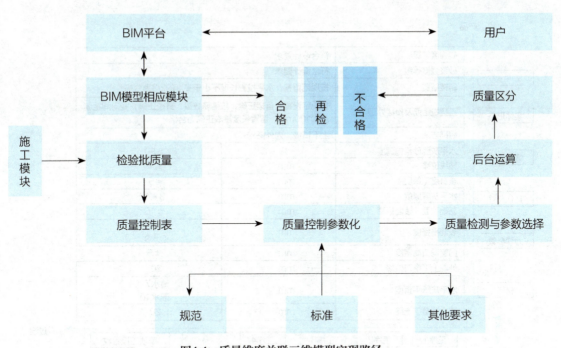

图4-4 质量维度关联三维模型实现路径

(1) POP数据结构

为了更好、更全面地描述工程质量的参与主体、产品质量要求及过程三个因素，在此引入POP数据结构，POP模型是指产品（Product）、组织（Organization）、过程（Process）模型，产品是指组织为完成项目而交付的成果；组织是为完成产品而参与到项目中的单位或个人；过程是指组织为完成产品而经历的程序。POP模型能够将3D建筑产品、过程以及组织三个要素集成，形成基于BIM的POP质量数据结构，为可视化设计施工建立联动的模型，它定义了数据的基本组成及相互之间的关系。

1）产品质量模型与施工过程质量控制模型二维关系

对施工过程进行质量控制的方法是依据工序的先后对各工序的质量管控，进而通过检验批质量控制不断提高其质量水平。而对工序进行质量管控的要求便是对工序的各项性能进行检验、监督管理，即产品质量管控，通过确保这些性能符合质量要求而达到对工序质量的控制，从而逐级保障施工质量，如图4-5所示。

2）产品质量模型与质量组织模型的二维关系

产品质量由具体的责任人进行检查和验收，并且由验收人承担相应的质量责任。明确各具体责任人应负责的项目及范围，相应的质量验收实施细则，确保不因质量责任认定不清而导致追责困难。在保障每一产品的各项性能满足国家、行业、地方的规范、标准及设计和施工要求的情况下，就能够进一步保证检验批的质量，进而逐级保证质量，最终确保施工质

图4-5 产品模块与施工过程模块的二维关系

产品			
砖强度等级		符合设计要求	
砂浆强度等级		符合设计要求	
斜槎留置		按规范留置,水平投影长度不小于高度的2/3为合格	
直槎拉结筋及接槎处理		按规定设置,留槎正确,拉结筋数量、直径正确,竖向间距偏差±100mm,留置长度基本正确为合格	
组砌方法		上下错缝,内外搭砌	
水平灰缝砂浆饱满度	%		≥80
轴线位移	mm		≤10
垂直度(每层)	mm		≤5
水平灰缝厚度	mm		8~12
基础顶面、楼面标高	mm		±15
表面平整度	mm		清水5 混水8
门窗洞口高宽度	mm		±5
外墙上下窗口位移	mm		20
水平灰缝平直度	mm		清水7 混水10
清水墙游丁走缝	mm		20

左侧标注:……、实体形态、偏差校准、几何尺寸、力学参数、材料

下方标注:工序1 工序2 工序3 工序4 …… 单项工程验收 → 过程

图4-5 产品模块与施工过程模块的二维关系

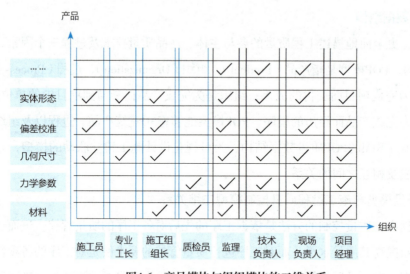

图4-6 产品模块与组织模块的二维关系

量,如图4-6所示。

3)施工过程质量控制模型与质量组织模型的二维关系

施工的全过程中,每项工序直至工程最终的质量验收都要有具体责任人来管理、监督、纠正,即要实现施工全过程无质量责任漏洞的施工,保证每一工序在质量出现问题时都能在最短时间内确定最终责任人,并进行相应惩处,这也促使相应责任人为规避责任风险,而各

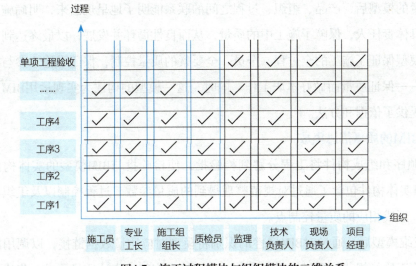

图4-7 施工过程模块与组织模块的二维关系

尽其力,各司其职,保障自己负责的环节不出现差错,如图4-7所示。

4)质量控制三维模型

由产品质量模型与施工过程的质量控制模型及质量组织模型两两之间的二维关系,可以清楚地看出三者的共同目标都是施工质量,且三者之间相互有交集。因此,通过进一步的梳理,可以建立三者的三维关系图,高压喷射桩注浆地基的三维关系图——POP数据模型如图4-8所示。

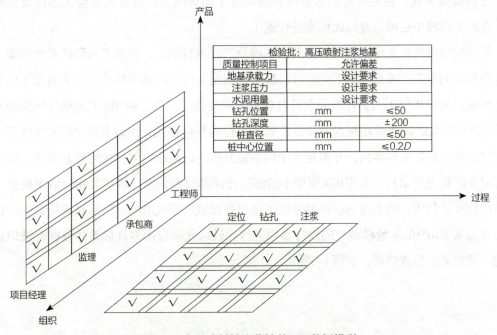

图4-8 高压喷射桩注浆地基POP数据模型

构建了质量的模型后,产品、组织、过程之间的联系能明了地呈现出来,明确施工过程的进度安排和具体责任人,保障了施工中的质量,从而良性循环并发展,以最终达到对质量的管控。这一模型保证了施工的全过程、全员、全要素的质量控制,保证了施工参与各方能够朝同一目标——保证质量而做好本职工作。同时,这一模型的构建为实现运用BIM进行施工的质量管控提供了依据和方法。

(2)基于BIM的质量信息集成

根据施工顺序和组成构件将工程分解到检验批,使检验批与BIM模型的实体构件相对应,则每一BIM实体构件包含了通过对规范整理得到的质量参数、过程控制以及组织信息等质量控制参数,形成相应的质量控制点。

建立BIM三维模型后,通过对BIM属性的识别将模型对应质量数据链接,以调用质量模型,显示基于施工质量规范的质量控制点参数,从而清晰完整地表达质量要求,集成施工涉及的责任人和对应施工过程,融入POP控制模型,提供直观形象而又全方位的质量信息。

施工质量控制的重要部分之一是对施工质量严格管理验收,要实施验收的管控,首要问题就是解决管控验收依据的收集整理工作。质量过程信息主要来自于施工标准规范以及施工组织设计,设计阶段往往只设计了结构形式,对施工过程未做详细说明。通过查阅标准规范以及参照组织设计方案,将施工过程信息整合成一个控制属性。

质量控制参数的信息主要来自设计要求和施工标准规范。根据结构设计要求,每一构件应满足相应的标准,施工完成后的验收过程也主要参照这部分的标准进行。为了与BIM施工质量分析模型对接,在质量控制参数的控制属性中会说明该控制点的检验次数以及验收标准,在施工过程中也可以参照此标准进行施工。

质量控制点的布置可根据项目的实际结构及工程项目确定,在施工编码体系的框架下,完成控制点的布置。那么在施工同时可以提供当前施工构件的指标标准,由于对施工验收要求更明确,可以指导工人更好地完成符合规范要求的施工产品。BIM施工质量分析模型与施工质量POP模型通过质量控制点的质量控制参数栏的控件链接,可以从POP模型跳转至当前质量控制点的数据填写界面,开始施工中的质量分析。以高压喷射桩注浆地基为例,提出该特定对象的检查要求后,根据BIM模型中的施工方法和材料信息,确定其相应清单模板。专业质量检查员利用从施工现场获得的组织信息和检查数据完成清单,然后对现场数据进行分析,并与基于BIM的质量模型中的设计参数进行比较。任何超出容许偏差的数据将被识别和标记,清楚显示检查结果,如图4-9所示。

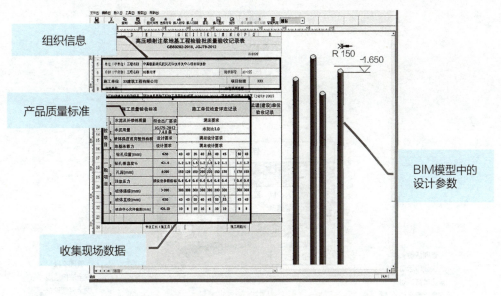

图4-9 高压喷射灌浆地基检验批的质量数据分析

4.2.3 基于BIM的安全管理模型

施工安全信息是施工安全管理活动所依赖的资源，安全管理的策略和流程由信息论来指导。安全信息可以理解为在施工过程中，与安全管理主体、安全管理对象、安全管理手段和安全管理活动有关的信息的集合。施工安全信息的四个大维度可以分为安全管理的主体维度、对象维度、手段维度和活动维度。在BIM模型中，如果能够有效地集成多维度的施工安全信息，那么将能够给施工安全管理带来很大的帮助，有助于施工安全管理人员更好地做出决策，该模型的信息维度关系如图4-10所示。

（1）安全管理主体维度

1）组织维度

组织维度包括各参建单位企业层面及项目部层面的组织结构。如参建单位企业层面的组织结构包括建设、勘察设计、监理、施工、施工监测、第三方监测、第三方安全预警等单位；项目部内部的组织结构包括安全部、工程部、技术部、财务部等。

2）人员维度

人员维度包括与施工安全相关的各类管控人员，如决策人员、管理人员等。其中，决策人员是项目的高层管理人员，能对项目实施进行决策，一般为各参建单位各级领导；管理人员是具体开展施工安全业务管理工作的执行者。按不同参建单位可分为建设单位安全管理人员、安全监理单位安全管理人员、监理单位安全管理人员、施工单位安全管理人员、第三方安全预警单位安全管理人员等。根据安全管理需要，可以继续分解，例如建设单位安全管理

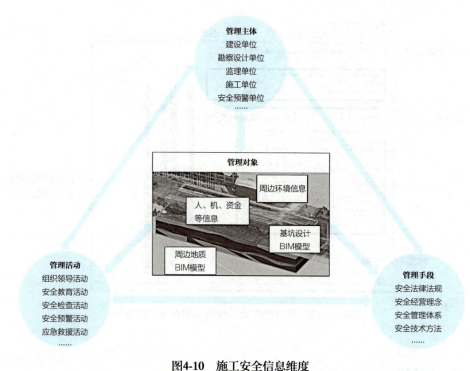

图4-10 施工安全信息维度

人员，可以分为质安部部长、质安部部员、建设事业总部总经理、一级项目经理、二级项目经理、业主代表等。

（2）安全管理对象维度

1）工程实体维度

从工程实体角度来说，工程从大到小可划分为单项工程、单位及子单位工程、分部及子分部工程、分项工程等。如地铁单项工程由多条线路组成，每条线路又是由车站、区间、车辆基地、轨道、通信等单位工程构成。以车站单位工程为例，其主要包括基础、主体、安装和配套等分部工程；而其中的主体部分又包括混凝土结构、砌体结构、钢结构等子分部工程；其中的混凝土结构部分包括模板、钢筋、混凝土、现浇架构等分项工程。继续细分直到工程设备材料。工程材料包括原材料、半成品、成品等；工程设备包括地铁运营配套的电梯、通风空调、消防设备等。工程设备材料的质量会影响施工和运营安全。

2）人员维度

人员维度包括与施工安全相关的各类被管理人员，如决策人员、管理人员、作业人员等。其中，决策人员和管理人员同时也是被监管的对象，例如对监理人员安全检查是否到位进行监管。作业人员按不同技术工种可分为木工、泥工、焊工、钢筋工、架子工、电工等。

3）工程机具维度

工程机具维度包括与施工安全相关的施工机械和各类施工器具，如地铁施工过程中使用的运输和吊装机械、测量仪器以及施工安全保障设施等。工程机具的选择和使用不当常常会带来安全事故。

4）工程环境维度

工程环境维度包括与施工安全相关的各类环境因素，包括工程周边地质水文情况、当前气象环境等自然环境和施工现场给水排水、运输道路、施工粉尘等作业环境。环境因素复杂多变，难以管理，需要重点关注。

5）工程资金维度

工程资金维度包括与施工安全相关的资金信息，如人工费、材料费、机械租赁/使用费、企业管理费、安全施工费、文明施工费、环境保护费、奖励/处罚款等。如安全文明施工费的收支信息能在一定程度上反映施工现场安全设施的购置情况和安全措施的执行情况；人工费按时全额发放能在一定程度上避免因欠薪引起施工人员心态变化而导致的安全事故，因此工程资金的收支信息有助于安全管理。

(3) 安全管理手段维度

安全管理手段维度包括与施工安全相关的管理、技术方法。如国家建设法律法规、各参建单位安全管理体系和制度、项目法人安全决策以及经营者的安全经营等管理理念；所采用的勘察、设计、施工、检测试验等技术方法。如采用先进合理的技术方案和措施指导施工，使施工活动规范化，减少事故的发生。

(4) 安全管理活动维度

安全管理活动维度包括与施工相关的安全教育、安全检查、安全预警、应急救援等活动。如安全教育活动能对不同施工人员进行安全教育，提高人员的安全意识；安全检查活动能检查施工人员的不安全行为和不安全状态，检查施工机械是否需要维修，检查材料堆放位置是否合理及材料质量是否达标等。

以地铁施工安全管理中的起重作业管理为例，基于BIM的地铁施工起重作业安全管理模型如图4-11所示。对应的起重作业吊装令包括工程项目、时间、天气、设备型号/牌号、吊装内容/部位、司机、指挥员等管理对象，指挥员、施工和监理的发令人（负责人）等管理主体，持证上岗情况检查、吊装设备工况检查、钢丝绳/扣具检查等管理活动以及对应的《轨道交通工程流动式起重机吊装作业管理实施细则（试行）》（武地铁建【6】号）管理手段。起重作业活动中的安全管理主体，安全管理对象，安全管理手段，安全管理活动等多维度信息与BIM模型的有效集成，可实现对起重作业的集成安全管理。

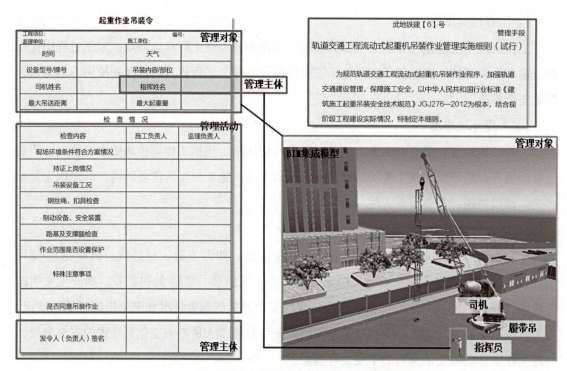

图4-11　基于BIM的地铁施工起重作业安全管理模型

4.2.4　基于BIM的电气系统管理模型

（1）系统信息模型SIM（System Information Modeling）

系统信息模型是描述利用适合的软件给复杂的连接系统建模的通用性术语。具体来说，SIM是对连接系统（如电气系统、能源系统、通信系统等）的数字化表达。SIM的概念自1990年代中期被提出。自20世纪90年代中期以来，由于技术的飞速发展，电力、控制以及信息和通信技术（ICT）系统的复杂性呈指数增长，传统的基于图纸的系统设计方法变得难以适应工程需要。

这些连接系统具有高风险、系统内连接关系复杂等特点，SIM致力于降低设备关系管理的复杂性，转变了设备管理的方式。当构建一个连接系统的SIM模型时，所有实体设备及其连接关系的模型数据被储存在一个数据库里，且每个模型有且仅有一个。这样，系统信息模型和真实环境建立起了1∶1的对应关系，可以大大减少信息冗余。在国外，有一些专用软件来支撑SIM模型构建与应用，例如澳大利亚Dynamic Asset Documentation（DAD）曾经有广泛的应用，其在电厂建设中的应用如图4-12所示。

基于SIM的工程设计，文件存档会同时进行。随着设计进度的加深，真实世界中的每一个设备都会在SIM中被建模并赋予唯一的标签名称，且设备模型带有"类型"和"位置"等

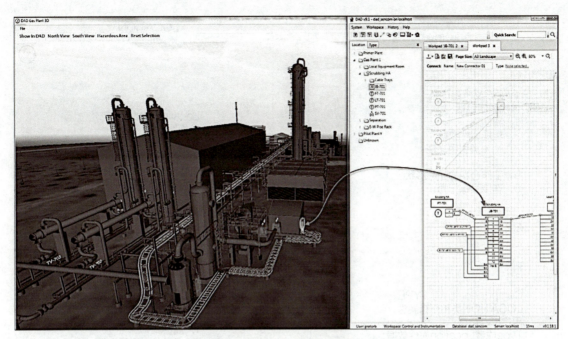

图4-12　DAD在电厂建设中的应用界面

属性。其中"类型"属性定义设备功能,"位置"属性定义设备在建筑中的位置。通过这样一个属性,工程师可以在SIM模型中定位浏览信息。设备间的电缆则以"连接器"表示,其形状、宽度、颜色在不同场景中单独定义。为了方便设计,如设备模块、电缆的大小和规格等属性,可以分配给每个单独的对象。SIM数据模型如图4-13所示。

该数据模型反映了基于SIM的工程设计的三个最基本理念:

1)明确对象是什么,即"What is it";

2)明确对象所处位置或者安装位置,即"Where is it";

3)明确连接关系,即"How is it connected"。

(2)BIM模型与SIM模型集成

BIM模型与SIM模型集成主要用于设施管理。在以往的设施管理过程中,技术人员通常把检测和维护记录主要输入到计算机维护管理系统(Computerized Maintenance Management System,CMMS)或者计算机辅助管理系统(Computer Aided Facilities Management,CAFM)的数据库中,计算机维护管理系统则以维护、维修的报告形式提供给管理人员,可以实现设备信息独立管理、设备形体模型可视化,但设备间连接关系管理问题并没有得到解决。而这些连接关系绝大部分还是用数量巨大且相互独立的CAD图纸和一些相应的扩展列表展示,但这种表达方式存在诸多错误和遗漏,而处理错误和遗漏的过程使电气系统维护成本也在不断提高。而基于BIM-SIM的电气系统管理能够实现对各种类型电气设备间的逻辑关联的可视化表达,具体实施步骤如下,建模集成框架如图4-14所示。

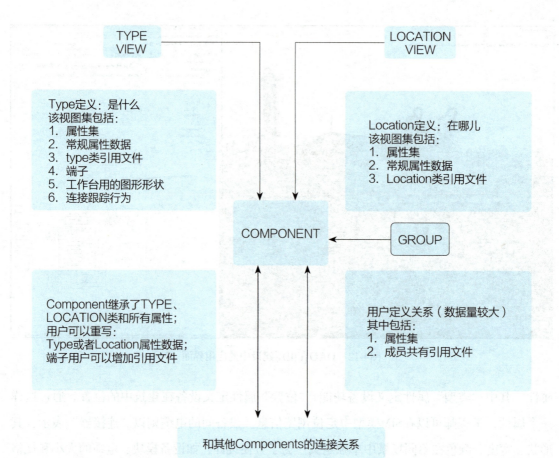

图4-13 SIM数据模型

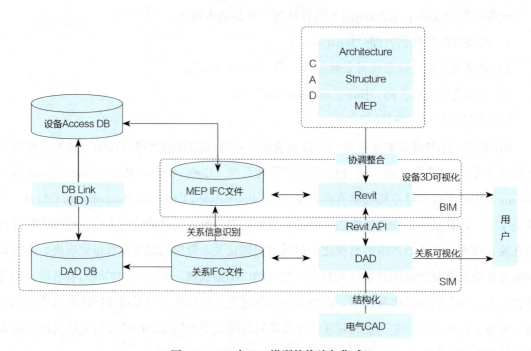

图4-14 BIM与SIM模型的构建与集成

1）基于BIM对各类设备及大型管件进行三维建模，建模程度细化到电气组件；

2）基于SIM对设备之间的连接关系和设备系统进行虚拟模型构建；

3）构建基于IFC的关系文件，实现BIM与DAD数据库之间的连接。

在独立进行两个模型的构建之后，需要创建它们各自的数据库。在实际应用中，BIM充当了核心的数据来源，用于建筑电气系统的管理。因此，不仅要考虑与SIM模型的数据对接，还要考虑BIM-SIM集成模型在CAFM/CMMS中的运用。

CAFM和CMMS是运营阶段设施管理的必要工具。然而这些管理系统并不包含所有的运营管理所需的数据，并且与其他软件不兼容。

表4-6对比了建筑的全寿命周期管理过程中各系统的数据，不难看出，BIM和SIM的信息属性分类更完善，涉及面更广。而且，设备定义和设备位置是通用属性。BIM模型和SIM模型都是基于相同的CAD图纸建立起来的，则设备ID可以作为BIM与SIM数据库的连接中介。通过识别设备ID，BIM软件和SIM软件DAD可以实现数据层面上的互相访问，可以实现BIM-SIM集成模型在设施运营管理中的运用。

建设项目全寿命周期管理系统比较　　　　　　表4-6

属性	全寿命周期管理系统类型				
	BIM	CMMS	COBIE	CAFM	SIM
几何形状	√				
设备定义	√	√	√	√	√
设备属性	√	√		√	√
建筑构件定义和属性	√				
设备状态	√	√		√	√
设备记录	√	√		√	√
巡检/监测数据	√	√		√	√
维护计划	√	√		√	
设备层次结构	√	√		√	√
设备系统布局					√
设备间关系				√	√
设备区间位置	√			√	√
设备安全位置	√				
设备区间分布情况	√		√		√
制造商手册/技术参数	√		√		√

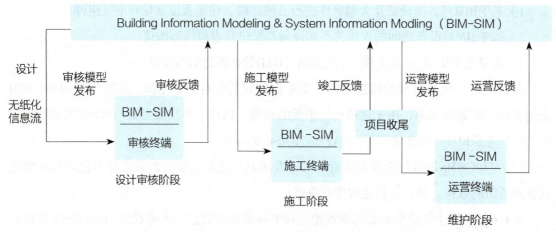

图4-15 基于BIM-SIM的建筑电气系统全寿命周期管理

（3）基于BIM的地铁车站电气系统管理模型应用实例

地铁设备种类繁多、规模大、价格昂贵，其涉及线缆更是错综复杂，因此良好的运营维护管理是城市地铁管理企业需要面对的一项任务。某地铁车站基于BIM-SIM的建筑机电设备全寿命周期管理模式（图4-15）开展了车站电气模型的集成开发工作，可实现全寿命周期内的模型设计优化、设备及其缆线信息可视化施工管理和可视化运营管理三大方面的应用。

1）设计模式优化

在设计阶段，BIM-SIM设计师完成了对CAD图纸信息的分解与结构化，其中很重要的就是设备与设备间的连接关系，将这些信息用BIM-SIM对象表示，就完成了对CAD图纸的数字化。Revit与DAD完成了对象的构建后，所有图纸共享一个已建数据库，如果某一系统块需要修改，直接进入数据库修改就可以达到目的，而且不会存在传统CAD中常出现的单一图纸被修改的问题，效率得到了极大地提升。任何人对任何特定对象的任何修改都会被自动记录在系统中，以便日后的检查和验证，这样工程可以查询完整的历史记录，对比当前和历史设计版本，如图4-16所示。这种自动存档修改记录与历史版本查询的功能是项目各方提交设计反馈与接受模型信息更新的基础。

设计模型可以同时发布给项目各方进行设计审核，项目各方有权对设计模型进行核查和提供修改意见。这样信息流传递可以达到即时数字化、无纸化的效果。审核反馈会被记录在BIM-SIM模型中。终端用户可以根据各自授权的级别访问数据库，访问全部或部分设计信息。特定的设计数据可以通过编辑对象属性或给模型附加文档来进行增设和管理。保证所有项目各方共享一个模型。

2）可视化施工

当设计达到可施工深度时，作为设计的数字化模型BIM-SIM会被发布给项目各方，如采

第4章 工程项目管理信息表达与建模

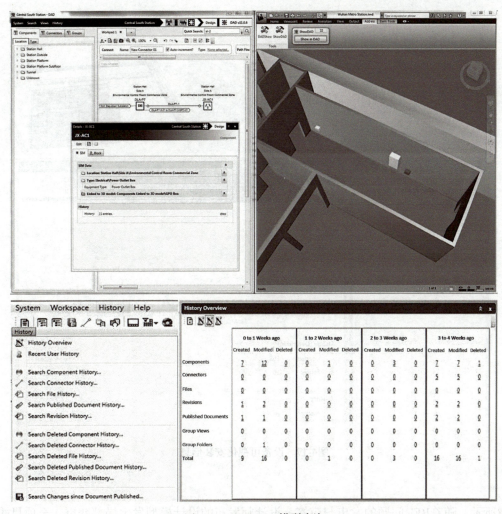

图4-16　BIM-SIM模型查询

购和施工专业。BIM工具与DAD把相关采购、施工信息（如待安装设备采购清单、设备与设备间的连接方式等）封装到BIM-SIM模型中。因为BIM-SIM模型和现实系统中的相应部分存在1∶1的映射关系，消除了设计数据和施工管理数据之间的转换工作，这样既节约了大量的成本，也保证了数据的完整性，信息检索和提取会更有效率，基于海量图纸查询的问题将会得到极大的改善。

在BIM设备可视化的基础上，项目经理可以清楚地了解设备的安装位置、安装方式以及设备与设备之间的接口方式，同时缆线信息的可视化使电缆的合理化管理成为可能，如图4-17所示。

随着施工的深入，项目现场总会产生一些信息请求（Requests For Information：RFIs）。如果BIM-SIM存在任何错误或遗漏，用户可以提交给设计工程师以寻求解决方案。RFIs问题定位分为两种：①基于设备空间位置的关系定位；②基于设备关系的空间位置定位，如图

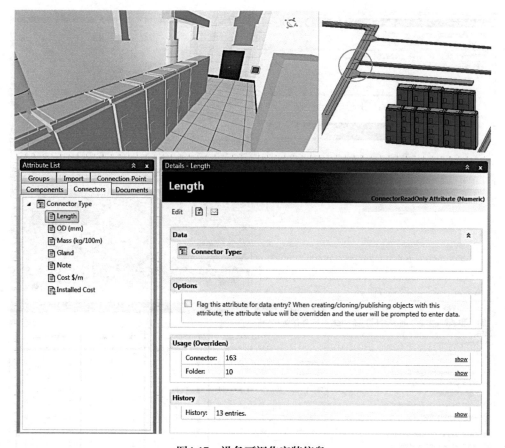

图4-17 设备可视化安装信息

4-18所示。随着RFIs问题的发出与应答,设计师发布的设计模型发生局部变更,至项目竣工时,竣工信息可反馈到BIM-SIM模型中。这样基于竣工信息发布的运营模型就与运营现场是保持一致的。

3)可视化运营

可视化大型设备非视觉数据对于设备管理决策分析所需要的海量信息有极好的辅助认知作用。对于故障的空间分布情况,如果没有一个详细的模型可以3D或4D表示已探知问题的布局和位置,这些信息就很难获取。基于BIM-SIM设计发布、施工反馈后的运营模型适用于设备管理专业,其用户可以定义诸如测试、校准、检查、维修、局部变更和隔离等运营措施,并可以列入维护计划之中。

BIM-SIM模型具体包括维护设备与缆线、设备区间分布情况及空间位置、设备系统之间的关系、设备间的关系、设备和缆线技术参数(运营手册等)等。基于BIM-SIM的管理方式消除了设计数据、施工数据和运营管理数据之间的转换工作,这样既节约了大量的成本,也保证了数据的完整性。基于BIM-SIM的电气元件不仅按照专业系统进行分类,同时也进行了

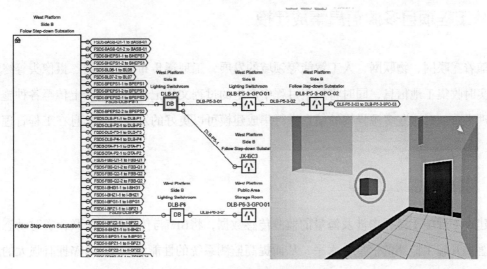

图4-18 RFIs问题的快速定位

位置区间分类，运营维护对象不仅包括大型设备，同时也包括无明显几何尺寸的缆线，如图4-19所示。这样的查询方式具有多样化、查询范围全面化等优点。同时故障记录和维修记录功能可实时监测运营状态，基于此系统当前的状态可实时获取。

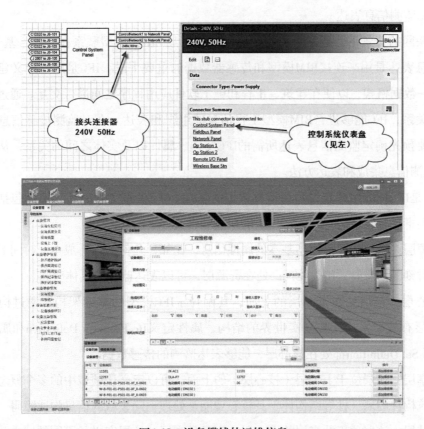

图4-19 设备缆线的运维信息

4.3 工程项目多源信息集成建模

随着互联网、物联网、人工智能等领域的发展，工地逐步布设传感器、摄像头等终端设备，实时收集工地信息，同时将施工过程中产生的过程文字记录信息同步上传至各种施工信息管理平台。对这些多源异构的信息进行集成建模可以更好的发挥这些信息在工程管理中的作用。

4.3.1 传感信息集成管理

建设工程施工过程中涉及海量的监测传感数据，将BIM与传感数据关联，实时动态显示能显著提升施工监测的信息化水平，从而提高监测系统的性能和效率。BIM拥有强大的信息集成功能，可以为监测传感数据提供集成平台，便于建设工程信息的全方位数字化。如果要全方位地表达BIM信息，那么建立一个统一的信息标准是非常重要的，IFC数据模型是一个不受某一个或某一组供应商控制的中性和公开标准，是一个由buildingSMART开发用来帮助工程建设行业数据互用的面向对象的文件格式，是一个BIM应用中普遍使用的格式。

（1）基于IFC信息表达与拓展

1）IFC监测信息表达

在物联网的背景下，通常可以将传感器数据采集和BIM模型联系在一起，基于IFC模型时监测信息表达是用来连接BIM模型和传感器数据的重要手段。IFC是用于定义建筑信息可扩展的统一数据格式，以便在建筑、工程和施工软件应用程序之间进行交互。通过实体、属性和实体关系，IFC能够进行BIM模型工程信息的组织和表达。在对监测传感信息进行整合之前，需要预先确定监测信息表达所需的IFC实体、属性以及实体之间的关系，从而搭建基于IFC的监测信息集成和表达方法。

"层"是IFC标准组织建设项目监测数据的基础。IFC模型主要有四个层，包括资源层、核心层、共享层和领域层。具体每一层的功能和含义如下所述。

①资源层：该层主要是描述基本的属性信息，比如，几何属性、成本、时间等信息。在表述监测时刻的信息时，IfcDateTime处在资源层，可以表达监测的具体时间。

②核心层：该层处在资源层的上面，其阐释了IFC模型的基础架构。通过构建体系，将其与下层有效联系，反映真实世界的结构。属性定义Ifc Property Definition和属性集定义Ifc Property Set Definition都处在核心层，能够表达监测的传感数据。

③共享层：该层位于上一层（核心层）的上面，可以定义该领域中的多个概念和对象，例如，建筑构件的墙、柱等结构体。其核心功能是处理不同领域的信息沟通障碍。

④领域层：该层位于共享层的上一层，也是最高层，该层定义了不同领域之间的数据模

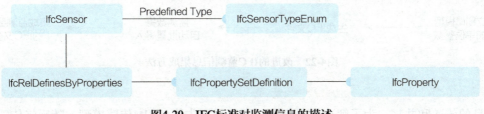

图4-20　IFC标准对监测信息的描述

型，其中包括结构构件、建筑管理等。领域层中包含了表述监测传感器实体IfcSensor。

基于IFC监测传感信息集成的过程如图4-20所示。首先，传感器是通过实体IfcSensor表示，其中传感器的类型主要是在IfcSensorTypeEnum里，通过实体IfcSensor的PredefinedType属性表达。具体的传感信息则通过IfcProperty表示，同一个属性集的定义由多个IfcProperty组成，即IfcPropertySetDefinition。IfcPropertySetDefinition与IfcSensor通过IfcRelDefinesByProperties建立关联关系，则可以利用IfcProperty包含的信息表达监测信息。

2）IFC监测信息拓展

按照图4-20中监测信息的描述，选择合适属性来表征传感信息，并且将这属性与传感器实体进行关联，就可以成功地实现基于IFC的传感器信息表达。到目前为止，IFC标准的版本不断升级，但是仍然无法满足监测信息的表达，这主要有两个方面。第一，实体IfcSensorTypeEnum中只有与环境监测对应的传感器类型，但是并没有包括应力、应变等传感器类型；第二，当前的IFC标准中没有对监测信息模型数据的成员进行定义，使得建设工程中的监测信息无法利用IfcProperty来表示出来。这就说明，势必要通过扩展的方式，使IFC标准符合当前情况下监测信息集成的标准。

（2）基于IFC文件的监测传感信息集成

建设工程监测信息的集成分为两种类型，其一为监测数据的集成；其二是传感器本身数据的集成。考虑传感器数据表现出单值性，可以直接利用IFC文件信息集成的方法进行处理，如图4-21所示。首先，构建构件的BIM模型，同时在BIM模型上描述传感器模型，将有必要集成的信息以图元的形式增加至传感器模型中，然后再利用BIM软件生成传感器模型和相应的参数，作为IFC文件。

由于建设工程过程中会产生海量的监测数据，如果仍采用传统的方法进行信息集成，不仅需要消耗大量时间进行知识集成，还会由于手动处理等原因导致集成信息错误，不利

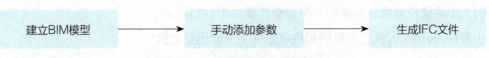

图4-21　IFC信息集成的常规方法

图4-22 改进的IFC监测信息集成方法

于信息的传递和共享。为了解决这个问题，可以采用先构建BIM传感模型，随后将传感器的点号、阈值等相关参数附到图元中，得到IFC文件；然后以批量形式将监测数据导入到文件中，最后获取IFC信息集成文件，具体的流程如图4-22所示。

4.3.2 图像信息集成管理

目前图像采集设备（无人机、固定摄像头、手机等）被广泛用于工程建造过程管理，形成了海量的视频、图片数据，如何有效地从海量图像数据中解析知识，并运用于现场管理，是当前工程技术与实践中亟待解决的问题。三维重建技术能够将二维图像转换为三维模型，实现建筑场景的三维直观显示。该技术将工程对象的二维投影还原为计算机中对象的三维信息（形状等），在施工阶段和竣工验收阶段能够清晰直观地监测建（构）筑物及周围环境，能够应用于现场安全管理、进度管理以及质量管理。将BIM技术与三维重建技术有机结合，在虚拟环境中实时动态施工场景解析，是工程图像信息集成管理的热点。三维重建技术与BIM模型结合后可以应用于进度管理，该技术通过对比扫描重建的三维模型和人工建成的BIM模型来反映工程进度。集成三维重建的BIM进度管理能够通过如下步骤实施：①三维模型重构；②三维模型与BIM模型匹配。

（1）三维模型重构

数字化环境建模技术在机器人、智慧城市等领域被广泛应用。三种常见的三维模型重构技术分别为激光扫描技术、深度相机技术和基于图像的建模技术，这些方法能满足复杂多变的施工现场环境以及不同尺度的建模对象。激光扫描技术是通过激光扫描仪直接获取真实物体的点云来建立三维模型。捕获的点云包含相应的三维坐标信息，同时还包含其发射强度、颜色等信息。但因激光扫描仪价格高昂，设备自重大，不利于携带，通常适用于大规模室外场景高精度建模。深度相机技术通过在一定距离范围内捕获对象的深度图像来重建对象，设备与目标距离在1～3m的范围内建模效果最佳，因该方法建模效果易受到外界光线的影响，仅适用于室内环境下的小构件对象建模。基于图像的建模技术是使用普通相机从不同的视角拍摄目标，然后根据图像序列和多视点几何构造对象的三维模型。该方法较为灵活，可适用于不同大小的建模对象，具体的三维建模步骤如图4-23所示。

步骤1：利用无人机或者数码相机收集施工工地场景数据

步骤2：数据特征提取和匹配

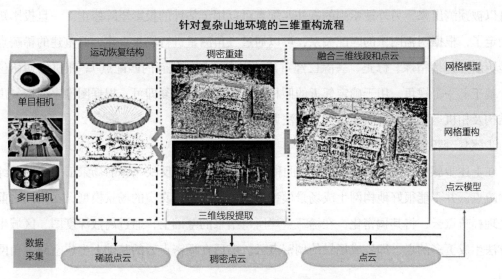

图4-23 基于图像的三维重构步骤

特征提取和匹配是基于图像的三维重构技术中的关键步骤。通过提取图像中的特征点来寻找不同图像中点的对应位置的稀疏集合,是计算相机位置和姿态的前提。特征点一般选取角点,这些点在图像中具有特殊位置或局部的边缘结构,例如,它的位置点和周围像素块的像素差异较大。这样的关键点的优势为在出现拥挤(遮挡)、大的尺度和方向变化时能够很好地匹配。为了克服图像受旋转和缩放的影响,使图像的特征算子具有旋转不变性,选用SIFT(Scale Invariant Feature Transform)关键点检测,尺度不变特征变化匹配算法。定义原始图像像素为$I(x,y)$,与可变尺度σ的二维高斯函数$G(x,y,\delta)$卷积运算得到尺度空间为$L(x,y,\delta)$,$L(x,y,\delta)=G(x,y,\delta)\otimes I(x,y)$。SIFT特征点存在于不同尺度空间的高斯差分函数的极大或极小值处,每一个特征点都拥有其关联的方向,这个方向可根据其特征点局部方向直方图的峰值求得。

基于特征的匹配是将图片联系起来,从两个或多个匹配的2D或3D点的集合中估计运动的问题。多幅图像中可能都包含同一三维点的投影,每一个特征点都需要与其最近的k个邻点相匹配(一般$k=4$),这一过程利用$k-d$树搜索特征点的近似最近邻点。

步骤3:恢复相机运动的位置和姿态

常见的方法为运动恢复结构(Structure from Motion,SFM),是一种能够从多张图像或视频序列中自动地恢复出相机的参数以及场景三维结构的技术。在完成特征的提取与匹配后,得到了二维图像上特征点的对应关系。以特征点匹配计算基本矩阵,再依据基本矩阵计算摄像机矩阵,针对每组对应点$x_i \to x_i'$计算空间中映射到这两个图像点的点(以两视图为例),实现稀疏点云重构。对于每个添加的视图,可以依据预先存在的重建图像,确定照相机的位置,然后对其持续更新。至少需要6组匹配的示例计算出照相机的投影矩阵,准备重建的点就可以被预测出来，另外搜索到的额外匹配点可以用于估计的投影矩阵修正。一旦投影矩阵被确定了，根据两幅图像的匹配关系，可以通过三角测量进行场景重建，而重建的稀疏点云同步更新（包括精炼、修正、去除已经重建的点以及初始化新的匹配点）。相机的初始位置估计基于上一个视角，用于确定邻近的照相机位置，后续重复即可。根据图像序列恢复出场景结构及相机运动后，最后通过优化算法调整得到的结果。

步骤4：稠密重建及网格重建

在上述步骤中，通过SFM算法生成的稀疏点云虽然已经反映一些的场景信息，但单纯凭借稀疏点云并不能很好地构网生成场景模型。为更好地生成真实的场景模型，在构网之前需要处理稀疏点云，将其稠密化，在稀疏重建所得结果的基础上，通过离散深度图、区域生长等方法生成更多的点，即生成场景的稠密点云。随后在稠密点云的基础上生成空间三角网格曲面。

步骤5：纹理合成

纹理的合成实际就是将图像反投影到模型表面。在建模的施工场景中，由于条件限制，使得图片间有相互遮挡关系，存在少数特征点在其他图像上不可见，导致匹配的正图像留下空白，这些缺口使得模型中产生空洞。为了解决模型中的空洞问题，提出了基于三维模型和多视图纹理填充来自动生成正视图和透视图。首先将空间三角网格曲面正交投影到指定的投影平面q上，每个投影的三角形包含像素p点的正视图。空间网格与对应的投影点p之间的连线已知，故可生成正视图和深度图，同一个块在不同视角的源图像中，颜色会存在差异，故对每一个正视图的像素点的色彩值赋予相应的权重值。通过这种方法改进图像的清晰度，同时保持了射线的连续性。

针对环境的特征，现在主要借助激光扫描和摄像机提取场景信息。通过激光扫描可以快速得到场景中的距离，同时不受光照等环境因素的干扰，而摄像头即使能够得到场景中的颜色信息，然而重构准确度不够，测量时也容易受到环境的影响。结合激光扫描和摄像机这两种类型的传感器，能准确捕捉精确的深度信息与色彩信息，保证三维重构的完整性与稳定性。三维激光扫描仪采用非接触式高速测量方式以点云形式获取场景表面精确的三维灰度信息。但因为室外环境的复杂性，3D激光扫描仪难以一次性获得目标的完整点云信息，通常需要在不同视角进行多次扫描来获得点云模型。若对场景进行完整的三维重构，需将不同视角下的两个或两个以上的点云数据统一配准到同一个坐标系中，即计算不同坐标系下点集之间的刚性变换关系，也称为点云配准。

对于点集X和点集Y之间的刚性变换，假设用旋转变换矩阵R和平移向量t来描述这个变换，那么X和Y中的三维点坐标应符合以下限制条件：

$$\begin{bmatrix} x_x & y_x & z_x \end{bmatrix}^T = R\begin{bmatrix} x_y & y_y & z_y \end{bmatrix}^T + t \qquad (4-1)$$

为迅速获得旋转变换矩阵R和平移向量t的值,ICP算法被提出,并成为当前激光点云配准中普遍应用的算法,其基于特定的数据模型和统计学规律重复选择点集中的对应点来求解最优刚性变换关系以满足收敛进度,最终达到2个点集的自动对齐配准的目的。

ICP算法概述如下:设定点集X的坐标为$\{x_j | x_j \in X, i=1,2,3,\cdots,N\}$,点集$Y$的坐标为$\{y_j | y_j \in Y, i=1,2,3,\cdots,N\}$,$N_x$和$N_y$为对应点对的个数。要求点集之间的配准满足下列目标函数误差获得最小值。

$$F(R,t) = \sum_{i=1}^{N}\sum_{j=1}^{N} w_{i+j} \left\| y_i - (R_{x_j} + t) \right\|^2 = \min \qquad (4-2)$$

式中,点集X和Y中的对应点需满足以下条件:

$$w_{i+j} = \begin{cases} 1, & \text{如果}Y\text{中的第}i\text{个点与}X\text{中的第}j\text{个点相同} \\ 0, & \text{其他} \end{cases} \qquad (4-3)$$

通过求解R与t的值,所有的激光扫描点云能配准到相同的坐标系里,由此场景中完整的灰度信息将被获取。

(2) 模型轻量化技术

随着三维模型在建筑行业项目管理上的广泛应用,人们对软件网络模型的应用程序有了更高的要求,特点是针对一些大型场景的模型,要求有足够的存储容量、较高的计算能力以及通过带宽有限的链接进行访问。因此,模型的简化或者轻量化的技术慢慢成为需要解决的问题。模型轻量化技术,即通过轻量化算法来减少原始模型网格数量,以此来降低模型存储空间。目前常用的方法包括顶点聚类算法、顶点删除算法、网格重新划分算法、边折叠算法、小波变换算法等。

顶点聚类法是将模型网格分为有限的子空间,每个子空间包含若干个顶点,对于包含多个顶点的空间,挑选适当的算法,将子空间内顶点合并为一个新顶点,然后再将这些被合并顶点所关联的三角形网格都依次删除。此类方法的优势是计算速度快,但易忽略模型中比较重要的细节,造成模型简化后与原始模型相似度太低。为解决这个问题,一些学者提出基于八叉树的分解子空间方法,对于顶点分布密集的区域可以进行多次分解,而顶点分布较为稀疏的区域减少分解的次数。算法在一定程度上提高了简化后模型的质量,保持较多的模型结构特征,但仍存在模型过度简化的问题。

顶点删除算法是通过多次检测所有顶点,每次检测过程中删除满足简化标准的模型顶点和该顶点邻接的所有三角网格,但是删除顶点和它相邻三角网格过程中会造成模型的空洞,所以需要对模型出现的空洞进行重新三角剖分。重复这样删除模型顶点的过程，直到满足算法终止条件为止，但这种算法的执行时间和迭代次数较多。

小波分解算法是以小波理论将原始模型分解为低分辨率和细节两个部分，其中低分辨率部分的模型顶点由其所在原始模型中各自相邻顶点的加权平均值（低通信号）获得，细节部分使用高通信号获得。然后将两者进行合成，合成的过程中忽略标准之上的高频信号，达到简化目的。尽管小波理论在图形学中应用广泛，但模型简化效果并不理想，易忽略重要的细节特征。

边折叠算法是在初始时为模型的每条边都计算一个权值（折叠代价），简化过程中维护一个基于折叠代价的小根堆，每次选择堆顶折叠代价最小的边，将这条边的两个端点合并为一个模型的新顶点，采用适当的方法为这个新顶点选择合适的位置，将已折叠边的两个端点相邻的顶点连接至新顶点，重复这个操作，直到模型符合预先设定的要求。然后基于边折叠算法的简化过程是非线性的，每次简化都会产生新的满足要求的边，运算量较大。

近年来边折叠算法因其算法的高效性和可行性在模型简化过程中被广泛应用，但现有的边折叠算法在简化的过程中常常会造成过度简化问题，导致局部细节在预处理步骤中就没有被检测到，从而使得一些小但是非常重要的模型关键细节从原始模型网格中移除。边折叠算法中待折叠的边的顺序和待折叠边的两个端点合并成的新顶点位置的确定往往决定简化后模型的质量。比较好的一种做法是结合二次误差度量（QEM）算法，对边缘折叠算法进行改进，能够在对模型进行压缩的同时，保障模型的细节与精度。针对模型简化的预处理步骤中检测细节特征能力不足的问题，可引入平面代理的概念，采用区域增长法来检测平面代理，以保证模型输入后重要特征的检测。为了防止模型被过度简化，引入内二次曲面和边界二次曲面来测量误差，并制定了模型结构保存的规则。尝试将误差度量中的误差计算分为内部误差计算和边缘误差计算。通过内部误差度量来防止模型被过度简化，同时边缘误差度量用来保护模型的边缘特征在简化过程中不被简化消失，具体如图4-24所示。

（3）三维模型与BIM模型匹配

1）点云数据逆向生成三维几何模型

使用Revit中As-Built插件拟合模型构建之前需要先准备点云，将在平面图中点云转换为一个具有阈值的密集点图像，用于改进点云的可视化效果。点云准备就绪就可以进行构建识别。点云数据逆向生成三维几何模型的过程是一个半自动的过程，首先预先选择重建的构建类型，如墙面、管道、梁板柱等。手动选点软件会自动识别创建相应的构件。这个过程主要包括三个步骤：

①计算每个要识别的对象的形状描述符（通常是半局部的），对于半局部描述符，选择在表面上均匀采样，或者在曲率的局部极大值等显著点采样。这些描述符存储在一个模型数

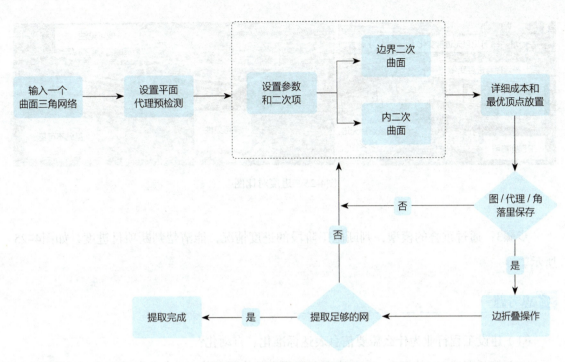

图4-24 网格模型轻量化过程

据库中,该数据库旨在根据查询描述符的相似度快速查找描述符。

②在运行过程中,系统会给出一个场景,在这个场景中,目标对象的实例将被检测到,或者可能有一个预先分割的数据实例将被识别。形状描述符在查询场景中的位置进行计算,可以随机计算,或者在凸出点处计算。然后检索模型数据库中最相似的描述符。描述符相似度度量的设计是为了使形状相似的对象产生相似的描述符。

③作为验证步骤,将数据库中的对象与场景对齐,以确保形状匹配良好。

2)将三维几何模型转化为BIM模型

逆向构建的三维几何模型不包含基本属性等信息,通过在其模型中添加相关信息,并存储为BIM软件支持的通用格式,从而将三维几何模型转变为BIM模型,可适应实际项目的需要。在三维几何模型构建完成时,在已构建的三维几何模型的构件的"类型属性"中添加各基本属性信息。将其存储为BIM软件支持的通用格式,如RVT、IFC等,完成逆向构建的三维几何模型到BIM模型的转换。

在构建了基于BIM的进度管理模型的基础上,利用激光扫描得到的三维模型与BIM模型进行关联和匹配,从而得到工程的进度信息,具体的步骤如下:

步骤1:利用激光来扫描施工过程中的建筑物,得到其三维建筑信息。

步骤2:通过IFC标准拓展,将三维重构模型与BIM的进度管理模型进行关联,利用投影的方法,将BIM模型与三维模型重叠。

图4-25 进度对比图

步骤3：通过重叠的模型，判断施工阶段的进度情况，能清楚判断项目进度，如图4-25所示。

思考题

（1）建设工程行业为什么需要信息表达标准化、自动化？

（2）简要阐述BIM的概念，BIM技术在工程中的作用是什么？信息集成的方法有哪些？

（3）简要阐述数据元分类中的线分类法和面分类法有何区别？各自的适应性如何？

第5章 工程项目管理信息存储与挖掘

工程项目管理信息的存储，既是工程项目信息加工处理的基础，也是工程项目信息分发、检索的支撑。对于一个组织而言，信息的价值在于将其转化为知识。工程项目信息的存储，除了信息的保存外，更进一步的是对知识的保留。对工程项目信息的加工整理能够形成很多宝贵的知识，对这些知识的保留、分享和复用是工程项目信息存储的更高要求。在竞争日益激烈的现代社会，知识管理越来越显示其重要性，已经渗透到包括建造业在内的各行各业。很多工程实施主体通过知识管理获益，如设计企业、施工企业和工程咨询企业等，这些企业利用已有的工程知识，在策划、设计、投标、施工方案的制定和计划编制等方面显示出很强的竞争力。在我国，工程项目的参与人员流动性大，工程项目实施经验流失严重。通过知识的存储和管理保留积累下来的知识，可以形成企业级、行业级知识共享平台，供企业内部、行业内部、团队内部共享和传递。

对于工程建设过程中产生的蕴含大量信息的工程环境数据、工程要素数据、工程过程数据以及工程产品数据进行合理地挖掘和利用是工程建设过程中至关重要的环节。如对工程环境数据和工程产品数据进行分析，可以服务工程全产业链的一体化设计；对工程过程数据和工程环境数据进行分析，可以实现精确感知的数字工地；对工程产品数据和工程要素数据进行分析，则可以为工程运维、行业治理等提供支持等，由此可见，通过对海量工程数据进行分析，可以为智能建造、智能决策等多方面提供支持。在数字建造模式下，工程项目管理信息表现出了"大数据"的新特点。

5.1 工程大数据

随着各类技术（传感器、计算机网络技术等）在建造业中的应用及发展，可对工程现场的各类数据进行实时的采集及传输，对工程施工过程进行实时客观的记录，包括施工现场中工人、机械以及环境等工程要素的实时动态数据。大量的工程数据随着产品数字化及管理业务数字化的过程产生，工程数据逐渐呈现"大数据"的特征。

大数据由数据过渡而来，它表示数据规模的庞大。但是，仅强调数据量的庞大无法突出大数据这一概念和"海量数据"（massive data）、"超大规模数据"（very large data）等概念之间的区别。一般认为大数据需满足3个特点：规模性（volume）、多样性（variety）和高速性（velocity）。国际数据公司（International Data Corporation，IDC）认为大数据还应当具有价值性（value）。IBM则认为大数据具有真实性（veracity）。

工程大数据可以理解为在工程项目全生命周期中利用各种软件硬件工具所获取的数据集，通过对该数据集进行分析，可为项目本身及其相关利益方提供增值服务。

工程大数据具有大数据的显著特征：①体量大，工程项目数据的体量随着建设过程呈指数增长；②类型多，工程大数据由各种结构化、半结构化以及非结构化的数据构成，包括各类传感器数据、管理文件、二维图纸、BIM三维模型等；③高速性，由于工程的不确定性和复杂性，工程数据更新和迭代快速；④价值性，借助数据挖掘等技术可通过规模效应将低价值密度的数据整合为高价值密度的信息资产。

面对如此庞大复杂的工程数据集，如何存储具有工程特性的大数据是亟待解决的问题，工程大数据给数据的存储带来了挑战。由于工程大数据类型往往是结构化、非结构化数据并存的，大数据存储系统须能同时支持各种类型的数据统一存储。在这样的背景下，云存储成为工程大数据存储的必然选择。

5.2 云存储

云存储是在云计算概念上延伸和发展出来的概念。云计算是一种基于互联网的计算方式，将服务商提供的电脑基建作为计算资源，按需求提供给计算机各种终端和其他设备。云存储则是通过集群应用、分布式文件系统或网格计算等，将网络中大量不同类型的存储设备通过某种手段集合起来协同工作，共同对外提供存储和业务访问的一个系统。因此，云存储系统可视为一个偏于大量数据存储与管理的云计算系统。与传统存储相比，云存储具有满足海量数据存储高性能、低成本、高效的数据处理和访问需求等优点。

云存储允许使用者通过一定的软件或应用接口得到访问服务和存储服务。所以，云存储不仅是存储，也是一种服务，存储设备与应用软件的结合是云存储最为关键的核心。存储设备通过与应用软件的结合转变为存储服务，使用者不需要了解云存储系统中所用的设备，只需通过授权连接云存储，便可享受云存储服务，访问云存储系统中的数据。简单来说，云存储就是将存储资源放到网络上供人存取的一种新兴方案。使用者可以在任何时间、任何地方，通过任何可联网的装置方便地存取数据。

5.2.1 云存储发展现状

云存储有着成本低、见效快、易于管理、方式灵活等优点。与传统存储相比，云存储还可以按需提供易管理、高可扩展、高性价比的存储资源，因此应用十分广泛。目前，网络硬盘、在线文档编辑等应用都已十分普遍。国内突出的代表有百度云盘、金山快盘，华为网盘，360云盘，新浪微盘，腾讯微云等。除此之外，许多国外厂商也推出了相关软件服务。Amazon公司推出弹性块存储（EBS）技术支持数据持久性存储；Google推出在线存储服务GDrive；内容分发网络服务提供商CDNetworks和云存储平台服务商Nirvanix结成战略伙伴关系，提供云存储和内容传送服务集成平台；EMC公司开展SaaS业务；Microsoft公司推出Windows Azure，并在美国各地建立庞大的数据中心；IBM也将云计算标准作为全球备份中心扩展方案的一部分。在云存储的整体市场发展的推动作用下，我国个人云存储用户规模也在急速增长，预计在大数据以及物联网的驱动下，个人云存储将更为普遍。2015年以来，政府机关、国内金融机构均鼓励购买国产设备。国内存储厂商也积极把握这一大好机遇，越来越多的研究单位和研究人员投入到面向互联网云计算高性能和海量数据储存需要的云存储的研究与开发工作中。

云存储根据存储范围可分为三类：公共云存储、私有云存储和混合云存储。在公共云存储的开发应用上，亚马逊公司的Simple Storage Service（S3）和Nutanix公司提供的存储服务可以低成本提供大量的文件存储。云存储根据存储的数据类型不同和应用需求不同还可分为以下四类：提供块存储的云存储系统、提供文件存储的云存储系统、提供对象存储的云存储系统和提供表存储的云存储系统。对于提供块存储的云存储系统，目前一些传统存储设备厂商推出了全新架构的云存储系统，如在设计上实现块存储系统的Scale Out，此类代表产品有EMC V-MAX和IBMXIV。提供文件存储的云存储系统则可提供通用的文件访问接口，实现文件与目录操作、文件访问、文件访问控制等功能。提供对象存储的云存储系统通过对数据附加语义使用户可以通过键值查找数据。亚马逊公司开发的Amazon S3（Amazon Simple Storage Service）提供了网络线上存储服务，中国移动大云也提供了与S3类似的对象存储模块BC-ONest。具有表存储功能的云存储系统提供了结构化的数据存储，强调了系统的可扩展性。商业软件GreenPlum、中国移动HugeTable、开源Hive等都是分布式数据仓库的代表系统，它们为表存储的云存储系统提供数据仓库应用处理接口。

5.2.2 云存储的优势

云存储是一种新兴方案，相比传统存储技术，具有存储可靠、安全、易于扩展等优势。

（1）数据存储可靠

云存储为用户提供了特别可靠的数据存储中心，它采用了数据多副本容错、计算节点同构可互换等措施来确保服务的高可靠性，这样用户使用云存储就比使用本地计算机更加可靠，同时用户再也不用担心存放本地电脑上的数据丢失或者受到病毒攻击等问题，减少了灾难恢复成本。此外，云存储通过严格的权限管理策略来支持数据的共享。

（2）安全措施良好

云存储的显著优势是自定义元数据提供了前所未有的安全层。每个对象或文件都作为自主数据实例，为不同方提供广泛的受控和受限访问策略。对动态和静态数据都提供内置加密。在用户进行远程访问过程中，各节点服务器并行处理用户请求，均衡系统的负载。根据系统的性能，用户可以访问距离最近的共享文件。

（3）容量易于扩展

传统存储系统及其横向扩展存储结构对容量、性能以及文件和对象严格限制。随着数据的增加，企业需要部署更多存储系统，而这些系统依赖于更多的备份、数据归档、管理任务和人员。云存储技术扩展时采用的是并行扩展模式，如果剩余的容量不多，只需采购新的存储设备就可以扩容，且容量的增加几乎是没有限制的。

云存储为大数据的存储、管理提供了良好的平台，为工程项目各参与方提供了资源共享的可能。例如，地铁工程的全寿命周期产生的数据包括进度、成本、质量等多方面信息，随着建设过程不断积累，数据量异常庞大。质量验收表格、施工图纸、工地现场图片视频等文件类型繁多，难以用现有的技术进行统一存储分析。大数据云存储的研究与应用正好契合了地铁全寿命周期项目管理的需求，建立地铁工程大数据云存储中心可以支持从复杂的地铁工程建设数据中获取有效的知识，支持地铁建设的决策活动，促使中国地铁迈入数字化与信息化的新阶段。

5.2.3 云存储的分类

云存储按照存储的数据类型和应用需求不同可以分为以下四种类型：基于块存储、基于文件存储、基于对象存储以及基于表存储。云存储的四类服务接口，针对块存储和文件存储接口的标准协议已经非常成熟，这里主要介绍基于对象的云存储系统和基于表的云存储系统。

（1）基于对象的云存储系统

Amazon S3（Amazon Simple Storage Service）采用桶和对象的两层结构来存储数据，支持REST和SOAP两种访问协议，可与多种网络开发工具集成工作。由于S3应用开发的广泛性，围绕S3的开源项目使S3的编程工作变得更加简单，方便非HTTP编程开发者使用。

（2）基于表的云存储系统

表结构存储是一种结构化数据存储，与传统数据库相比，它提供的表空间访问功能受限，但更强调系统的可扩展性。提供表存储的云存储系统的特征是能同时提高并发的数据访问性能和可伸缩的存储和计算架构。

提供表存储的云存储系统有两种接口访问方式：一种是标准的，结构化查询语句（SQL）数据库接口，另一种是MapReduce的数据仓库应用处理接口。分布式数据仓库一般采用MPP（Massive Parallel Processing）架构实现海量数据存储和处理以及高并发数据读写能力，它实现了从SQL到MapReduce的翻译、优化、执行和结构收集，具有良好的扩展能力。分布式数据仓库的代表系统有商业软件GreenPlum、中国移动HugeTable、开源Hive等。

按服务类型的不同，云存储又可分为公共云存储、私有云存储和混合云存储三种类型。

（1）公共云存储

公共云存储建立在用户端的防火墙外部，放在一个共享的基础设置里，并且是按逻辑分区、多租户的，可通过安全的互联网连接进行访问。云存储服务提供商管理建设并管理存储基础设施，集中空间来满足多用户需求。公共云用户不需要物理存储硬件或任何特殊的内部技术，用户主要通过互联网连接来访问其公共存储的数据。

（2）私有云存储

私有云存储平台是整合建造企业或建设项目内部的资源为企业或建设项目服务的云存储平台，可以提供对数据、安全性和服务质量的最有效控制。私有云存储需要建立在建造企业的防火墙后面，使用的硬件和软件是建造企业所拥有或授权的。私有云存储的所有数据保存在内部，并由建造企业内部员工控制。管理人员通过集中存储空间来实现不同部门间的访问不受使用人员的物理位置限制。相对于公有云存储而言，私有云存储能提供安全性和可靠性更高的服务，企业根据实际情况搭建适合自己的私有云存储可以降低使用风险。

（3）混合云存储

混合云存储是把公共云和私有云结合在一起。按用户的访问需求，当需要临时配置容量的时候会使用混合云存储。当建造企业面对负载波动迅速增长或高峰时，混合云存储对建造企业有一定帮助，但这样会给跨公共云和私有云的应用带来一定的复杂性。

5.3 工程大数据云存储应用案例

5.3.1 基于BIM的云存储平台

在建设工程领域，BIM是设备物理与功能特征的数字化表达，是建设工程全生命期决策的共享信息资源库，其实施应用不仅是对数字化模型进行建设全生命期内创建、完善与传递的过程，本质上还是BIM数据的集成、共享与交换过程。BIM数据是用来描述建设工程相关信息的语言，包括建筑、结构、设备等多个领域，贯穿于建设全生命期。BIM数据不仅描述对象的几何信息,还包括关系、属性等。BIM集成了建设全生命期完整的工程数据,这使得海量的建设信息能够以数据的形式通过计算机进行存储、共享和交换,极大地提高了建设工程项目全生命周期管理的效率。BIM的广泛使用有效地改善了以往工程项目信息管理的不足,与此同时,也带来了一些新的挑战,如BIM数据的存储与共享。

建设全生命期各阶段产生的信息量众多,在长达几十年甚至上百年的生命周期中,从项目的策划、设计到施工建造、交付使用、运营维护,各阶段的项目BIM模型都在不断完善,建设信息不断丰富,BIM数据规模不断扩大。尤其在运维阶段,BIM数据可能会因为项目设施的维修护理、项目的变更改造等重大变化而导致数据量的急速增长。这样的结果是,工程项目BIM文件一般都会达到几十上百GB,对BIM软件以及承载软件的计算机硬件要求也会更高。目前一般采用移动工作站或配置很高的台式机来支持,成本较高,而无法进行网络协同的特点导致需要为每位使用BIM文件的员工配置高性能电脑。另外,当设计人员需要同时参考多个BIM文件时,硬件使用困难且不方便。

传统的依靠单机开展BIM的工作模式在漫长的全生命周期过程中很可能会因各种原因发生单机故障,比如操作系统崩溃,人为操作失误或者PC的磁盘、内存、连接器、网络、电源失效等,从而导致某个项目某部分的整个详细设计BIM模型数据丢失,这将直接造成该部分施工工作的暂停,严重影响项目整体建设进度,带来无法挽回的损失。此外,工程项目在运营使用期已集成了相对完整的设施管理信息,期间如果工作单机发生故障导致这些数据信息的丢失,将对项目的设施管理带来极大的困难。

BIM模型应用属于数据密集型服务,通常需要存储大量的BIM模型文件,对存储方面的技术要求非常高。此外,BIM的计算机环境是一个网络化的协同计算环境,其数据具有多维特征,并且数据规模庞大、类型复杂、关联性大、结构性强、增长迅速,具有大数据的功能特性和存储需求,这使得建立工程项目的BIM云存储集成框架成为工程项目BIM数据存储的必然选择。在存储资源获取接口上,云存储和传统存储在功能上并无差异。然而,相比传统存储,云存储系统是面向海量数据存储的服务,显著优势在于可以按需提供易管理、高可扩展、高性价比的存储资源,因此云存储系统可以作为建设项目BIM数据的存储及应用平台。

为了解决上述BIM应用中存在和产生的问题,采用云存储的方式构建建设项目BIM集成存储系统的方案被提出。建设项目BIM集成存储系统面向的是工程项目BIM模型全生命周期的所有工程数据信息,服务于建设全生命周期各项目参与方的用户。结合BIM目前的运用特点,基于云平台的建设全生命周期BIM云存储系统,由以下5个层次组成,如图5-1所示。

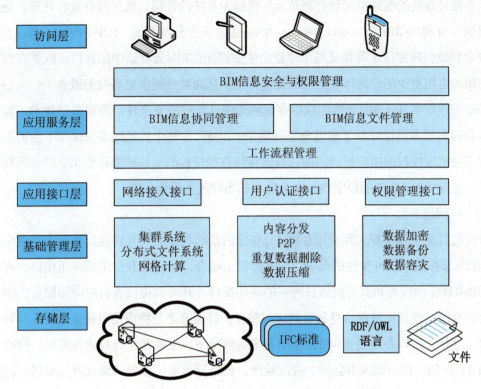

图5-1 基于建设全生命周期的BIM云存储系统结构模型

（1）存储层

建设全生命周期过程中，海量的建设信息的集成管理是首先要解决的问题。存储层是BIM云存储的物理存储设备层，是其最基础的部分，BIM建设信息在此汇集，因此存储层是整个系统数据基础。该层通过存储虚拟化技术，把各种不同型号的存储设备集合在一起，对外提供统一的存储接口。数量庞大的云存储设备往往分布在不同地域，彼此之间通过广域网、互联网或者FC光纤通道网络连接。各存储设备上都安装有统一的存储设备管理系统，可以实现存储设备的逻辑虚拟化管理、集中管理、多链路冗余管理以及硬件设备的状态监控和日常的维护升级等。

（2）基础管理层

基础管理层是基于建设全生命周期的BIM云存储最核心的部分，也是云存储中最关键、最难以实现的部分。基础管理层通过集群技术、分布式文件系统技术、内容分发网络技术、数据备份技术、数据加密技术、重复数据删除技术、数据压缩技术等，实现基于建设全生命周期的BIM云存储中多个存储设备之间的协同工作，使多个存储设备可以对外提供同一种服务，并提供更大、更强、更好的数据访问性能。

具体来说，云存储系统通过集群文件OS（Operating System）实现后端存储设备的集群工作，并通过系统的控制单元和管理单元实现整个系统的管理，数据的分发、处理，处理结果的反馈。可利用CDN（Content Delivery Network）内容分发系统、P2P（Peer to Peer）数据传输技术和数据压缩技术等保证基于建设全生命周期的BIM云存储中的数据可以更有效地存储，使用和占用更少的空间以及更低的传输带宽，从而对外提供更高效的服务。

基础管理层实现了BIM文件的数据存储和传输过程中的安全性。数据备份技术、数据加密技术和容灾技术可保证基于建设全生命周期的BIM云存储中的数据多份保存不会丢失，同时数据不会被未授权的用户所访问即只有云存储数据授权的用户才能得到相应的访问权限，从而使云存储中BIM数据的稳定性和安全性在相当程度上得到保障。

（3）应用接口层

应用接口层主要实现实际应用和BIM云存储的基础服务的交互功能，是基于建设全生命周期的BIM云存储最具可变性的部分。与实际需求结合，通过公开一定的应用接口，可以让不同的BIM软件供应商和服务商通过统一的应用接口，开发和提供各自的应用服务，用户可以根据自身情况选择更符合自身利益的应用服务，换而言之是将应用服务接口的不同形式开发出来。这样，可以在不变更BIM云存储系统的情况下，根据客户自身业务需要，持续开发扩展BIM云存储应用，如成本管理、进度管理、设施管理等。该层的特点就是根据不同业务需求实现灵活多变。

（4）应用服务层

应用服务层是基于建设全生命周期BIM云存储提供BIM信息管理的重要结构层，该层通过制定标准的云存储访问应用接口来登录云存储系统，提供后续的操作。任何一个项目参与单位或参与人员经授权后，通过网络接入、用户认证和权限管理接口的方式来登录BIM云存储系统，都可以享受系统提供的服务，如BIM信息安全与权限管理、工作流管理、BIM信息文件管理和BIM信息协同管理等功能。

（5）访问层

访问层是对最终用户使用云存储系统的抽象，它定义了云存储服务提供的访问类型和访问手段。对于项目各参与方来说，云访问层是用户访问云服务的直接入口，其访问设备可以是PC电脑、平板电脑、虚拟桌面、手机等，包括云终端程序和云终端设备。云终端技术主要关注终端与云端的通信协议、终端安全等内容。利用不同的访问终端，可以实现项目各参与方随时随地的远程协同工作，在不同地区的远程工作者可以确保工程项目建设的24小时运转，通过这样的远程办公来提高项目参建各方的业务能力和办事效率。

平台通过标准的云存储访问应用接口登录云存储系统。BIM云平台提供相关操作，主要包括应用软件管理、云文件管理、监控中心、工具软件管理和用户权限管理五个功能模块。平台用户授权后，可通过图5-2的登录页面进入云平台系统。根据用户授权情况，可针对以

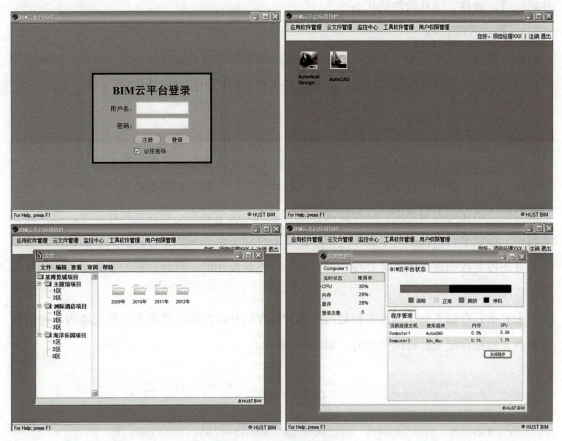

图5-2 平台功能界面图

上功能模块进行操作。

1. 应用软件管理

应用软件界面是各种BIM软件，如Revit Architecture，Revit MEP，Bentley Structural等。用户可以同桌面操作一样，双击打开相应的应用软件进行操作。

2. 云文件管理

为方便用户操作云端的数据，设计和分析云计算平台推出了基于web的图形化文件管理软件。整个操作习惯与本地Windows中的资源管理器非常类似。

3. 监控中心

为使用户比较方便了解平台的硬件运行状态，系统提供了专门的监控中心模块，用户可以清晰地看到云平台所有服务的主机和用户的状态。而点击相应的主机，用户可以一目了然的了解当前主机的负载状态，即CPU、内存、GPU等负载情况。

4. 工具软件管理

在工具软件模块，系统罗列了当前平台各个服务器上已经安装的各个应用软件，包括软件的许可证数目,以及软件的状态等。

5. 用户权限管理

用户管理模块可以非常方便地添加、删除和编辑用户或者临时禁用某个用户,并赋予用户相应的软件及文件访问操作权限,同时还提供有关用户的基本统计信息。

5.3.2 地铁工程大数据云存储平台

地铁工程大力推进信息化建设,在近年来的轨道交通建设与运营实践中积累了海量的地铁工程大数据。随着地铁建设运营规模的不断扩大,过去单一的管理模式、个体化的工作方式需要向协同化的方向转变,以便提高各级管理人员决策能力。在云计算环境下,地铁工程大数据云存储平台以数据共享服务为核心,以云存储平台作为数据存储和共享的载体,将地铁企业的各类数据进行规范化处理,整合成可以重复使用的、符合标准的服务,为协作共享的工作模式创造了条件。

大数据云存储平台为地铁工程数据提供数据存储和高性能计算服务。其主要内容包括数据源和大数据存储及分析两个部分,如图5-3所示。

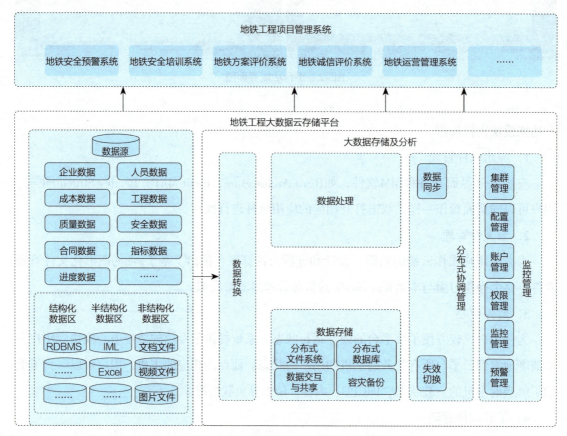

图5-3 地铁工程大数据云存储平台架构图

（1）数据源

数据源用于存储常规的业务数据，例如：地铁工程相关的人员数据、企业数据、成本数据、进度数据、质量数据、安全数据、招标投标数据、合同数据等，为常规业务应用（非大数据级应用）提供数据存储。本案例中的原始数据存储采用传统常见的文件系统（NTFS、FAT32等）和关系型数据库（SQL Server、MySQL、Oracle等）进行数据存储。

（2）大数据存储及分析

大数据存储及分析是为地铁工程数据中需要经常统计分析的大数据级数据提供分布式数据存储和分析计算服务。其主要内容包括：数据存储、数据处理、数据转换、分布式协调管理和监控管理等，本项目中的大数据云平台采用Apache Hadoop实现。

1）数据存储

地铁工程数据量十分庞大，而且数据结构多样，数据量增长迅速，简单传统的关系型数据库无法解决。为此，针对地铁大数据级数据的特点，数据存储模块提供了支持分布式存储和快速动态扩展的结构化数据存储、非结构化数据和半结构化数据存储功能。

①分布式文件系统用于存储地铁工程数据中大数据级的视频文件、图片文件、日志文件、合同文件等非结构化和半结构化数据，为分布式数据库提供底层的存储支持，并通过分布式文件系统的分布式架构，实现快速的动态扩展。

②分布式数据库用于存储地铁工程数据中大数据级的结构化数据，并根据业务需求实时地随机读/写数据，随着数据量的增加可快速实现线性扩展。

③数据交互与共享功能是为各种数据处理工具提供统一的数据结构和存储方式，以实现各数据处理工具间数据的交互和共享。

④容灾备份是用于保障存储数据的正常使用，完整不丢失。

2）数据处理

数据处理模块用于大规模数据集的分布式并行运算，为开发分布式应用程序提供了分布式开发框架和API，开发人员不需要了解底层的分布式处理机制，就可以轻松根据业务需求开发分布式应用程序。本项目中采用了Hadoop MapReduce分布式编程模型。

3）数据转换

数据转换模块可将数据源中的关系型数据库数据导入到分布式文件系统和分布式数据库中，进行数据分析和计算，也可将计算分析后的数据导入到数据源中的关系型数据库中。

4）分布式协调管理

分布式协调管理模块为分布式应用提供失效切换或者热备份切换机制，监控集群防止单点失效，同时还可以协调各分布式节点间的数据同步。

5）监控管理

监控管理模块为集群中的各节点和功能模块提供集群管理、配置管理、账户管理、权限管理、监控管理、预警报警等服务。

（3）地铁工程大数据云存储平台效果

该平台将地铁工程的整个生命周期中产生的海量数据都存储起来，不仅能够在工程的进行过程中提供实时的服务，还能够将这些已有的存储到云存储平台中的数据加以利用，为同类工程项目的建设提供参考，取代了过去建设完毕相关文件就被封存的方式，体现了大数据的巨大优势。如在设计阶段，该云存储模型能够很好地解决设计文件、设计图纸的存储，并根据云存储数据库中海量的地铁工程项目数据，提供设计与施工决策分析服务；在招标投标过程中，为招标信息、投标书、资格预审文件、合同文件等的存储与管理提供了很好的平台，根据数据库中的各种诚信数据，提供各个参建方的资格筛选，甚至细化到施工人员的职业资格和能力水平筛选，为人力资源决策提供分析服务；在设计阶段，该云存储模型能够很好地解决设计文件、设计图纸的存储，并根据云存储数据库中海量的工程项目数据，提供设计与施工决策分析服务；在工程施工过程中，该模型实现了对施工图纸资料、设计变更、索赔资料、验收资料等文件的快速存储和检索，并可根据工程进度等从施工现场采集到的各种海量信息，提供例如施工工人个性化安全培训以及安全预警服务；在运营阶段，为地铁工程运营情况、相关设施的检修与维护等相关数据资料的存储与查询提供便利，并对各项数据实时监控并分析，以此提供安全预警等服务。地铁工程大数据云存储平台功能如图5-4所示。

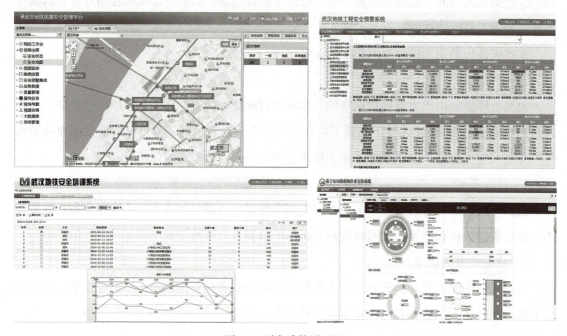

图5-4　平台功能界面图

5.4 工程大数据分析和挖掘

5.4.1 数据挖掘主要算法

当今社会已经处在一个高度发达的网络化时代，信息技术正改变着整个人类社会。自动化的数据收集工具和成熟的数据库技术使得大量的数据存储在数据库、数据仓库和其他信息媒介中，数据量急剧增大。大量的信息在给人们带来方便的同时也带来了一些问题：一是大量的信息难以高效利用；二是信息真假难以辨识；三是信息安全难以保证；四是信息形式不一致，难以统一处理。在这些大量信息或数据背后隐藏着许多重要信息，需要借助数据挖掘技术进行处理分析，以提供更好的决策支持。所谓数据挖掘，就是从大量无序的数据中发现隐含的、有效的、有价值的、可理解的模式，进而发现有用的知识，并得出时间的趋向和关联，为用户提供问题求解层次的决策支持能力。

数据挖掘是指从大量数据中寻找潜在信息，如趋势（Trend）、模式（Pattern）及相关性（Relationship）的过程，其出现于20世纪80年代后期，是一门交叉性学科，融合了人工智能、数据库技术、模式识别、机器学习、统计学和数据可视化等多个领域的理论和技术。更广义的说法是：数据挖掘是在一些事实或观察数据的集合中寻找模式的决策支持过程，数据挖掘的对象不仅是数据库，也可以是文件系统，或其他任何组织在一起的数据集合。数据挖掘是一个利用各种分析工具在大量数据中发现模型和数据间关系的过程，这些模型和关系可以用来做出预测。由此看出，数据挖掘方法适用于大量数据的环境，且数据挖掘算法的选择对于保障数据挖掘系统的计算效率是非常重要的。

数据挖掘的完整流程如图5-5所示。

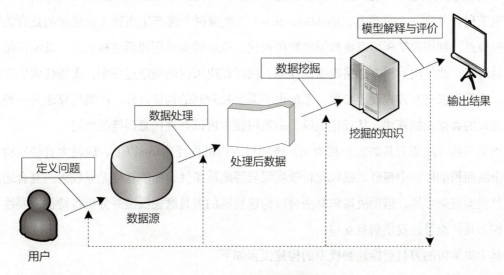

图5-5 数据挖掘流程图

目前，数据挖掘技术中较为典型的方法有：决策树算法（Decision Tree）、神经网络算法（Neural Network）、粗糙集理论（Rough Set Theory）、遗传算法（Genetic Algorithms）、聚类算法（Clustering）、深度学习（Deep Learning）、关联规则挖掘等，下面分别对这些方法进行介绍。

（1）决策树算法

决策树算法的起源是概念学习系统CLS（Concept Learning System），随后发展到迭代二分的ID3（Iterative Dichotomiser 3）算法。之后，该算法在ID3基础上通过增加对连续属性的离散化，而演化为C4.5算法，并进一步发展出C5.0等算法。常用的决策树算法还有分类回归树算法CART（Classification And Regression Tree）、卡方自动交互检测算法CHAID（Chi-Square Automation Interaction Detector）和Assistant等。决策树可以以图形或文本形式的规则来描述和预测数据。

决策树算法利用信息论中的互信息（信息增益）寻找数据库中具有最大信息量的字段，建立决策树的一个结点，再根据字段的不同取值建立树的分支。在每个分支集中重复建立树的下层结点和分支，即可建立决策树，从中生成分类规则，并利用规则和决策树生成复杂的知识结构，即用树形结构来表示决策集合，这些决策集合通过对数据集的分类产生规则。在决策树中每一个分支代表一个子类，树的每一层代表一个概念。决策树中的非叶子结点代表一个目标属性，每个叶子结点表示一个分类，从根结点到叶子结点的所有结点表示一个分类规则。决策树的本质是归纳学习，是一种从部分数据中归纳出整体数据特征完备描述的技术。归纳学习是人类知识增长的一种重要方式。

从数据挖掘的发展趋势来说，易使用、易理解已成为一个潮流，一些新的技术导致决策树原有的限制被突破，如适用于处理大数据集的C5.0算法利用提升方法（boosting技术）把多个决策树合并到一个分类器，而oblique tree（斜决策树）将产生在独立变量间的复合关系来分隔节点。利用决策树可以将数据规则可视化，获取的知识用树形结构表示，其输出结果也容易理解，此外决策树方法精确度比较高，同时在决策树的构造过程中，无需任何的先验知识，也无需以交互方式设定参数，系统也不需要长时间的构造过程，决策树算法是一种简单而高效的数据挖掘算法。从理论上说，决策树技术可以处理任意高维的数据。

以某市越江隧道刀具磨损预测为例，该项目盾构机直径达15m以上，属超大直径盾构，穿越全断面粉细砂、中粗砂、强风化粉砂质泥岩等地质条件，面临软硬差异较大的复合地层且刀具类型复杂多样，借助决策树算法可以构建精准的刀具磨损模型并分析各特征重要性，为盾构刀具智能管控提供信息支持。

基于决策树的刀具智能预测模型的构建流程如下：

首先在详细结构化存储形式的刀具数据和盾构、地质数据的基础上对数据进行筛选，构建输入输出数据集。输出变量为单刀的单环磨损量,以段均值近似替代实际值。输入数据可分为地质条件、机械参数和操作参数三大类。其中地质条件包括复合地层的岩石地层面积占比和隧道上覆土厚度,机械参数包括安装半径、刀具数量、刀具类型、损坏类型、泥饼情况和刀臂,操作参数包括贯入度、总挤压力和刀盘扭矩,并将输入变量中的分类型数据转化为数值型数据。然后在数据集中按随机抽样模式抽取30%的数据作为测试集,其余为训练集。再调整超参数找出可控泛化误差最小的模型,先使用训练集循环建模先找出最佳模型中树的棵数,然后依次逐一调整学习率、模型分支深度和模型惩罚项等其他超参数。最后将调参训练好的模型保存为dat格式,以便随时调用预测。

根据上述步骤构建单刀单环的刀具磨损量预测模型,预测结果如图5-6所示,训练集和测试集的RMSE(均方根误差)都处于较低水平,为0.122 6和0.129 7,且数值比较接近,即回归拟合适度,说明决策树算法适用于预测复合地层的盾构刀具磨损量。

决策树算法可以使用特征分裂数据的次数(weight)和分裂时平均训练损失的减少量(gain)来分析特征重要性,如图5-7所示。从weight指标看,重要性程度由高到低排名前五的特征中都有安装半径、岩石地层面积占比和泥饼情况;从gain指标看,重要性程度由高到低排名前五的特征中都有刀具类型、岩石地层面积占比、刀具损坏类型、泥饼情况和贯入度。可见,岩石地层面积占比在复合地层盾构刀具磨损量预测模型中起到较大作用。

(2)神经网络算法

神经网络最早是由心理学家和神经生物学家提出的,旨在寻求开发和测试神经的计算模拟。神经网络由一组连接的输入/输出单元构成,其中每个连接都与一个权相连,该系统通过对连续或断续式的输入作状态响应而进行信息处理。虽然单个神经元的结构和功能十分简单,但由大量神经元构成的网络系统能够实现十分复杂的行为。在学习阶段,通过训练数据

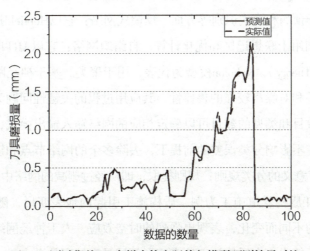

图5-6 测试集前100个样本的实际值与模型预测结果对比

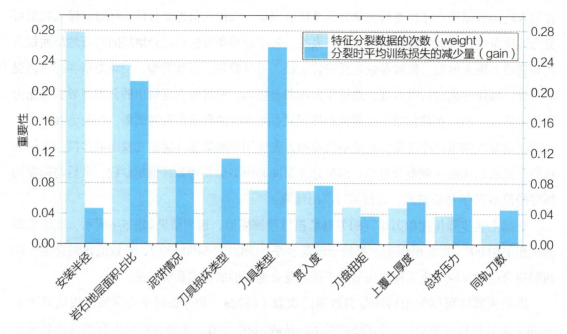

图5-7 刀具磨损预测特征重要性

逐步调整神经网络中各个神经元的权值，使得其能够以更高的精度预测样本的正确类标号或属性。神经网络通过不断学习过程调整网络结构，最后以特定的网络结构来表达输入空间与输出空间的映射关系，是一个高度复杂的非线性动力学系统，可以完成分类、聚类、特征挖掘等多种数据挖掘任务。

神经网络方法以由美国心理学家麦卡洛克（McCulloch, W.S.）和数学家皮特斯（Puts, W.）提出的二值神经元模型MP（Mcculloch-Pitts）模型，以及加拿大著名生理心理学家唐纳德·赫布（Donald Hebb）提出的把输入信息按照它们的相似性程度划分为若干类的HEBB学习规则为基础，可以分为三大类神经网络模型。前馈式网络：它以感知机、反向传播模型、函数型网络为代表，可用于预测和模式识别等方面；反馈式网络：它以Hopfield提出的离散模型和连续模型为代表，分别用于联想记忆和优化计算；自组织网络：它以ART自适应共振理论模型（Adaptive Resonance Theory），Koholon模型为代表，用于聚类。基于神经网络的数据分类通常具有较小的分类误差和对噪声较强的鲁棒性，其应用过程的关键性问题为：网络的构建和训练，即根据属性的数目和类型的数目可以确定相应的网络输入输出模式，并形成合适网络结构；网络删减，即在不影响分类误差的前提下，去除多余的网络节点和链接，经过删减的网络可以提供简洁和有意义的分类规则；规则提取，即从经过删减的网络中提取分类规则。

以某市地铁越江盾构隧道施工为例，盾构施工引起的地表变形，随着盾构所处空间位置、变形经历时间的不同而变化，表现出强烈的时空效应，人工神经网络具有较强的非线性映射能力和全局逼近能力，在盾构施工地表变形领域具有较高的潜力。

在该项目中以越江盾构隧道监测横断面变形监测数据作为训练神经网络模型的学习样本。其中盾构施工参数取一段掘进范围内的盾构施工参数平均值，范围为盾构刀盘到达监测断面前50m至盾尾通过后150m；并根据加权平均方法确定土体内摩擦角均值和黏聚力均值。由于越江地铁隧道盾构施工地表变形时空演化预测系统的输入与输出变量学习样本原始数据差异较大，具有一定的离散性。为了提高系统辨识模型的可靠性，在学习训练前需要对样本数据进行标准化处理，而模型的输出值可进行反归一化处理还原成工程数据。在模型设定中，输入层节点数$m=7$，输出层节点数$n=5$，隐含层节点数$k=10$。

神经网络模型训练得出的盾构施工DF01断面地表变形时空特征参数的学习样本和测试样本，其实际值之间的平均相对误差均在10%范围内，测试样本的平均相对误差均在5%以内，说明该模型进行盾构地表变形时空特征参数的学习和预测效果很好，表明模型能预测盾构在未来时刻通过长江大堤引起的地表变形程度（图5-8）。

（3）粗糙集理论

粗糙集理论是近年来才兴起的一种研究不精确、不确定性知识的表达、学习、归纳等的新型数学理论，最初是由波兰华沙理工大学数学家Z. Pawlak于1982年首先提出的。由于最初关于粗糙集理论的研究大部分是用波兰语发表的，因此当时没有引起国际计算机学术界和数学家们的重视，直到20世纪80年代末才逐步引起各国学者的注意。从1992年起，每年都举办粗糙集理论及其应用方面的国际学术会议。

粗糙集理论模拟人类的抽象逻辑思维，通过结合逻辑学和哲学中对不精确、模糊的定义，针对知识和知识系统提出了知识简约、知识依赖、知识表达系统等概念。它通过考察知识表达中不同属性的重要性来确定哪些知识是冗余的，哪些知识是有用的。简化知识表达空间的过程是基于不可分辨关系的思想和知识简化的方法来进行的，从数据中抽取推理逻辑规则作为知识系统的模型。

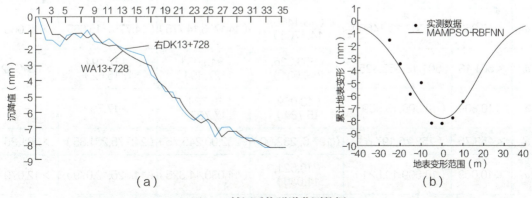

图5-8 越江盾构隧道监测数据

（a）断面拱顶地表监测点时间序列预测分析；（b）DF01断面地表变形空间分布预测分析

粗糙集理论最大的特点是不需要提供先验信息，如统计中要求的先验概率和模糊集中要求的隶属度，且算法简单、易于操作。该理论中提出的上下近似、核、约简等概念，为数据分析、决策分析提供了新的理论和方法。近年来，粗糙集理论方法日趋完善，并广泛应用于机器学习、决策分析、过程控制、模式识别与数据挖掘等领域，该理论还在医学、化学、材料学、地理学、管理科学和金融等其他学科得到了成功的应用。

以某市地铁过江隧道工程为例，盾构施工地表沉降的成因及机理十分复杂，涉及的影响因素和参数众多，分析过程复杂。利用粗糙集对冗余属性的约简可以大大简化多源参数之间的复杂关系，同时，较大程度提高预测的预测效率和精度，适用于分析和处理地表沉降与参数的复杂关系。

在该项目中通过实时监控以及地质勘查，可以得到盾构机械通过不同监测断面时的施工参数、隧道设计参数及土层参数的确定值。选取内摩擦角、黏聚力、相对埋深、盾构比推力、比扭矩、环平均切口水压和注浆量七个影响盾构施工地表沉降的参数，将监测点最终沉降作为决策属性，选取20个监测点数据，建立地表沉降监测样本集。在此基础上利用基于信息熵的粗糙集连续属性离散化规则（见表5-1），对20组数据的条件属性值和决策属性值进行离散化处理得到地铁盾构施工诱发地表沉降决策表，如表5-2所示。采用遗传算法对经过离散处理的20组盾构参数数据进行属性约简，得到3组约简结果，如表5-3所示。

数据离散化规则　　表5-1

参数	状态					
	1	2	3	4	5	6
a_1	<1.0000	(1.0000,1.2000)	(1.2000,1.6000)	(1.6000,2.0175)	(2.0175,3.0345)	>3.0345
a_2	<18.473	(18.473,18.933)	(18.933,19.6115)	(19.6115,20.367)	(20.367,20.9415)	>20.942
a_3	<12.062	(12.062,13.1465)	(13.1465,14.1705)	(14.1705,14.775)	(14.775,15.665)	>15.665
a_4	<501.18	(501.18,653.325)	(653.325,849.031)	(849.031,1127.494)	(1127.494,1315.62)	>1315.62
a_5	<10.809	(10.809,13.059)	(13.059,15.784)	(15.784,17.792)	>17.792	—
a_6	<158.75	(158.75,197.6)	(197.6,232.00)	(232.00,245.75)	(245.75,261.85)	>261.85
a_7	<10.009	(10.009,10.521)	(10.521,11.030)	(11.030,11.325)	(11.325,12.079)	>12.079
D	>−11.55	(−15.35,−11.55)	(−20.15,−15.35)	(−24.2,−20.15)	(−31.25,−24.2)	<−31.25

地铁盾构施工诱发地表沉降决策表　　　　　　　　　　　表5-2

检测点编号	a_1	a_2	a_3	a_4	a_5	a_6	a_7	D
1	4	6	2	1	1	1	3	6
2	4	6	2	1	1	1	3	6
3	5	6	2	1	3	1	5	6
…	…	…	…	…	…	…	…	…
19	6	1	6	4	1	6	2	4
20	6	1	6	6	2	6	1	6

属性约简结果　　　　　　　　　　　表5-3

	Reduct（约简结果）	Support（支持度）	Length（属性数）
1	（相对埋深，内摩擦角，比扭矩均值，单环注浆量均值）	100	4
2	（内摩擦角，比推力均值，比扭矩均值，单环注浆量均值）	100	4
3	（内摩擦角，比扭矩均值，切口泥水压力均值，单环注浆量均值）	100	4

根据属性重要度计算方法，可以计算3组约简结果包含的条件属性重要度。通过计算，第1组约简结果中条件属性相对埋深、内摩擦角、比扭矩均值和单环注浆量值对应的重要性分别为0.05、0.25、0.5和0.25；第2组约简结果中条件属性内摩擦角、比推力均值、比扭矩均值和单环注浆量均值对应的重要性分别为0.3、0.05、0.35和0.25；第3组约简结果中条件属性内摩擦角、比扭矩均值、切口泥水压力均值和单环注浆量均值对应的重要性分别为0.25、0.2、0.1和0.4。依据各条件属性的重要性进行排序可得，第1组约简结果中，重要性排序为：比扭矩均值＞单环注浆量均值＞内摩擦角＞相对埋深；第2组约简结果中，重要性排序为：比扭矩均值＞内摩擦角＞单环注浆量均值＞比推力均值；第3组约简结果中，重要性排序为：单环注浆量均值＞内摩擦角＞比扭矩均值＞切口泥水压力均值。条件属性的重要度排序有助于确定盾构施工地表沉降的关键参数，为有效控制地表沉降提供决策依据。

（4）遗传算法

遗传算法是一种广泛应用的非线性优化技术，由美国Michigan大学的Holland教授于1969年提出，后经DeJong、Goldberg等人归纳总结所形成的一类模拟进化算法。它来源于达尔文的进化论、魏茨曼的物种选择学说和孟德尔的群体遗传学说，基于生物进化理论中的基因重组、突变和自然选择等概念设计一系列的过程来达到优化的目的。这些过程包括基因组合、交叉、变异和自然选择。遗传算法作用于某一特定问题的一组可能的解法，试图通过基因组合、交叉、变异过程来组合或"繁殖"现存的最好的解法来产生一个新的解集。然后利用基于"适者生存"的理论的自然选择方法来使较差的解法被抛弃，使繁殖的结果得到改善，从而产生更好的解集。

遗传算法的基本思想是：根据自然选择原理以及自然遗传机制进行数据处理，从中寻找有用的信息。与其他算法比较，遗传算法的主要特点是：规则的表达形式是以编码的形式给出的；遗传算法中的规则不是固定的，而是进行不断的转换和进化，最初的规则是随机给出的，然后根据适者生存的原则，由最初的规则中选出最适用的规则，同时由最适用的规则产生它们的后代，这样不断地对规则群体进行进化，直到满足给定的条件为止；遗传算法的处理过程中不需要其他任何辅助信息及附加的先决条件。

为了应用遗传算法进行数据挖掘，需要把数据挖掘任务表达为一种搜索问题，从而发挥遗传算法的优化搜索能力。遗传算法提供了一种求解复杂系统优化问题的通用框架，它不依赖于问题的具体领域，广泛应用于多种学科领域，已在优化计算和分类机器学习方面具有明显的优势。

以地铁施工应急物资动态调度为例，应急物资调度具有突发性、不确定性和应急处置的紧迫性，是应急救援工作的核心环节，应以应急响应时间最早、出救点数量最少为优化目标。应急救援调度不是一个静态问题，它必须考虑实时交通信息，选择时间最短的调度路线以满足应急响应时间最早的目标。随着救援活动的进行，物资需求信息也会不断变化，这将要求决策者动态更新调度方案。遗传算法可以根据动态交通和动态需求制定或调整动态的、多阶段的调度方案。根据事故初始时刻的信息可得到一个初始调度方案，随着救援的执行，综合更新的信息，新的调度方案将不断产生，如图5-9所示。

在求解过程中采用滚动时域策略求解动态物资调度优化模型，即综合考虑当下应急行程时间，求解多个静态调度优化问题在需求信息发生改变时刻的最优调度组合方案。最终通过MATLAB编程表达该计算模型，赋予模型必要的参数变量值，在MATLAB环境中运行算法程序即可求得应急的出救点组合方案。求解策略中对遗传算法进行了改进，设计了一种逆序遗传操作顺序，即变异、交叉、选择，同时对其中的变异和交叉操作做了一定改进。改变固定的变异概率值为多变的随机概率以进行变异操作，改变固定的交叉概率以及固定的交叉模式为随机交叉概率方式以进行交叉操作。

在输入需求数据后，根据改进遗传算法模型计算得出当前时刻的调度方案（图5-10）。结果显示了三个出救点，即常码头站、王家墩东站和新华路站，各出救点应当调度的物资名称、数量均已显示在右侧状态栏，且各出救点到事故点的最短运输路径也在图中加粗显示，以指导物资应急调度。

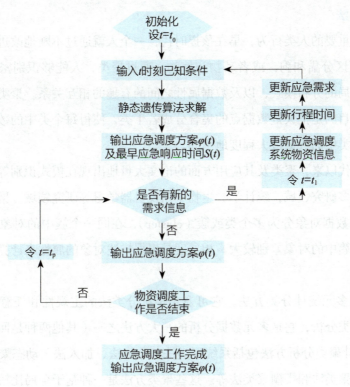

图5-9 应急调度方案求解流程

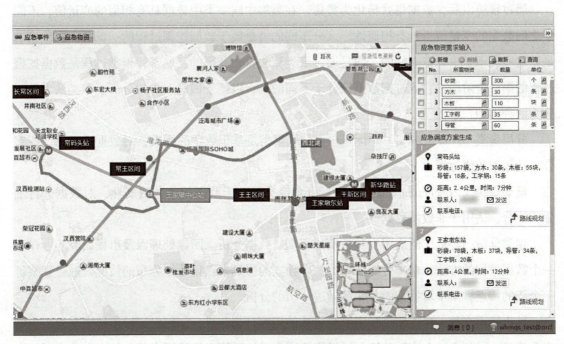

图5-10 应急调度方案生成

（5）聚类算法

聚类是一种重要的人类行为，早在孩提时代，一个人就通过不断地改进下意识中的聚类模式来学会如何区分猫和狗，或者动物和植物。通过聚类，人能够识别密集的和稀疏的区域，因而发现全局的分布模式，以及数据属性之间的有趣的相互关系。聚类是一种常见的数据挖掘工具，其目的是把大量数据点的集合分成若干类，使得每个类中的数据之间最大程度地相似，而不同类中的数据最大程度地不同。

20世纪60年代以来，聚类及其应用方面的论文大量地出现在模式识别等领域的文献中。聚类分析源于许多研究领域，统计学、生物学以及机器学习等研究领域。聚类根据某种相似程度的度量，将数据对象分为多个类或簇（cluster），在同一个簇中的对象之间具有较高的相似度，而不同簇中的对象差别较大。相异度是根据描述对象的属性来计算的，距离是经常采用的度量方式。

聚类是一门多元统计分类方法，它可避免传统分类法的主观性和任意性。在统计方法中，聚类称为聚类分析，它是多元数据分析的三大方法之一（其他两种是回归分析和判别分析）。传统的统计聚类分析方法包括系统聚类法、分解法、加入法、动态聚类法、有序样品聚类法、有重叠聚类法和模糊聚类法等。这些聚类方法是一种基于全局比较的聚类，它需要考察所有的个体才能决定类的划分，因此它要求所有的数据必须预先给定，而不能动态增加新的数据对象。

通过聚类以后，数据集就转化为类集，在类集中同一类中数据具有相似的变量值，不同类之间数据的变量值不具有相似性。区分不同的类是属于数据挖掘过程的一部分。应注意的是，这些类不是事先定义好的，而是通过聚类算法自动获得的。通常，聚类过程是数据挖掘过程的第一个阶段，它通过把数据区分于不同的类，以便于做进一步的分析。聚类法大致可分为两种类型：

分层聚类（Hierarchical Clustering）：分层聚类是基于数学的标准，对数据进行细分或聚合，适用于数值数据。

概念聚类（Conceptual Clustering）：概念聚类是基于数据的非数值属性，对数据进行细分或聚合，适用于非数值数据。

聚类分析已经被广泛应用，包括模式识别、数据分析、图像处理以及市场研究等。作为一个数据挖掘的方法，聚类分析能作为一个独立的工具来获得数据分布的情况，通过观察每一个簇的特点，集中对特定的某些簇做进一步的分析。

城市轨道交通工程施工过程中安全事故的问题日趋凸显，如何保证城市轨道交通工程的安全施工，受到全社会广泛关注。对城市轨道交通工程施工风险因素的相关文献检索可以发现，现阶段鲜见专门管理城市轨道交通工程事故报告的数据库，使研究人员获取信息受到较大限制，这对城市轨道交通工程施工安全风险管理是十分不利的。

针对城市轨道交通工工程施工事故知识重用难的问题，运用K-means聚类算法建立出基于K-means均值的城市轨道交通工程施工安全事故聚类分析方法，以此来对安全风险分布的重点阶段和主导因素进行分析。基于K-means对安全事故进行聚类，首先需要确定特征向量和事故距离，聚类分析的解完全依赖于所选的特征向量，特征向量的合理选择对聚类分析结果的可靠性至关重要；第二步是根据庞大的安全事故数据库来评估事故的风险程度；第三步是决定集群数以取得更好的聚类效果，图5-11为聚类为4类时的轮廓系数，根据不同聚类数目的轮廓系数选择最佳聚类数。

基于K-means最终建立安全风险分布阶段及风险因素基本框架，确定出分类的变量来形成结构化数据库，如图5-12为盾构法施工事故6个聚类群安全风险因素数据分布图，由图中可以分析出应高度重视"死亡"这类严重的后果，对于"死亡"后果严重水平，第三、六集群显示出高风险程度，与实际情况相符。通过以上方式能够为施工知识的重用提供支撑，为安全施工提供保障。

（6）深度学习

深度学习起源于人工神经网络的模型，其概念最早由多伦多大学的G.E.Hinton等人于2006年提出，指出深层网路训练中梯度消失问题的解决方案，拉开了深度学习的序幕。2011年，ReLU激活函数的提出，有效地抑制梯度的消失。2012年，深度神经网络（Deep Neural Network，DNN）技术在图像识别领域取得非常好的效果，2012年，Hinton教授的团队利用卷积神经网络设计了AlexNet，使之在ImageNet图像识别大赛上打败了所有运用传统方法的团队，使得卷积神经网络成为计算机视觉领域中最为重要的工具之一。2016年末至2017年初，基于深度学习设计的"AlphaGo"在中国棋类网站上以"大师"（Master）为注册账号，与中、日、韩数十位围棋高手进行快棋对决，连续60局无一败绩。

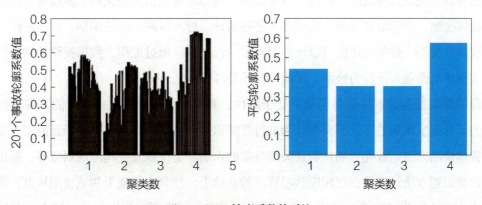

图5-11　$K=4$轮廓系数值对比

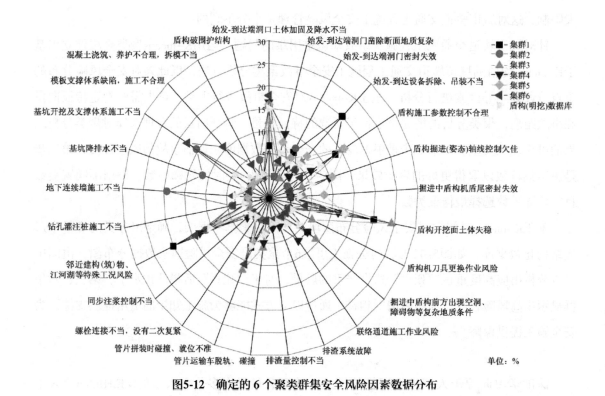

图5-12 确定的6个聚类群集安全风险因素数据分布

深度学习是神经网络、人工智能、图形化建模、优化理论、模式识别、信号处理等研究的交叉领域。深度学习的各种高层次的描述信息中，主要包含两个特征：①模型由多层次或阶段的非线性信息处理组成；②特征表示的有监督或无监督学习，随着层数的提高，而更加抽象。

从Hinton教授提出深度学习这一概念发展到现在，深度学习已产生一系列的学习算法，经典的有卷积神经网络、深度置信网络、自编码器、循环和递归神经网络等，同时深度学习被广泛应用于图像识别和行为识别等方面。尤其是在计算机视觉领域，应用深度学习的理论和方法可以实现图像场景的自动化识别和分类，具体应用包括人脸识别、多尺度变换融合图像、物体检测、图像语义分割、实时多人姿态估计、行人检测、场景识别、物体跟踪、端到端的视频分类等。这些应用也可以延伸至建设工程领域，通过工程大数据提供的训练样本，可以实现现场作业人员行为检测、风险预测预警等管理任务。

我国建筑行业的事故量目前仍然处于高位，其中绝大部分事故由工人的不安全行为造成。为了对施工现场的工人不安全行为进行智能识别和监测，提出了基于场景的工人不安全行为智能检测方法。首先分别从场景关键对象的识别、定位以及空间范围划分等，提出施工场景自动识别方法；接着，在深度学习算法的基础上，结合建筑施工领域应用特点，设计多个施工不安全行为基础算法模块；再根据施工不安全行为判定规则的语义特点，利用规则拆解建立"不安全行为自动化识别任务"与"基于深度学习的施工不安全行为基础算法模块"之间的程序调用与组合机制,最终实现不同场景下的工人不安全行为智能识别。

以智能监测工人是否佩戴安全帽为例进行分析,该方法基于Faster R-CNN,包括3个步骤。首先是对图像特征进行提取,采用卷积神经网络的特征提取层、特征映射层和池化层进行处理,生成卷积特征图;第二步是候选区域生成,此步的目的是为了避免无关特征干预计算机学习的结果;第三步是对安全帽佩戴情况进行分类,通过Faster R-CNN网络将候选区域分为两类:戴了安全帽的人、未戴安全帽的人。图5-13为基于Faster R-CNN的安全帽佩戴情况检测流程图,图5-14为不同场景下工人不安全行为监测结果。

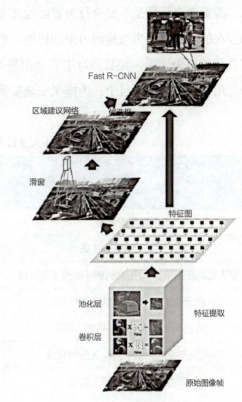

图5-13 基于Faster R-CNN的安全帽佩戴情况检测流程图

图5-14 不同场景下工人不安全行为监测结果

准确率表征的是不安全行为智能检测方法的检测结果中正确的比例；召回率表征的是实际存在的不安全行为被检测出来的比例。根据检测结果可以发现以上八类智能检测方法均具有良好的检测效果，尤其是对于安全帽是否佩戴准确率达到94.2%，因此以上方法能够有效的运用在实际工程项目中，为施工安全提供保障（表5-4）。

八类不安全行为智能检测方法的效果　　　　　　　　表5-4

不安全行为智能检测方法	效果指标	
	准确率	召回率
未佩戴安全帽	0.942	0.951
非工作人员进入施工场地	0.893	0.875
靠近塔式起重机挂钩/挖掘机铲斗等的下方区域	0.770	0.749
在无防护措施的基坑横梁上行走	0.799	0.769
靠近无防护措施的基坑临边洞口	0.829	0.801
高空作业未佩戴个人坠落防护系统	0.914	0.921
脚手架作业人员高空抛物	0.767	0.748
无证上岗	0.868	0.860

（7）关联规则挖掘

关联规则（Association Rules）是一种基于规则的非监督式机器学习方法，用于发现数据库中变量之间的关系，最早由美国IBM公司Almaden研究中心的Rakesh Agrawal等人于20世纪90年代提出。这种基于规则的方法在分析更多的数据时会产生新的规则，最终目标就是使用机器模拟人类大脑进行特征提取和抽象关联。

在关联规则的发展过程中，最经典的就是沃尔玛的"尿布与啤酒"案例。沃尔玛超市作为全球性的连锁超市，拥有全球最丰富的数据仓库。为了能够准确了解美国消费者在沃尔玛超市的购买习惯，沃尔玛在其历史存储的详细交易数据的基础上，用数据挖掘的方法对这些海量的数据进行了分析，最后得出一个结论：和尿布一起购买最多的商品竟然是啤酒！通过大量的实际调查，终于发现了尿布和啤酒一起购买的消费习惯背后的行为模式：在美国，父亲下班去超市给婴儿买尿布时，其中相当多一部分人会习惯性地给自己买一些自己爱喝的啤酒。于是，在美国沃尔玛的货架上，可以看到尿布和啤酒摆在一起的"奇怪"现象，而这一由海量的数据分析得出的举措使得尿布和啤酒的销量都更上一层楼。这个案例就通过对消费者购物习惯的分析揭示了海量的数据中尿布和啤酒存在很强的关联性，凸显了数据挖掘关联规则的价值和重要性。

关联规则也被应用在其他诸多方面，比如网页挖掘（Web Mining）、入侵检测系统（Intrusion Detection System）、连续生产（Continuous Production）、生物信息学（Bioinformatics）等。

在地铁深基坑施工过程中，周边环境等众多外在因素对其影响较大，而对工程项目安全实施的最大威胁是不同风险耦合作用，因此对不同风险因素的耦合关系、风险传递过程进行分析十分重要。以某市轨道交通地铁6号线的一个车站为例，收集到的地下连续墙侧移风险因素相关的数据共有180组。针对风险因素之间的关系，利用Apriori算法进行关联规则挖掘，该算法利用逐层搜索的迭代方法找出数据库中项集的关系，以形成规则，其过程由连接（类矩阵运算）与剪枝（去掉那些没必要的中间结果）组成，见表5-5。首先对最小阈值进行设定，应用Apriori算法得到的关联规则并非全部有效。为了获得有效的关联规则，应适当设置最小支持度和提升度；第二步产生频繁项集合关联规则并按关联规则提升度进行排序。本案例中进行包括土壤黏聚力、内摩擦角、土压力、地下水位等在内的风险因素关联分析，然后按提升度的大小将所有的关联规则进行排序。再对强关联规则进行评价。最终能够基于某一项风险因素的异常来对可能造成事故的其他风险因素进行排查。

关联规则示意　　　　　　　　　　　　　　　　　　　　　　　　表5-5

关联规则左侧	关联规则右侧	提升度	支持度	置信度
{安全度低-土壤重度，安全度中-支撑架设及时性，安全度低-开挖速度}	⇒{严重-地下连续墙侧移}	1.26450	0.55405	0.95061
{安全度中-地下水位，安全度中-土壤黏聚力，安全度高-土壤内摩擦角，安全度低-开挖深度}	⇒{轻微-地下连续墙侧移，安全度中-混凝土强度}	1.26450	0.55405	0.95121

提升度最高的关联规则　　　　　　　　　　　　　　　　　　　　表5-6

关联规则左侧	关联规则右侧	支持度	置信度	提升度
{安全度低-钢筋应力，安全度中-土壤黏聚力，安全度低-地下水位}	⇒{轻微-地下连续墙侧移}	0.55405	1	1.244502
{安全度高-土壤黏聚力，安全度高-支撑架设的及时性，安全度低-地下水位}	⇒{一般-地下连续墙侧移}	0.55405	0.98795	1.234502
{安全度高-土壤黏聚力，安全度高-支撑架设的及时性，安全度中-开挖速度}	⇒{一般-地下连续墙侧移，安全度低-开挖速度}	0.55405	0.98795	1.229949
{安全度低-开挖深度，安全度高-支撑架设规范性，安全度中-地下水位}	⇒{轻微-地下连续墙侧移，安全度中-开挖速度}	0.55405	0.98795	1.229949
{安全度高-土壤黏聚力，安全度高-地下水位，安全度高-开挖速度}	⇒{一般-地下连续墙侧移，安全度低-地下水位}	0.55405	0.96471	1.219948

表5-6中的一条强关联规则{安全度低–钢筋应力，安全度低–土壤黏聚力，安全度中–地下水位⇒轻微–地连墙侧移}（支持度=55.4%，置信度=100%，提升度=1.24），表示当现场钢筋应力安全度低、土壤黏聚力安全度低，且地下水位安全度中时，那么深基坑施工现场一般很快会发生轻微程度的地下连续墙侧移。在对基坑安全的监控过程中发现，施工段4的钢筋应力和地下水位出现了严重异常情况，研究人员将基于关联规则的分析结果反馈给施工现场的管理者，最终发现X4位置出现了轻微的地下连续墙侧移情况。由此可以发现，基于关联规则能够有效的对施工现场的各类风险进行监控、识别和管理，能够及早发现潜在的风险并采取相应的措施。

（8）朴素贝叶斯

给定一个对象的集合，每个对象用一个（已知的）向量表示且属于一个（已知的）类别，目标是构造出一个规则能够使得对于未曾见过的一个对象，基于该规则能够确定对象类别。这类被称为"有监督分类"的问题非常普遍，相应的规则算法也比较成熟。其中一个非常重要的算法就是朴素贝叶斯（Naïve Bayes）。该方法最大的优点是：首先，它很容易构造，模型参数的估计不需要任何复杂的迭代求解框架，因此适用于规模巨大的数据集；第二，它很容易解释，因此即便是不熟悉分类技术的用户也能够理解此方法是如何运作的；第三，它的分类效果往往非常好，对于任何应用，朴素贝叶斯即便不是最好的分类方法，往往也非常稳健。

朴素贝叶斯算法的思想是首先计算出各个类别的先验概率，再利用贝叶斯定理计算出各特征属于某个类别的后验概率，选出具有最大后验概率估计值的类别，即为最终的类别，但朴素贝叶斯算法是在假设各个特征相互独立的条件下才成立的，这个假设显然不符合实际。为了削弱朴素贝叶斯特征条件独立假设的方法，学者们分别从特征加权、算法改进和特征选择三个方向进行了改进，提出了很多新方法。在算法改进方面，学者们大多使用深度加权的方式对朴素贝叶斯模型进行改进，与原始的普通加权方式相比，深度加权方式的提升效果较为明显。

朴素贝叶斯网络最大的一个限制条件就是特征属性必须有条件独立或基本独立，但该假设在现实应用中很难成立。因此推出了一种更高级、应用更广泛的算法：贝叶斯网络。贝叶斯网络由一个有向无环图（DAG）和一个条件概率表集合组成，DAG每一个节点表示一个随机变量，有向边表示为条件依赖；条件概率表中的每一个元素对应DAG中唯一的节点，存储此节点对于其所有直接前驱节点的联合条件概率。贝叶斯网络一条极其重要的性质就是每一个节点在其直接前驱节点的值制定后，这个节点条件独立于其所有非直接前驱节点。

对于具有连续属性的分类问题，目前主要采用两种方法来处理连续属性：一种是将连续属性进行离散化；另一种是基于高斯函数或高斯核函数来估计属性密度。连续属性的离散化可能导致信息丢失、引入噪声和类对属性的变化不够敏感等问题，而高斯函数和高斯核函数在属性密度估计中各有优势与不足，但它们具有很强的互补性。基于copula与贝叶斯网络理论，结合高斯copula密度函数，引入平滑参数的高斯核函数和以分类准确性为标准的属性父结点贪婪选择，建立连续属性约束贝叶斯网络分类器，既可以避免连续属性离散化所带来的问题，又能够实现高斯函数和高斯核函数在属性密度估计方面的优势互补，具备很好的分类准确性。

Copula与贝叶斯模型的结合，能够克服传统贝叶斯模型在构建高维联合概率分布方面的不足。结合后的PCBN模型，既可以充分利用贝叶斯网络的拓扑结构，还可以基于copula准确衡量变量间的依赖关系，能够更好的对不同结点之间的隐形非线性映射关系进行捕捉。以对武汉地铁3号线后湖大道—市民之家站区间隧道段建立的贝叶斯-copula模型进行健康监测的研究为例，该项目以采集到的拱顶沉降值、水平收敛值、管片剥落面积等为模型结点，首先基于工程经验和专家知识对地铁运营安全的copula-贝叶斯网络模型结构进行设计；然后基于结点独立性检验和网络参数设计对模型的参数进行设计；再基于模型的预测值和监测的实际值对模型的准确性进行验证；验证完成后就能基于模型进行分析。

对图5-15、图5-16进行分析，由V9、V10和V11的三维分布可知，原始监测值和模拟值散点的聚集状态比较类似，均是呈现束状分布，表明用Pair Copula-Bayesian Network（PCBN）模型生成的模拟数据与原始数据相似度较高，较之传统的贝叶斯网络模型，生成的数据保留了参数之间的相关性。对比图5-15、图5-16也能发现，PCBN模型能精准捕捉参数的相依性关系，能够更精确构建这些属性在高维状态空间中的分布规律，同时也说明该模型能够用于盾构地铁结构的安全可靠度精确评估。因此该模型可以用于对盾构地铁结构的安全状态动态评价决策，为地铁工程的安全运营提供技术支撑。

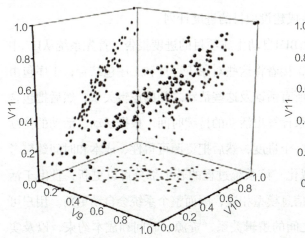 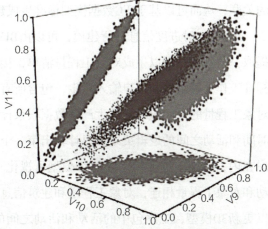

图5-15　原始V9、V10和V11监测值散点图　　图5-16　基于PCBN模型的V9-V10-V11模拟值散点图

5.4.2 基于BIM云存储的工程数据挖掘

为方便读者理解，现结合某博览城项目说明数据挖掘在基于建设项目BIM云存储的进度风险分析中的应用。以博览城项目BIM数据库为基础，通过分析工程进度风险管理办法，对建设工程工期延误风险建立数据挖掘模型，使用Apriori算法挖掘工程项目进度风险因子之间的关系。在数据挖掘过程中，所有数据均可由BIM云存储系统获得。

通过分析BIM数据IFC格式，可以知道，在IFC标准中是通过实体IfcProcess和它的子类之间的相互关系来实现对具体进度信息的表达，它们之间的关系由相应的关系实体表示。IfcProcess的派生实体IfcTask用于实现对具体的施工任务的表达。例如，对于现浇楼板来说，具体的施工任务可包括支模板、绑钢筋、混凝土浇筑、拆模板等，这些施工任务之间的紧前、紧后关系可以通过关系实体IfcRelSequence建立。实体IfcTask有5个主要属性，其中TaskId描述任务的ID编号，Status描述任务的状态，Workmethod描述任务的工作方法，Ismilestone描述任务是否是里程碑和Priority描述任务的优先级。整个工程的工作进度由实体IfcControl的派生实体IfcWorkSchedule来表达，通过关系实体IfcRelAssignsTasks建立它与实体IfcTask的一对多关系，从而实现控制施工进度的目的，再通过IfcRelAssignsTask的属性TimeForTask实现对任务的时间控制，该属性为进度时间控制实体IfcScheduleTimeControl。最后通过过程关系实体IfcRelAssignsToProcess建立IfcTask与建筑构件之间的关系，可以实现完整的进度计划。

综上所述，目前的IFC标准已经具备表达建设项目进度信息的能力，标准中提供的IfcProcess及其派生实体可以表示建设项目的工序、IfcProduct及其派生实体可以表示建设项目的构件、IfcResource表示建设项目用到的资源、IfcProject表示建设项目本身、IfcRelSequence表示工序之间的关系，再通过关系实体IfcRelationship及其子类实现这些信息与具体建筑构件的关联，从而可以基于IFC数据模型标准生成建设项目的进度计划。

运用IFC对进度信息进行建模，可以由BIM自动生成项目的进度报告。首先系统从IFC中提取一些基本数据以生成对象工程量清单，接着将这些对象工程量和工序包结合，工序包由标准工作分解结构和用户输入产生，包含所有活动及这些活动之间的逻辑关系，然后把包含对象工程量的工序包与标准生产率数据联系计算出活动的持续时间。根据活动、活动的持续时间和活动之间的逻辑关系可以计算出第一个进度，然后把资源可得性、成本和时间约束考虑在内，可用于进度优化以及4D模型可视化。该系统过程的若干部分可以更新，且由于活动和对象工程量相连，对象工程量和建筑信息模型相连，因而整个系统会自动更新。用户可以更新3D模型，工序包中的活动和活动之间的逻辑关系，资源、时间和成本约束，以及实际条件数据下的实际进度。

该进度自动生成系统具有以下几个优点：首先，进度生成是个持续的过程，且随着建设项目进程的开展可以不断更新；其次，项目的BIM模型由设计团队开发，包含了来自业主、用户及物业管理者的项目需求，这个包含所有活动及项目团队思想的项目仅有一个进度；最后，施工团队可以利用这个包含所有项目信息的BIM模型从项目的第一阶段就计算出一个非常精确的进度，而不必等到每个设计阶段完成之后。

在开展数据挖掘工作之前，需要将进度风险因素作为选择集存储在BIM云存储系统中，对于每一项延误工作，项目管理人员需要分析总结可能的延误原因，并将相应的风险因素与延误信息相关联。工程进度风险因素主要分为五类，并将每一类赋予一个ID号，便于记录工程延误信息（表5-7）。

风险因子ID 表5-7

风险因子ID	类风险因素
I1	环境因素
I2	项目系统因素
I3	组织协调因素
I4	承包商（供应商）因素
I5	项目管理者因素

环境因素：环境因素来源于社会环境和自然环境的不稳定性，如政局不稳定、政权更迭、战争状态、经济政策变化、供求关系发生变化、价格波动、恶劣天气、不可抗自然力、场地交通条件、未预见的特殊地质条件、法制不健全等。

项目系统因素：项目系统因素是项目在前期策划、系统分析、计划和控制过程中出了问题而存在的风险因素，具体有项目目标错误、项目定义错误、可行性研究失误，计划和方案不够科学严密，项目分解不合理，技术方案不符合实际、各项计划互有冲突、各种控制措施不力。

组织协调因素：组织协调因素是项目有关各方关系不协调以及其他不确定性而引起的，如各项接口设计不合理、控制不力，项目管理者对项目总目标、业主的意图、合同或任务文件理解不够透彻，未能向业主及时地、充分地提供业主作决策所需的项目信息；各合资方非程序地干预项目实施；项目管理者与各承包商、职能部门对项目的理解、态度和行动不一致，项目经理部效率低下。

承包商（供应商）因素：承包商管理能力和技术能力不足、执行合同不力、财务恶化、工作人员消极、错误理解业主意图和招标文件、方案错误、报价失误、计划失误；供应商不能按时交货，材料质量不符合要求；设计院设计错误、工程技术系统之间不能协调、设计文件不完备、不能及时交付图纸。

项目管理者因素：项目管理者缺乏经验、管理组织能力不足、工作消极、职业道德不高，起草错误的招标文件、合同条件、下达错误指令等因素。

积累了大量的工程延误记录及其风险因素之后，采用Apriori算法对施工进度风险的耦合关系进行挖掘，构建BIM云存储系统的进度风险分析模型。

Apriori算法是一种关联规则的频繁项集算法，其核心思想是通过候选集生成和情节的向下封闭检测两个阶段来挖掘频繁项集。算法已经被广泛地应用到商业、网络安全等各个领域。该算法利用了一个层次顺序搜索的循环方法来完成频繁项集的挖掘工作。这一循环方法就是利用k项集来产生（k+1）项集。具体做法就是：首先找出频繁1-项集，记为L1；然后利用L1来挖掘L2，即频繁2-项集；不断如此循环下去，直到无法发现更多的频繁k项集为止。每挖掘一层Lk，就需要扫描整个数据库一遍。下面利用Apriori算法对工期延误原因进行一个单层布尔关联关系的挖掘模拟。

工期延误风险记录　　　　　　　　表5-8

TID	延误记录风险因子ID列表
T1	I1、I2、I5
T2	I2、I4
T3	I2、I3
T4	I1、I2、I4
T5	I1、I3
T6	I2、I3
T7	I1、I3
T8	I1、I2、I3、I5
T9	I1、I2、I3

以下给出利用Apriori算法对工期延误原因进行一个单层布尔关联的简单挖掘模拟。如表5-8所示数据，这里事物集合T代表所有工期延误的项目或活动，项目数据库D中有9条延误项目的记录，即D=9，I表示工期延误的原因，下面是计算的过程。

（1）算法的第一遍循环。数据库中每个（数据）项均为候选1-项集C1中的元素。算法扫描一遍数据库D，以确定C1中各元素的支持频度，如图5-17所示。

（2）假设最小支持频度为2（min_sup=2/9=22%）。这样就可以确定频繁1-项集L1。它

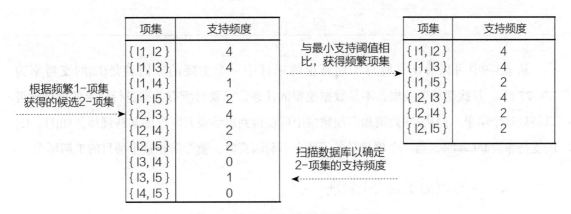

图5-17 搜索候选1-项集和频繁1-项集

图5-18 搜索候选2-项集和频繁2-项集

是由候选1-项集C1中的元素组成。从求得的结果可以看出，所有工期延误的项目中满足最小支持度的延误原因是{I1，I2，I3，I4，I5}的支持率分别为6/9=66%、7/9=77%、6/9=66%、2/9=22%、2/9=22%。

（3）为发现频繁2-项集L2，算法利用L1⊕L1，来产生一个候选2-项集C2，C2中包含（|L1|$_2$）'个2-项集（元素）。接下来就扫描数据库D，以获得候选2-项集C2中的各元素（2-项集）支持频度，如图5-18所示。

（4）由此可以确定频繁2-项集L2内容。它是由候选2-项集C2中支持频度不小于最小支持度的各2-项集。

（5）以此类推，获得候选3-项集。首先假设C3 =L2⊕L2，即{{I1，I2，I3}，{I1，I2，I5}，{I1，I3，I5}，{I2，I3，I4}，{I2，I3，I5}，{I2，I4，I5}}。根据Apriori性质"一个频繁项集的所有子集也应是频繁的"，由此可以确定后四个项集不可能是频繁的，因此将它们从C3中除去，这也就节约了扫描数据库D以统计这些项集支持频度的时间。

（6）扫描数据集市D以确定L3内容。L3是由C3中那些支持频度不小于最小支持频度3-项集组成。算法利用L3⊕L3来获得候选4-项集C4，求得C4为空，最后得到表5-9。

表5-9   Apriori挖掘结果

频繁1-项集		频繁2-项集		频繁3-项集	
项集	频度	项集	频度	项集	频度
{I1}	6	{I1, I2}	4	{I1, I2, I3}	2
{I2}	7	{I1, I3}	4	{I1, I2, I5}	2
{I3}	6	{I1, I5}	2		
{I4}	2	{I2, I3}	4		
{I5}	2	{I2, I4}	2		
		{I2, I5}	2		

从表5-9中可以看出，所有工期延误的项目中一个主要的原因就是{I2}的支持率为7/9=77.8%。只找到单项频集，不是数据挖掘的任务，只要对所有数据进行简单的统计就可以得到这个结果。而从2项频集和多项频集中可以得到以前没有掌握的某些规律，如{I1、I2}的支持率为4/9=44%，当一个项目具备了两个不利因素时，就要防止这个项目的工期延误。

5.4.3 基于大数据的工程安全管理

通过对工程大数据进行分析挖掘、获取规律、发现问题，可以在行业治理、企业管理及施工管理的各个方面发挥效用。例如，工程大数据可以支持建设主管部门的政策制定与评估，并用于对施工单位、设计单位等市场主体的从业行为治理。建造企业通过积累企业管理的工程大数据，能更清晰地了解自身经营状况、竞争力水平等信息，从而降低企业经营风险。在施工管理方面，工程大数据已逐步渗透到了成本管理、进度管理、质量管理、安全管理的多个方面，有助于实现施工管理从"经验驱动"到"数据驱动"的转变，以下重点阐述大数据在工程安全管理中的应用。

随着我国建造工程复杂性的不断增加，重大安全事故频发，对我国建造工程现场的安全管理问题提出了严峻挑战。现场是工程造物的第一线，也是工程管理执行力的第一线，施工现场的安全控制是重中之重。工人的不安全行为与物的不安全状态是导致施工现场事故发生的主要原因。

传统的基于模型的安全管理与控制方法，多基于历史统计数据或有限的访谈数据，而缺乏对于施工现场影响安全行为、机械操作的相关数据的足够关注。因此，对于实际工程中出现安全风险问题往往难以进行实时判断、预警及决策控制。当前，随着大数据技术在众多行业应用中的开展，先进传感器、计算机网络技术等也逐渐在建设施工行业不断涌现并得到快速发展。在数字建造模式下，数字工地通过利用大数据技术，可对工程现场的各类数据进行实时的采集及传输，对工程施工过程进行实时客观的记录（包括施工现场中工人、机械以及环境等多方的实时动态数据）。例如，当前各类传感检测、视频监控技术已被广泛应用于地铁安全监控中，期间可获得蕴含有丰富工程安全风险信息的海量检测数据和视频图像数据。因此，针对工程大数据开发高效管理、充分挖掘及有效利用的方法，可通过工程项目信息化实时动态地分析施工现场中的不安全行为模式，为向现场安全管理提供技术保障，实现数据驱动的施工安全的主动控制。

以地铁工程为例，中国地铁工程建设迈入新的时期，目前建设速度和规模已居世界之首。然而，在地铁快速建设的同时，安全事故时有发生，借助大数据挖掘等技术可加强施工现场的不安全行为管理。本章以起重吊装类中的不安全行为"吊装过程未采取警戒，工人进入吊装危险区域内"为例，阐述地铁施工观察过程中行为大数据的采集和存储方法。

首先，构建施工现场智能视频监控系统采集不安全行为数据。以中国武汉某地铁线路车站为例，如图5-19所示，图5-19（a）、（b）构成了该系统在地铁施工现场的硬件环境，其中图5-19（a）为网络摄像头，实时观察现场施工过程，作为前端数据采集器；图5-19（b）为POE供电模块、交换机现场存放位置，用以保障数据传输和正常供电。硬件设备架设完成后，将摄像头对准现场的起重吊装区域后进入系统后台设置。如图5-19（c）所示，将摄像头行为分析引擎调成入侵检测功能，定义规则的事件为上述不安全行为，并预设监控范围内的危险区域。设置完成后，图5-19（d）中通过系统观察监控范围内工人的活动，自动识别进入危险区域内的工人，并提取多帧图像。

(a) (b) (c) (d)

图5-19 智能视频监控过程

其次，开发手机APP支持基于现场照片的行为数据采集。图5-20展示了手机APP采集不安全行为照片的过程。观察者发现施工现场一个包含不安全行为的场景后，通过手机APP拍照，如图5-20（a）所示。按照范例要求通过文字或语音进行照片描述（图5-20b），后台进一步分析匹配出符合照片描述的不安全行为词条。完成后提交信息，观察者还可选择继续采集或者退出，如图5-20（c）所示。

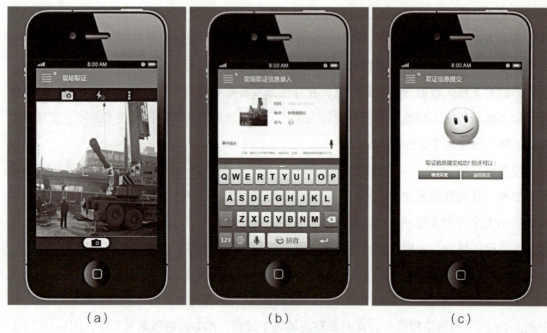

图5-20 不安全行为照片采集过程

以上数据采集过程中,关键在于准确匹配观察者的照片描述和不安全行为词条,以实现不安全行为照片的自动归类存储。本例中观察者对该照片描述为"吊装过程吊起重物,在基坑边利用起重机,周围有工人",词根还原后可提取反映6个影响因素的关键词依次为吊装、重物、基坑边、起重机、工人、无周围操作。通过TF-IDF计算对应关键词的权重,形成该照片描述的查询向量。如表5-10所示,表中$\vec{d_1} \sim \vec{d_8}$分别代表8个不安全行为词条的文档向量。在向量空间里,通过计算向量间的余弦值判断文档的相似度,得出与照片描述匹配度最高的不安全行为词条。表中计算结果显示$\cos(queryVector, d_6)=0.8751$最大,表明这8个不安全行为词条中文档向量$\vec{d_6}$所代表词条"吊装过程未采取警戒,工人进入吊装危险区域内"最符合照片描述的不安全行为场景。

不安全行为词条计算表　　　　　　　　　　　　　　　　表5-10

	queryVector	$\vec{d_1}$	$\vec{d_2}$	$\vec{d_3}$	$\vec{d_4}$	$\vec{d_5}$	$\vec{d_6}$	$\vec{d_7}$	$\vec{d_8}$
对应分量1权重值	0.5713	0.9522	0.9522	0.9522	0.9522	0.9522	0.7141	0.9522	0
对应分量2权重值	0.6970	0	0	0	0	0	0.8713	1.1617	1.1617
对应分量3权重值	0.5924	0	0	0	0	0	0	0	0
对应分量4权重值	0.5781	0.9635	0.9635	0.9635	0.9635	0.9635	0.7226	0	0.9635

续表

	queryVector	$\vec{d_1}$	$\vec{d_2}$	$\vec{d_3}$	$\vec{d_4}$	$\vec{d_5}$	$\vec{d_6}$	$\vec{d_7}$	$\vec{d_8}$
对应分量5权重值	0.0206	0	0	0	0	0	0.0257	0	0
对应分量6权重值	0	0	0	0	0	0	0	0	0
余弦值		0.6642	0.6642	0.6642	0.6642	0.6642	0.8751	0.7032	0.7399

最终，从监控视频和现场照片采集的该行为数据，带着完整的语义信息通过HDFS保存到大数据云平台中。如图5-21所示：①综合搜索区可根据不同条件筛选数据，筛选条件包括采集数据的时间、地点、天气，数据收集者，图像类型（视频截图或现场照片）、行为类型（匹配的不安全行为）、行为可能造成的伤害等；②根据选取的筛选条件检索有效存储的数据，部分数据可能在上传或存储过程中信息丢失。图例为根据"采集时间"筛选条件检索2014年10月9号当天数据收集情况，可看到系统存储23867张图片，有效提取2197张图片，收集数据有效率为9.2%左右；③增加搜索条件"行为类型"，选择起重吊装，检索出上述分别通过两种方法采集的该行为数据，每条数据带有完整的语义信息，包括编码、收集时间、图片缩略图、收集人、图片来源、收集地点、图片描述（利用手机APP采集的现场照片包含此信息，为语音描述或文字描述）、不安全行为、行为类别和可能伤害类型，实现行为风险知

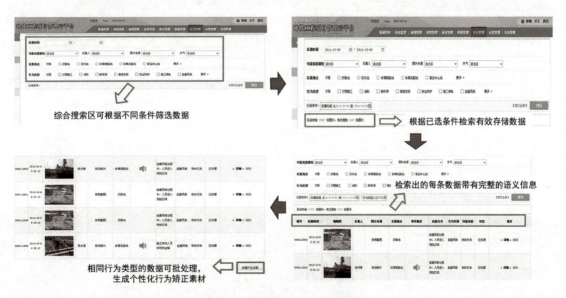

图5-21　大数据云平台保存过程

识可视化；④不同行为类型的数据可批量处理，生成工人的个性化行为矫正素材。管理人员批量审核图像是否符合对应的不安全行为，符合条件的，系统将随机加入干扰选项生成个性化培训内容，为后期工人的不安全行为矫正服务。

思考题

（1）云存储具有哪些优势以及面临哪些问题？

（2）基于BIM的云存储架构模型有哪些组成部分？各部分的功能是什么？

（3）谈谈你对决策算法的理解以及举例简要说明某一算法原理。

第6章 工程项目管理信息可视化

工程项目管理者可以利用工程信息平台获取工程的实时动态信息，但是由于存在复杂数据的表达障碍和阅读遗漏等问题，通常导致工程信息可理解性下降，难以清晰表达工程实际情况以及各种复杂信息的动态变化。信息可视化技术将原本隐含的信息显性化，使得复杂数据能够变成简明直观的图形、图像等，帮助管理者从复杂数据中观察到不同数据集之间的联系，从而提取出有价值的项目管理信息，充分挖掘项目管理信息的价值，为项目管理决策提供支持。信息可视化在工程领域的应用突破了传统的项目信息传递方式的壁垒，有效地提升了管理者在获取信息和决策的效率。

6.1 工程项目管理信息可视化概述

6.1.1 工程项目管理信息可视化的内涵

（1）工程项目管理信息可视化内涵

可视化（Visualization）是指利用计算机图形学和图像处理、计算机图形技术，将数据转换成图形或图像并在屏幕上显示出来，再进行交互处理的理论、方法和技术。由于人在获取识别信息的过程中对可视化形式展示出来的信息有着天然的敏感性，所以利用可视化技术可以实现让人们对信息或数据更快的理解和消化的目的。

工程项目管理信息可视化是工程领域大规模信息资源的视觉呈现方法，如对工程实施过程中众多数据进行视觉展现，帮助工程师更好地理解和分析工程数据。

（2）工程项目管理信息可视化特点

1）以挖掘信息价值为目标

对工程项目管理信息的可视化表现为两个层次：

一是在传统信息呈现方式的基础上，充分利用可视化手段实现信息的直观展示，如柱状图、条形图、折线图等。

二是对原有信息资源不能直接呈现的、隐含在原有信息资源之间的有价值的规则和规律信息进行可视化，充分挖掘信息的价值，这将是工程项目管理信息可视化管理更有意义的领域。

2）以视图为载体

可视化是对信息或数据的视觉呈现，其形式可以是图形、模型、视频、系统等多种形式，但无论是对直接信息资源的展示可视化，还是对隐含知识的可视化，其结果都以视图为载体进行表达，因为人们有着能够快速地识别可视化信息的自然能力，所以利用这一特点实现人们对信息或数据更快的理解、消化和吸收。

3）以自动化处理为实现途径

区别于人工进行信息提取和可视化设计的过程，工程项目管理信息的可视化以自动化处理信息数据为实现途径，通过计算机算法自动实现可视化结构映射和视图映射，采用数据可视化、信息可视化和知识可视化等可视化技术对项目信息资源进行可视化展示。

6.1.2 管理信息可视化设计的基本原则

在工程实施过程中会产生的大量管理信息，信息可视化设计作为一种优化后的信息传播的方式，在工程领域实施过程中体现着重要的价值，在现代社会信息化程度日渐增长的今天，越来越具有不可替代的作用。现代社会竞争激烈，工作争分夺秒，凡事力求事半功倍，处处要求高效率。所以工程项目管理信息可视化设计在这种用户需求下，应符合以下设计原则：

（1）真实性

使项目管理信息直观地呈现在人们眼前，是对信息进行可视化设计的原始动机。研究表明，人类的大脑对图形化信息的处理速度比较抽象的文字快很多，直观性增加了信息可视化设计的实际应用价值。

（2）实时性

发布于可视化平台的动态图形化信息相比于传统的文字报表等具有实时回馈和及时更新的优势。传统的静态信息传播方式具有一定的延时性，而实时更新的动态传播方式既高效又便捷，与现代人喜欢随地随时抓取信息的行为方式十分契合。运用信息可视化设计，除了能将管理信息有效快捷地传递给管理者外，还可以实现对信息的及时更新，从而保证人们接收到的信息具有时效性。

（3）高效性

多样的可视化形式通常具有一个清晰的目标，传递一种信息或者提供一个表达信息的特别角度。可视化形式中通常不允许包含太多与主题无关的信息或内容。虽然在页面上放置更多的信息会给读者传递更多的信息，但是，向读者展现的信息越多，不相关的"噪声"数据就越多，使用者就需要花更多的时间去寻找自己需要的那部分信息。

基于以上设计原则，本章开展工程项目管理数字仪表盘、虚拟与增强现实可视化部分的设计工作。

6.2 工程项目管理数字仪表盘

数字仪表盘是工程项目管理的可视化的重要载体，数字仪表盘是建立在企业的业务系统之上，按照企业战略目标和指标体系建立，对指标数据进行加工整理，可实现数据挖掘、直观显示等多项功能的决策支持系统。

6.2.1 数字仪表盘体系及属性

（1）数字仪表盘体系构成

数字仪表盘体系一般包括战略决策层仪表盘、管理控制层仪表盘和业务执行层仪表盘，各层仪表盘的特点及功能各不相同。具体如下：

1）战略决策层仪表盘。战略决策层仪表盘用作监控企业战略目标的执行情况，它主要为公司高层所使用。战略决策层仪表盘强调管理功能。

2）管理控制层仪表盘。管理控制层仪表盘用作监控部门或项目的状态，它主要为部门主管和分析人员使用。管理控制层仪表盘强调对业务的分析功能。

3）业务执行层仪表盘。业务执行层仪表盘用作监控主要的业务过程，它主要为一线员工和他们的上级使用。业务执行层仪表盘更强调对业务的监测功能。

（2）数字仪表盘体系属性

由战略决策层仪表盘、管理控制层仪表盘和业务执行层仪表盘构成的数字仪表盘体系，从本质上具有以下几方面属性：

1）范围。数字仪表盘体系的范围是指它所覆盖的管理决策信息内容的多少，这取决于管理决策的复杂性。管理决策信息越复杂，数字仪表盘的范围越广。

2）联系。数字仪表盘体系的联系是指各个仪表盘显示的信息之间的因果承接关系，这取决于管理决策的周期。全过程决策数字仪表盘之间的联系大，阶段性决策数字仪表盘之间的联系相对较小。

3）层数。数字仪表盘体系的层数是指从最上层的管理仪表盘到最下层的执行仪表盘，组成数字仪表盘体系的各层数字仪表盘的数目，这取决于企业的组织结构和管理需要。

4）接口。数字仪表盘体系的接口是指直接使用数字仪表盘的主体，包括企业的各个部门、参建单位等。有多个主体参与决策时，数字仪表盘的接口多，只有单个主体进行决策时，数字仪表盘的接口相对较少。因此，对于不同特点的管理决策信息，应选择不同属性的数字仪表盘体系。数字仪表盘体系属性与管理决策特点的对应关系如表6-1所示，表中用圆点表示对应关系。

数字仪表盘体系属性与管理决策特点关系表　　　　　表6-1

属性	特点	决策难度		决策周期		决策趋势		决策主体	
		复杂性	程序性	全过程	阶段性	向上集中	向下集中	多主体	单主体
范围	大	·							
	小		·						
联系	大			·					
	小				·				
层数	多						·		
	少					·			
接口	多							·	
	少								·

6.2.2　数字仪表盘内核及形式

（1）数字仪表盘内核构成

数字仪表盘可通过状态趋势图、刻度图、饼状图、折线图等多种形式显示，但与单纯的图形显示不同，无论以何种形式显示的数字仪表盘，都具有相同组成部分的内核。正是因为数字仪表盘的内核，才使得数字仪表盘区别于一般的图形化显示技术，构成一种决策支持体系。数字仪表盘的内核包括以下组成部分：

1）组织层次。组织层次是指标服务的决策者所在层次，如高层、中层、底层等。

2）功能标识。功能标识是指标所属的业务类型，如成本管理、进度管理等。

3）时间标识。时间标识是指标的数据所在的时间点，如某年某月某日等。

4）计划值。计划值是指标计划达到的数值。

5）实际值。实际值是指标实际达到的数值。

6）阈值。阈值是划分指标状态的分界值，如正常状态和良好状态的分界值等。

（2）数字仪表盘形式及特点

1）综合型仪表盘

综合型仪表盘在仪表盘中显示多个信息，综合地反映问题。主要包括以下两种：

①状态趋势仪表盘

状态趋势仪表盘是综合显示多个指标的状态和发展趋势的仪表盘，如建立在平衡计分卡方法上的状态趋势仪表盘，它包括财务、市场、内部流程和学习成长四个象限，每个象限根据企业战略制定相应的关键绩效指标，该指标还可更进一步分解为若干个二级指标。根据预先设定的指标值范围，在状态趋势仪表盘上用不同的颜色表示该指标的状态。

②雷达图仪表盘

雷达图是财务分析图表的一种，即将公司的关键财务数据绘制在一个圆形图上，让使用者清晰地看出各项指标的状况和相互联系。雷达图主要从五个方面对企业经营状况进行评价，即：收益性、生产性、流动性、安全性和成长性。

2）单项型仪表盘

单项型仪表盘采用传统的图形，反映问题的某一个侧面。主要包括以下几种：刻度仪表盘、饼状图仪表盘、柱形图仪表盘、折线图仪表盘、面积图仪表盘、因果图仪表盘、甘特图仪表盘、分布图仪表盘、散点图仪表盘、气泡图仪表盘等。各种类型数字仪表盘的使用环境、使用条件、显示信息和典型图例如表6-2所示。

不同类型数字仪表盘汇总表　　　　　　表6-2

仪表盘类型		使用环境	使用条件	显示信息
综合型仪表盘	状态趋势仪表盘	多个方面综合反映企业的状态和趋势	建立指标体系、设定各个指标的阈值和数据趋势分析的方法	财务指标、市场信息、内部管理信息、重点关注业务信息等
	雷达图仪表盘	整体状况的多维描述或某一维度的多个业务比较	各个维度或业务的划分不重合	财务信息、市场信息、内部信息、各业务比较等
单项型仪表盘	刻度仪表盘	显示数据值的大小或数据的状态	展示不超过两个数据值或状态的变化，数据在某一可知范围内变化	利润、收入、费用、完成率、状态及它们与计划值的对比等
	饼状图仪表盘	显示各项数据间的关系或各项数据与总体间的关系	仅有一个数据系列、没有负的数值，数值中几乎没有零值	收入、费用、利润等各组成部分比例等
	柱形图仪表盘	显示数据随时间的变化或各类数据间的对比	比较的各类数据在数值上相差较小	收入、利润、费用历年比较、各地区、业务比较等

续表

仪表盘类型		使用环境	使用条件	显示信息
单项型仪表盘	折线图仪表盘	显示数据的变化趋势，特别是有多个数据系列比较时	数据连续变化	收入、利润、费用历年比较、各业务、计划实际比较等
	面积图仪表盘	显示数量随时间而变化的程度	数值没有负值且几乎没有零值	收入、利润、费用的历年比较、各地区比较等
	因果图仪表盘	对某一结果进行挖掘，找出根本原因	建立了各个事件的因果关系	收入、利润、费用等的增减原因等
	甘特图仪表盘	对比分析某个活动的计划、实际完成情况	各项工作具备逻辑联系	某任务的执行情况、资源的调配情况等
	分布图仪表盘	显示各个地区的某个数据发展状况	只能显示一个数据系列在分布图上的信息	各地区的收入、利润、费用等
	散点图仪表盘	需要找出自变量和因变量的关系	有大量的数据存在	收入和费用关系等
	气泡图仪表盘	需要在三个维度对一系列数据进行显示和比较	数据必须具备三个维度的数值	各业务收入、利润、收入增长的比较等

6.2.3 数字仪表盘运行机制

（1）数字仪表盘外部运行机制

数字仪表盘的外部运行机制是从企业的业务系统中提取数据，并将数据进行整理和挖掘、传递到数字仪表盘模型处理核心，最后再由各种直观、明确的形式提供给各级决策者，其外部运行机制如图6-1所示。

（2）数字仪表盘内部运行机制

数字仪表盘内部由GUI图形用户接口、分析服务器、查询构造器、查询执行器、数据抽取模块和图形构造器组成。其内部运行机制如图6-2所示。

6.2.4 工程项目管理数字仪表盘体系案例

本节以地铁工程建设的数字仪表盘构建为例来介绍数字仪表盘体系的构建方法。在地铁工程项目中，基于数字仪表盘的地铁决策支持体系，是在成本、进度、质量等各业务系统之上，针对地铁项目投融资、建设等阶段，以多级仪表盘的形式向各层决策者直观、动态地显示地铁项目的关键信息，实现对各级管理人员的决策支持与预警。

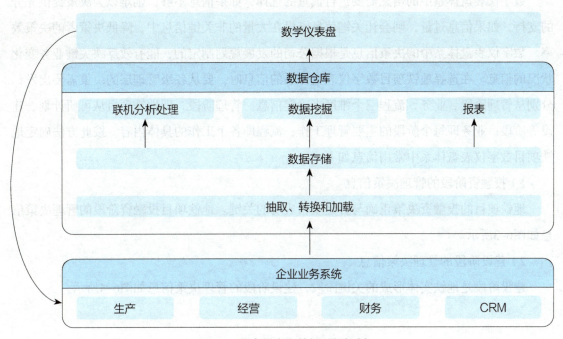

图6-1 数字仪表盘外部运行机制

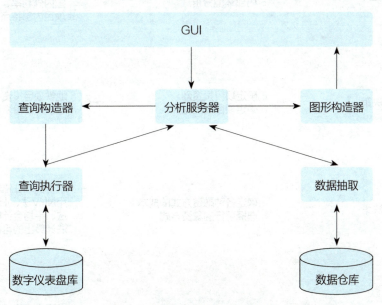

图6-2 数字仪表盘内部运行机制

（1）信息选择

数字仪表盘体系中的信息需要进行慎重的选择，如果信息不够，则难以为决策提供充分的支持，如果信息过量，则会让关键信息淹没在大量的非关键信息中，降低决策者的决策效率。数字仪表盘体系中的决策信息是根据公司的发展规划制定的，能有效反映关键业务变化状况的信息。在选择地铁项目数字仪表盘体系的信息时，要从各级管理层的决策需要出发，分别从管理阶段、业务、流程三个维度来确定信息。管理阶段，即地铁项目从可研计划、建设等阶段；业务即每个阶段的主要管理工作；流程即各个工作的具体内容。按此方法确定地铁项目数字仪表盘体系中常用信息如下：

1）投融资阶段的管理决策信息

地铁项目的投融资决策正确与否是项目成功的关键。地铁项目投融资阶段的管理决策信息如图6-3所示。

2）建设阶段的管理决策信息

建设阶段是地铁实体形成的关键阶段，建设阶段的管理决策信息如图6-4所示。

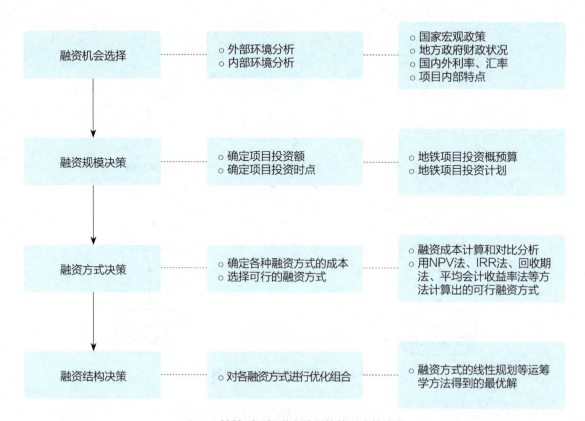

图6-3　地铁项目投融资阶段的管理决策信息

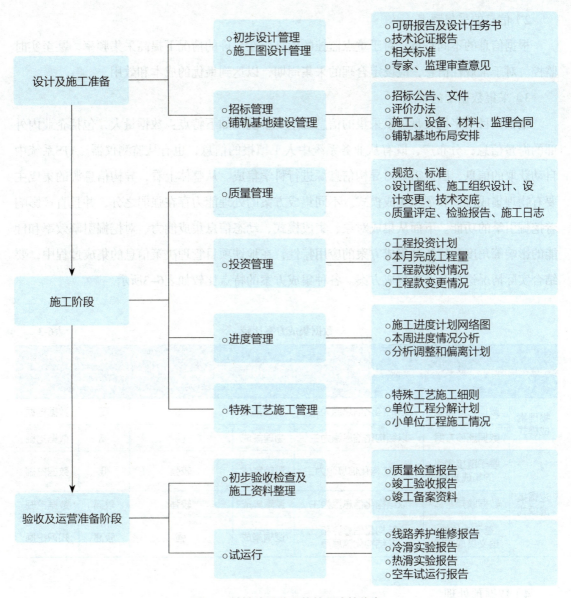

图6-4 地铁建设阶段的管理决策信息

（2）信息获取

1）信息的采集渠道

地铁项目管理决策信息的采集渠道既可以通过现场监测设备实时获取，也可以从各管理业务系统获取：

①监测数据。如建设过程中通过监测仪器获取沉降、倾斜等各类型的监测数据等。

②地铁项目管理各业务系统。如从进度管理系统、投资管理系统、人力资源系统等业务系统中采集数据。

2）信息的采集频率

根据信息的不同特点，对于重点监控的信息应在允许的情况下提高采集频率，甚至实时监控。对于常规性信息，应设定合理的采集周期，以达到最优的成本和效用。

3）采集数据源的集成

地铁项目数字仪表盘体系采集的信息源主要呈现出如下特点：数据量大，包括企业内外部的海量信息；分布广，既有从业务系统中人工填报的信息，也有从监测仪器、ATS系统中自动获取的信息，因此需要对异构信息源进行科学集成。从整体上看，异构信息源的集成主要有物理集成模式和逻辑集成模式。不同集成方案的处理能力存在强弱之分，并且直接影响着挖掘引擎的功能。下面从集成对象、集成模式、动态信息集成能力、对挖掘引擎效率和性能的影响等角度比较各种集成方案的应用特性，在地铁项目管理决策信息的集成过程中，要结合实际情况选择合适的集成方案。各种集成方案的特点比较如表6-3所示。

数据集成方案比较　　　　　　　　　　　　　　　表6-3

集成方案		集成对象	集成模式	动态信息集成能力	对挖掘引擎的影响	
					效率	性能
物理集成模式	数据仓库方案	以结构化信息源为主	物理集成	弱	高	数据挖掘
	数据迁移方案	以结构化信息源为主	物理集成	弱	高	数据挖掘
逻辑集成模式	基于链接索引的集成方案	以非结构化信息源为主	逻辑集成	较强	低	数据挖掘
	数据联邦方案	以结构化信息源为主	逻辑集成	较强	较高	数据挖掘
	基于本体的语义集成方案	结构化信息源和非结构化信息源	逻辑集成	强	较高	知识挖掘

4）数据预处理

地铁项目数字仪表盘体系中的原始信息量大，存在潜在的杂乱性。这就需要对原始数据进行预处理，具体包括对原始数据的转换、对丢失数据的处理、对异常数据的分析和数据归约。

（3）数字仪表盘设计

数字仪表盘的具体形式有十余种。如何针对不同的信息选择相应的仪表盘，对于仪表盘的设计至关重要。在进行数字仪表盘的设计时，首先根据管理决策信息的特性进行分类，其特性包括信息的等级、变动性和侧重性。

1）信息的等级。信息的等级可分为高级和低级信息，高级信息是在原始数据的基础上进行一次加工形成的综合信息，而低级信息则是未进行加工的原始数据。

2）信息的变动性。在众多的决策信息中，有些信息实时变动大，在决策时需要准确了解最新的状态。而有些信息呈现阶段性变动，为了减少搜集信息的成本并提高信息的效率，可以定期采集。

3）信息的侧重性。不同的信息强调的重点有所不同，包括以下几种：强调某个数值或状态；强调实际与计划间或业务间的对比；强调时序发展的变化；强调各部分在总体中的比重情况；强调几个维度或活动之间的关系。针对不同特性的信息，可以选择相应的数字仪表盘进行显示，分类模型如表6-4所示，表中用圆点表示对应关系。

数字仪表盘分类模型　　　　　　　　　　　　　　　　表6-4

仪表盘类型	信息特征	等级		变动性		侧重性				
		高级	低级	实时变动	阶段性变动	某个数值或状态	实际与计划或业务间对比	时序发展变化	各部分在总体中的比例	维度或活动间关系
综合型仪表盘	状态仪表盘	·		·		·				
	雷达图仪表盘	·			·					·
单项型仪表盘	刻度仪表盘		·	·		·				
	饼状图仪表盘		·		·				·	
	柱形图仪表盘		·		·		·			
	折线图仪表盘		·		·		·	·		
	面积图仪表盘		·		·			·		
	因果图仪表盘		·		·					·
	甘特图仪表盘		·		·			·		
	分布图仪表盘		·		·					·
	散点图仪表盘		·		·					·
	气泡图仪表盘		·		·					·

(4) 数字仪表盘体系预警机制

地铁项目数字仪表盘体系的预警是对地铁项目管理中的例外情况进行预报和警告，当各项指标超过预警值时，系统自动发送预警邮件或预警短信给相应的地铁主管领导。地铁项目数字仪表盘体系的预警机制包括初始预警和知识预警两种。

1）初始预警

在地铁项目数字仪表盘体系的使用初期，对于各个指标值，由管理人员根据相关规范、行业标准、管理经验等确定其可变范围，设定指标的优秀值、安全区域上限、标准值、安全区域下限、危险值。一旦数字仪表盘体系中的数据超过了安全区域，系统便会发出预警。如图6-5所示为项目部对环境安全信息的监测典型界面。

2）知识预警

当地铁项目数字仪表盘体系中积累了足够信息后，通过数据挖掘技术，采用模糊推理、决策树、BP神经网络、遗传算法等模型进行预警值的判定，从而真正体现数字仪表盘体系的智能性，将数据挖掘的优势充分发挥出来。对项目的所有安全监测值进行分析后，可以将项目的整体安全状态展示在仪表盘中，如图6-6所示。

(5) 数字仪表盘体系构建流程

以地铁项目为例，数字仪表盘体系的构建可以按照以下步骤进行：

1）对数字仪表盘体系进行规划，确定其属性。在发展阶段、监管体制、组织结构和投融资模式四个分类标准下对地铁项目决策进行分类，通过体系规划模型明确地铁项目数字仪表盘体系的范围、联系、层数和接口等属性。

2）确定数字仪表盘体系的决策信息。从管理阶段、业务、流程三个方面，选择数字仪表盘体系中的决策信息。

3）确定信息的获取机制。根据信息源的特点，选择采集信息源的集成方式，并进行信息的预处理。

4）找出决策信息之间的联系。利用数字仪表盘体系分析模型找出决策信息之间的联系，从而确定各功能、各层次、各阶段仪表盘之间的联系。

5）设计数字仪表盘的展示形式。根据决策信息的属性和特点，利用仪表盘的分类模型，选择适当的数字仪表盘进行显示。

6）管理决策信息的预警。对于需要进行预警的信息，设置人工预警的范围或系统预警模型，实现数字仪表盘体系的预警功能。

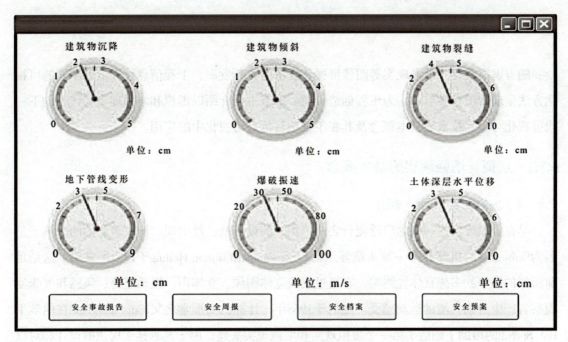

图6-5 环境安全信息的监测分析仪表盘

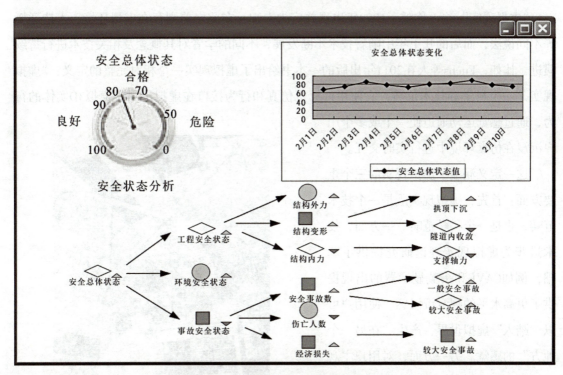

图6-6 安全总体状态分析仪表盘

6.3 工程项目管理虚拟与增强现实可视化

随着虚拟现实、增强现实等图像可视化技术的不断发展，工程信息可以借助不同的可视化方法呈现给项目参与者，为工程创造价值。本节主要介绍以虚拟和增强现实为代表的下一代可视化与交互技术的基本概念及其在工程项目信息可视化中的应用。

6.3.1 虚拟与增强现实的基本概念

（1）虚拟现实（VR）简介

早在虚拟现实这一概念广泛流行之前，相关的设备就已经出现。比较著名的两个例子是名为Sensorama的机器和第一款头戴显示器。Sensorama由Morton Heiling于1957年发明，这是目前所知的第一款多感官体验终端，它通过集成立体图像、立体声、振动座椅、风感和气味使观察者产生身临其境的运动感受。随后于1968年，计算机图形学之父Ivan Sutherland在他学生Bob Sproull的帮助下创造了第一个虚拟现实和增强现实头盔，由于其悬挂于房顶的设计和对虚拟现实颠覆性影响的预判，将其隐喻为"达摩克利斯之剑"（图6-7）。

"虚拟现实"这一称呼于1992年出现并广为人知，在此之前则存在虚拟环境、人造环境等不同说法，而后的几十年中随着技术不断发展，不同的学者对其概念及相关技术进行持续演进。比如，Fuchs等人在2011年出版的一本书给出了虚拟现实一个相对完整的定义："虚拟现实是一个科学和技术范畴，它使用计算机仿真和行为接口在虚拟世界中模拟3D实体的行为，通过感觉运动通道使一个或多个用户沉浸在仿真环境中进行实时交互。"

这一定义涵盖了虚拟现实的三个重要方面：首先，虚拟现实既是一个技术范畴，也是一个科学范畴。一方面，技术进步为虚拟现实理论研究提供了基础，例如CAVE和头戴显示器的出现提供了更高水平的视觉沉浸感，使用户可以"踏入"虚拟世界，产生"在另一个地方"的感觉。另一方面，对用户主观感受的研究分析为未来虚拟现实系统的开发提供了指导方针，让用户可以获得更好的体验。虚拟现实依赖于不同的技术科学领域，如计算机科学、机器人和

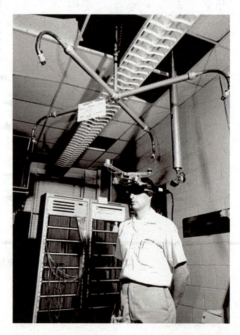

图6-7 Ivan Sutherland的第一个虚拟现实和增强现实头盔

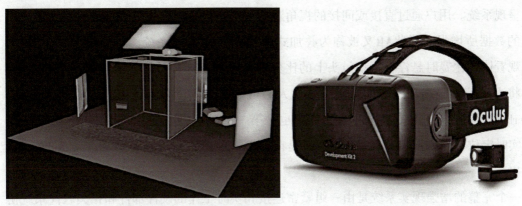

图6-8　CAVE™：CAVE自动虚拟环境（Cruz-Neira等人，1992）（左）；头戴显示器（HMD）：OculusDK2©Oculus VR LLC（右）

自动化等，也依赖于人类和行为科学的相关研究，如认知心理学、生理学、神经生物学等。

虚拟现实是人机交互（HCI）的延伸，从传统的桌面转移到3D用户界面时，许多研究方法都由传统HCI研究方法发展而来。然而，与以设计为导向，试图寻找高效、符合人体工程学和美学的交互界面的人机交互不同，虚拟现实的目标是"移除"这种界面，让用户与虚拟世界自然地交互。两种常见的沉浸式显示设备如图6-8所示。

虚拟现实具有与现有3D虚拟环境不同的两个关键特征，即感官沉浸和实时交互。"感知、决策和行动"循环描述了用户如何与周围的虚拟世界交互，如图6-9所示，用户的行为（发声命令、手势和其他身体动作等）通过机器接口连接到虚拟世界中，然后计算机系统根据规则对虚拟世界进行相应的修改，产生感知响应（图像、声音、触觉等），并通过传感接口传回用户。

因此，虚拟现实的目标在于，让用户完全沉浸于一个计算机生成的环境之中，与虚拟元素进行多感官的互动，产生身临其境的体验。

(2) 增强现实（AR）简介

与VR不同，增强现实（Augmented Reality，AR）是一种基于和面向真实物理世界的

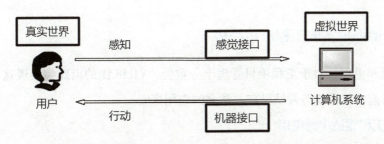

图6-9　交互式虚拟环境中的"感知、决策和行动"循环

实时呈现系统。用户通过直接或间接的视角观察真实世界，而真实世界中的元素被计算机生成的数据所增强，因此AR又被称为叠加式或补充现实式VR系统（图6-10），比如在电视上观看体育比赛时悬浮在运动员头上的比分。借助AR技术（计算机视觉和物体识别），可以将人工信息添加到特定的环境中，使人们可以与周围世界进行更丰富的互动。Ivan Sutherland创造的第一款头盔显示器实际上也是第一个AR系统，它由机械或超声波追踪器进行实时定位。而增强现实这一说法据说是在1992年由波音公司的员工Tom Caudell在工作时提出。

一个完整的增强现实系统是由一组紧密连接和实时工作的硬件部件和相关软件系统协同实现的，有两种常见的组成形式：视频透视式AR和光学透视AR。视频透视式增强现实（AR）系统采用的是基于视频合成技术的穿透式头盔（Video See-through HMD），而光学透视AR则采用类似眼镜这种可直接透过自然光的设计。AR的技术难点在于如何在视觉上保持时间和空间一致性，以及克服延迟效应导致的交互反馈不及时。目前，大多数AR应用中使用的图形技术与物理世界的视图还不能很好地融合，在许多AR体验中，虚拟对象通常具有与附近真实对象不一致的渲染效果，在光照、阴影、深度、聚焦等方面仍需进一步提升。

图6-10 基于移动终端实现AR应用

6.3.2 虚拟与增强现实的工程应用趋势

信息的流通和更新，对于工程项目管理十分重要，VR和AR的出现为实现这一需求提供了新的途径，目前在工程建造领域已有非常多的应用探索。

（1）VR在工程建造中的应用

VR的特点在于用户可以沉浸于工程设计模型之中，在项目未动工之时，即可获得整体或局部完工后的使用体验，不仅有利于最终用户提前参与到工程设计之中，还方便了管理人员的多方协调与决策。

设计阶段：在建筑规划和设计阶段，对于设计师，评审人员或者是非设计专业人士，VR的沉浸式特点使他们可以共同参与进来，通过多种视角对项目进行全方位的审视。在虚拟现实环境中，可以调整光照，使方案在不同环境条件下呈现。通过调整建筑材料，可以直观地看到成本、采光、能耗等指标的变化，从而对不同方案进行比选。传统的设计一般通过三维设计软件进行建模，这类软件的使用对象一般是具有专业知识并且进行一定时间学习的设计人员。相比之下，在VR环境下的建模则相对简单。如图6-11所示，在VR环境下，利用手势进行草图设计建模，使用者可以使用手柄或者数据手套，只需简单了解手柄按键或者手势就可以按照自己的想法进行建模。图6-12所示展示了一款支持多人协同编辑的三维建模系统Maquetteer。

施工阶段：BIM等建筑信息技术的运用可以促进工程的进度管理，使过程更加高效和便利。但对于复杂的物理信息系统，现有的模型呈现方式具有一定的局限性。通过引入VR技术进行施工进度监控和管理，Rahimian等人提出的系统利用机器视觉等技术提取施工现场的图像数据，在进行元素识别和不必要元素剔除等处理后叠加在BIM模型上，由此显示在VR环境中，该技术可以清晰高效地同步施工现场的进度情况。如图6-13所示为真实现场的图像（左）和叠加在VR环境下的模型（右）。

另外，利用VR技术还可以进行高效的安全培训。通过该类培训，可以在较低的成本以及安全的环境中，锻炼工人操作的熟练度，提升应对突发情况的注意力和反应速度等，尤其是针对高危作业。通过事先培训，让工人学习如何识别和防范危险、规范操作等，能减少建筑工程中的安全事故。

运维阶段：VR技术在运维阶段主要是对复杂模型和数据进行可视化，以及作为远程控制设备的终端系统。VR提供了一个沉浸式的环境来展示多源异构的数据（比如设备状态、环境状况和能耗等），比如Shi等人提出一种能使远程位置的多人参与到同一设施检查工作中

图6-11　VR环境下的建筑草图设计

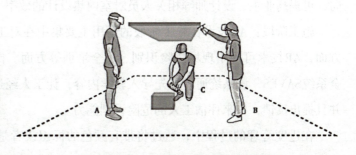

图6-12　Maquetteer的3D环境中建模

图6-13 真实现场的图像（左）和叠加在VR环境下的模型（右）

的虚拟环境。另外，利用VR可以进行火灾和地震等突发情况的模拟，对紧急情况下人群的应急反应进行测试和研究，以事先进行应急预案制定和准备。

（2）AR在工程建造中的应用

对于AR应用，主要的信息承载对象为真实环境。因此，AR的应用多为现场应用，即工作人员在项目现场，通过手持设备和眼镜等，将模型、图纸信息以真实比例加载在现场环境中。

设计阶段：支持设计的AR系统能实现将模型放置在真实世界的任何地方，比如在围着会议桌进行交流的时候，将模型放置于桌上，方便设计师展示设计意图或进行简单交流。在Sandor和Klinker提出的AR系统ARCHIE中，设计师使用可穿戴设备，利用语音输入或者是通过按钮来创建构件，还可以进行光照调节等。

AR技术在室内环境参数仿真与可视化方面有较多运用。比如，对于室内热环境，墙壁、顶棚、地面等构件采用不同材料时，对于热量的吸收率、传导率等不同。传统的热环境分析多采用CFD软件，分析产生的大量数据和二维图像对于非专业人士来说并不容易理解。利用AR技术，在真实的环境中叠加热分布的热图，可将风的速度和方向用带颜色以及方向的箭头表示（图6-14），比如在吹热风的地方，热图表示为红色，风箭头也为红色并且有指向，可提高业主、设计师等相关人员对室内热设计的效率。

施工阶段：AR技术在施工阶段的运用主要集中在对工人进行指导和纠偏。在施工安全方面，AR技术可用于现场危险识别、安全培训等方面。比如Park等人提出增强虚拟环境安全系统SAVES，该系统通过事先导入教学内容，让工人经过体验和学习，进行危险刺激检测并且提出反馈，用来评估工人的危险识别能力。

在进度管理的过程中，通过将带有颜色的标识或者是计划的模型叠加在真实施工物体上，可以轻松识别出进度落后的位置和体量。通过纠偏提示，工人使用可穿戴设备或者是便

图6-14 基于AR的房间内热环境可视化视图

携式移动设备就可以在视野中叠加提示信息。比如在复杂外形曲线的要求下进行砌砖,有了视觉指导,工人能更简单地将砖块放在正确的位置上,如图6-15所示为使用混凝土胶粘剂砌筑曲线形构件过程。

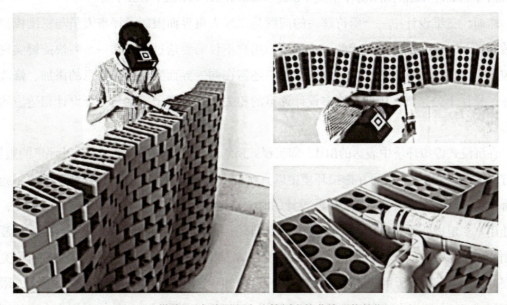

图6-15 借助AR完成混凝土胶粘剂砌筑曲线形构件指导

运维阶段：AR技术在设施运营管理阶段的常见运用有室内导航、维护说明、设备环境可视化等。在设备维修过程中，有大部分时间被用在待维修的设备定位上。比如，Neges和Koch提出一种AR系统，通过创建基于AR的维护说明，能够对维护对象进行跟踪和可视化，便于工作人员对设施进行维护。随着设备使用年限的增加，其运行效率也会改变。一般的检测数据以表格和二维图像显示，可视化程度较低，利用AR技术对设备相关参数进行处理，比如产热状况，热环境可视化等用于检测设备运行状况和估计维修期限，制定合理的维修和保养计划。

6.3.3 基于虚拟与增强现实的项目管理信息可视化案例

本节通过对两个案例进行详细的描述，加深对于VR和AR在工程项目管理信息可视化中具体应用方法的理解。

（1）基于VR的沉浸式设计方案审查

设计评审是设计管理工作的重要内容，包括设计单位内的校核、审查、核定和校准等不同层级的会评，以及面向业主和用户的设计方案演示。设计评审是根据项目需求和规范对设计进行评估的过程，其目的是更好地表达设计意图，完善设计方案，优化设计内容，满足用户需要。

建筑设计方案的呈现维度限定了评审的载体和手段。在以CAD为代表的二维设计时代，设计评审主要以图纸和物理模型为观察和讨论的载体，以图纸批注和文档对问题进行记录和追踪。在BIM的框架下，借助其强大的多维信息集成能力，设计问题的发现、讨论、记录和追踪都可与BIM构件绑定，形成以BIM为载体的评审工作流，典型案例有Autodesk的Navis-Works，buildingSmart的BIM协作格式（BIM Collaborative Format，BCF）等。

然而，三维设计中一个亟待解决的问题是二维人机界面限制了评审人员与三维模型的高效互动。对于在屏幕上显示的三维模型，用户不仅需要通过鼠标和一系列快捷键实现视角控制、图层选择、立面剖切等浏览操作，还需在同一界面完成评审信息的添加、修改等任务，操作十分繁复。因此，诸多设计评审的相关研究致力于探索与三维设计相适应的评审形式。

在沉浸式虚拟环境中表达的BIM，即沉浸式BIM，极大地拓展了数字化设计评审的边界：一方面，沉浸式BIM不仅可在虚拟环境中以真实空间比例展示设计模型，还能动态演示施工部署流程，使评审人员能够亲身体验设计的时空特性，实现"体验式"评审。另一方面，通过让用户"走进"建筑，在设计原型中模拟实际使用的情景，验证设计预期的功能，沉浸式BIM能促进非专业人士与专业设计人员的交流，增加非专业人士的参与性。尽管现有研究中沉浸式BIM"所见即所得"的特性已被充分发挥，但BIM与虚拟现实仍缺乏深度融合，限制了沉浸式BIM在评审中的广泛运用。现有沉浸式BIM系统侧重展示，缺少对用户在虚拟环境

图6-16 VR场景下对设计模型进行评审

中通过自然交互进行批注的支持（图6-16为基于VR的设计评审示例）。

因此，为提升数字化设计评审的效率和全面性，理想的沉浸式BIM系统需支持在虚拟环境中基于自然交互的批注添加、修改等操作，并同时支持对用户表情、语音、脑电等体验类信息的记录，实现"边看边评"的沉浸式评审工作模式。

（2）基于AR的施工质量巡检

管片作为隧道的主要结构构件，是隧道施工项目中最关键的组成部分，需要被准确放置。管片位移控制在隧道施工中非常重要，因为它很容易导致管片损伤和渗漏，甚至导致结构倒塌。根据2008年发布的《盾构法隧道施工及验收规范》GB50446—2017，相邻段位移应控制在5mm以内。目前分段位移检测常用人工测量，如图6-17所示。

隧道段由一个拱顶块、两个相邻块、两个标准块和一个拱底段组成，相邻块与标准块之间始终存在位移。同时，隧道平均直径约为6m。在这种情况下，检查人员很难手动测量位于隧道上部的位移，如图6-18所示。位移控制是隧道施工中最重要的工序之一，对检测频率有严格的要求。如果不及时检查位移情况，就会错过采取预防措施的最佳机会。一旦发生这种情况，很容易造成漏水、管片开裂等严重问题。因此，迫切需要开发一种隧道掘进过程中管段位移的检测方法。

增强现实技术允许用户在真实环境中检索与构建基础设施相关的数字模型。基于增强现实技术的检测系统由跟踪、数据采集、显示、交互等子系统组成。通过摄像机采集现场实况，采用跟踪子系统获取全局坐标和虚拟摄像机坐标。虚拟基线模型（3D CAD绘图）将实时叠加在现场图像上，然后通过显示子系统将组合后的场景传递给最终用户。在人机交互子系统中，可以修改虚拟模型的位置和大小。追踪子系统在增强现实应用中是最重要的部分，包括现场视频采集和在真实世界视图上进行数字图形的叠加两个步骤。因此，关键问题是摄像机坐标、屏幕坐标和全局坐标之间转换的准确配准。在基于AR系统的现场巡检场景中，支持在现场检查中使用图像匹配技术的技术框架，如图6-19所示。

图6-17 传统的隧道管片位移检测：人工测量

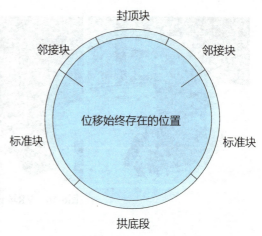

图6-18 隧道各段示意图

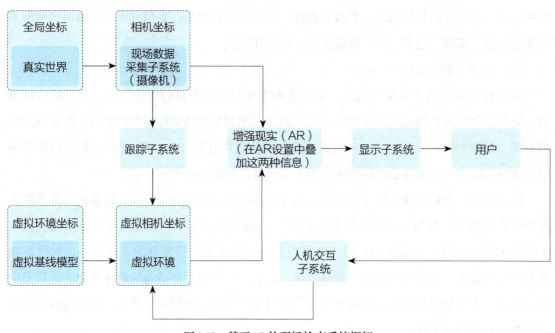

图6-19 基于AR的现场检查系统框架

AR巡查系统的现场应用步骤如下（图6-20）：

（1）现场管理者和质量检验员（以下简称质检员）按照国家标准或质量检验规范制订检验计划；

（2）BIM建模师将检测项目的BIM模型进行检索并传递给质检员，质检员将模型存储到AR系统中作为基线模型；

（3）将基线模型与标记生成器程序可生成的标记连接起来，工作人员将标记贴在指定地点；

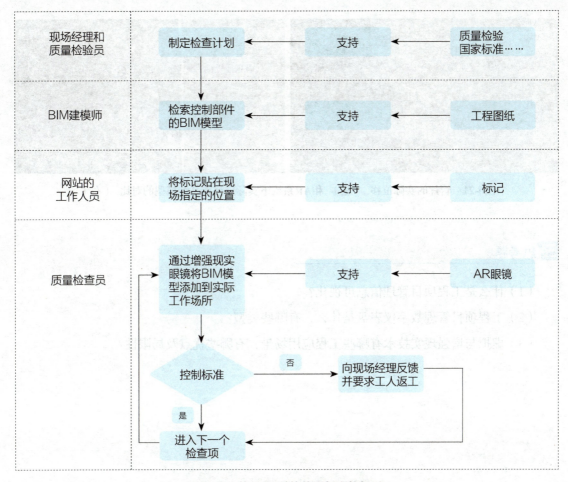

图6-20 基于AR系统的现场巡检场景

（4）BIM模型（基线模型）将通过增强现实眼镜或移动设备（如智能手机）进行显示，不仅可供质检员检查结构性能，也可供现场工作人员在工作过程中进行自查自纠；

（5）质检员根据对匹配结果的评审，判断工作是否顺利；

（6）如果性能不合格，质检员将向现场经理汇报，并要求工人返工。

图6-21展示了管片的真实位移（左图）和在AR系统下基线模型和位移的对比（右图）。实践证明，利用AR检测管片位移与人员手工测量相比，既提高了工作效率，也保证了测量的准确性。

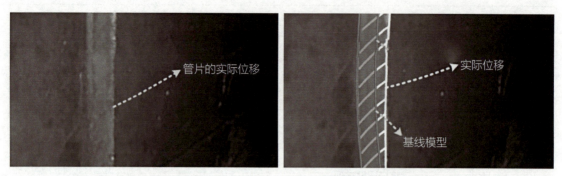

图6-21 管片的实际位移（左）和AR系统下实际位移和基线模型的对比（右）

思考题

（1）什么是工程项目管理信息可视化？

（2）工程项目管理数字仪表盘是什么，有哪些类型？

（3）虚拟与增强现实技术有哪些工程应用场景，有哪些优点及局限性？

第7章 工程项目管理信息化

7.1 工程项目管理信息化

7.1.1 工程项目管理信息化提出的背景

在传统的工程项目管理中，信息的存储主要基于表格或单据等纸面形式；信息的加工和整理均由手工计算完成；信息的交流大部分通过电话、书面通知、传真等方式进行，甚至口头传递；信息的检索，则依赖于对文档资料的翻阅和查看。信息的产生、整理、加工、传递到检索和利用，是以一种较为缓慢的速度在运行，很大程度上降低了信息传递的及时性、有效性和经济性。

20世纪80年代以来，工程项目规模不断扩大，参与方越来越多，项目的科技含量也越来越高，且设计、建造、运营业务逐渐相结合，产生工程项目全过程、全方位管理的要求。工程项目管理模式和理念也不断发展，呈现出网络化、集成化、虚拟化的趋势。信息技术的迅猛发展，支持和强化了这些变化趋势，给工程项目管理领域带来了根本性的变化。这些变化对工程项目管理提出了更高的要求：其一，对信息的准确性、及时性、针对性提出了更高的要求，项目信息的收集、传递、存储、处理、运用等工作需要全面实现自动化管理；其二，需要信息在工程全生命周期的不同阶段，在业主方、设计方、施工方、供货方等不同参与方，以及参与方的不同部门之间实现无障碍的沟通和交流，打破"信息孤岛"（Islands of Information）现象，即各种工程信息（如质量信息、进度信息等）无法在参与方之间，以及内部各部门间顺畅地流动的状况；其三，工程项目的参与各方以及各部门对项目信息都有各自的需求，要求提高项目信息的有效性，充分满足各自的个性化需求。

在工程项目管理领域的巨大需求和信息技术快速发展的双重动力下，应用信息技术提高建设工程领域生产效率，提升行业管理和项目管理的水平和能力，成为21世纪工程项目管理领域发展的重要课题，建设领域的信息化也提上了重要日程。从广义上讲，信息化是全面利用信息技术，充分开发信息资源，提高各组织、各行业效率和效能的活动过程和结果。工程项目管理领域的信息化则是信息化在工程项目管理中的应用。

作为较早在工程项目管理领域推进信息化的国家，日本从1995年就开始大力推进建设领域的CALS/EC（Continuous Acquisition and Lifecycle Support/Electronic Commerce），其核心内涵是：以项目的生命期为对象，实现全部信息电子化；项目的相关各方利用网络进行信息的提交和接收；所有电子化信息均存储在数据库中便于共享和利用。它的最终目的是：降低成本，提高质量，提高效率，并最终增强行业的竞争力。在2004年，日本宣称其国家重点项目已经实现信息化。

我国政府也提出了"以信息化带动工业化，发挥后发优势，实现社会生产力的跨越式发展"的战略目标。1996年，在建设部颁布的《建筑技术政策纲要（1996—2010）》中，提出"大力推广应用计算机技术"。2001年2月，在建设部颁布的《建设领域信息化工作的基本要点》中，第一次明确地提出了建设领域信息化（Construction Fields Information，CFI）这一概念。

工程项目管理信息化，顾名思义就是要将信息技术渗透到项目管理业务活动中，提高工程项目管理的绩效，其属于建设领域信息化的范畴，和建设领域其他业务信息化紧密相关，如它和企业信息化紧密联系。工程项目管理信息化顺应当前工程项目规模日益扩大、参与主体越来越多、技术日益复杂，对工程质量、工期、费用、安全等的控制要求越来越高的趋势，其应用对象可以是项目决策阶段的宏观管理，也可以是项目实施阶段的微观管理等。

7.1.2　工程项目管理信息化的内涵

工程项目管理信息化，其目的就是要通过信息化来提高工程项目管理的绩效。信息化包含两个方面的核心内容，一是对工程项目信息资源的开发和利用，二是信息技术在工程项目管理中的开发和应用。从信息资源的开发与利用角度，其主要包括信息的收集、整理、分析加工、存储、检索和利用等；从信息技术的开发与应用角度，其主要包括信息处理的计算机化、信息传输的网络化、信息资源管理的数据库化等。即应在建设项目决策阶段的策划管理、实施阶段的建设管理和运营阶段的设施管理中开发和应用信息技术；同时，需要注意这些阶段内信息资源的生产、收集、处理、存储、检索和应用，保证在适当的时候、适当的地点，将信息资源以适当的方式送给适当的人员。因此工程项目管理信息化具有丰富的内涵。

（1）以工程项目信息资源开发利用为核心

工程项目的决策、规划设计、实施和运营过程，既是物质生产过程，也是信息的生产、处理、传递及应用过程。从信息资源管理的角度，可以把纷繁复杂的工程项目建设过程归纳为两个主要过程，一是信息过程，二是物质过程，如图7-1所示。

工程项目管理对外涉及业主、监理、设计、地方政府、上级管理机构等参与方，对内涉及合同管理、现场施工管理、财务管理、概预算管理、材料设备管理等多个部门。不同参与

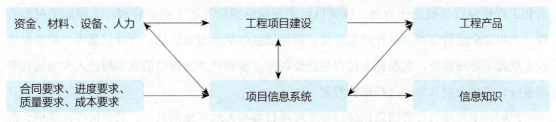

图7-1　工程项目建设的信息过程与物质过程

方和不同部门在项目实施过程中有着不同的管理职责，项目管理过程就是信息在各参与方之间以及不同部门之间流动和传递的过程。项目参与者以"数据管理"为依据，以数据之间的逻辑关系和制衡条件为中心参与项目的全过程管理。因此，开发和应用这些信息资源是工程项目管理信息化的出发点，在整个工程项目管理信息化体系中处于核心地位。

（2）以信息技术为基础，以管理理念的信息化为先导

工程项目管理信息化就是信息技术在工程项目管理活动中的广泛应用过程。与工程项目管理信息化相关的信息技术，包括计算机技术、网络技术、数据管理技术、知识管理技术、3S技术、遥感技术（Remote Sensing, RS）、地理信息系统（Geography Information Systems, GIS）、全球导航卫星系统（Global Navigation Satellite System, GNSS）、决策支持技术、虚拟现实技术等。信息技术的发展推动着工程项目管理信息化不断发展，从最初的数据库技术，到当前的网络技术、视频技术、RFID电子标签技术、无线数据通信技术等，极大地方便了工程项目的信息化管理。譬如视频技术和网络技术的发展使得我们在施工现场安装监控摄像头的情况下，在办公室能够随时监控现场的施工情况，杜绝不规范和不安全的施工过程，为工程质量和安全管理提供了有力的保障。

工程项目管理的信息化是以现代工程项目管理理论、管理模式的发展和完善为内在推动力的。譬如，工程项目集成化的管理理念必然要求将以前分布在各个部门，如质量管理系统、进度控制系统等集成为统一的工程管理信息平台。同时管理理念的变化会导致管理组织和管理流程的变化，引起信息系统的变化。以某施工企业为例，企业处于改制转型期，很注重企业的管理创新，积极整合各部门的管理职能，将以前几个业务部门的职能归并为一个业务部门，这时，先前运行很好的信息系统也需要随之更新。很多建设主体在实施工程项目管理信息化过程中，还没有搞清楚自己的管理流程就急切希望建设信息管理系统，最终导致系统不能很好地支持管理流程而被搁置一边；还有很多建设主体管理理念不成熟，管理流程总是在变动，使得信息系统需要不断更新，造成很大的不确定。

（3）是一项覆盖工程建设全过程、全参与方的系统工程

工程项目管理信息化包括工程项目决策过程、实施过程、运行过程管理的信息化。以某

水利工程建设管理信息化为例，该项目已实现网络招标等施工前期管理、大坝施工过程管理、大坝安全运营管理全过程的信息化。招标信息包括承包商信息、合同信息等，其直接进入大坝施工管理系统，大坝施工过程信息如各种设备和管线的接口信息等都进入大坝运营管理系统，支持大坝日常运营和维护管理。

同时，工程项目管理信息化应该是工程项目参与方均实现信息化，只有这样才能更大范围发挥信息化的效益。若一方发送的信息没有得到及时合理的反馈，将使项目信息交流流于形式，无法得到有效的实施。因此，工程项目管理信息化的实施强调全员参与，使得在同一信息化水平上展开管理工作，才能使信息交流顺畅，发挥信息化在整个工程管理上的效用。若当工程业主方已经建立了信息化的管理系统，而某个承包商依然进行书面沟通，数据最后以纸质文档的形式上交给业主的工程部门，工程部门就不得不重新将这些数据录入管理系统，给信息化管理带来了障碍。

（4）是一个持续改进的过程

工程项目管理信息化不可能一蹴而就，它随着工程项目管理理念和信息技术的发展而持续改进，并与工程项目管理理念和管理模式的变化相互影响，形成良性循环。特别是在企业转型期或者业务扩展期，信息化需要不断的跟上工程管理业务流程的发展，适应管理理念和发展战略的需要。本书以某核电集团工程项目管理的信息化历程来具体说明信息化的这一内涵。该核电集团的信息化工作从工程开工的20世纪80年代就已经开始，那时国内信息技术刚开始应用于工程管理领域，出现了一些小型的数据库信息系统。为了提高核电工程管理绩效，各部门都前后建立了用于工程各部门管理的信息系统，譬如工程部行政合同分部拥有合同管理信息系统，具有对合同信息进行存储、检索和查看等功能。到了20世纪90年代，各类信息系统在各部门和管理领域都已经建立起来，并积累了大量的数据，但是这些信息系统的应用范围都很狭窄，应用水平普遍不高。为了高效地利用这些数据，该核电集团将各部门的信息系统进行集成，并成立集团信息技术中心，统一负责全集团范围内的信息化建设。该核电工程项目管理的信息化持续了几十年，系统也随着管理理念和管理流程的推动而不断地演化升级。

7.1.3　工程项目管理信息化的意义

工程项目管理信息化通过管理数据的信息化实现精确管理，通过流程的信息化实现规范的业务处理，通过协同决策的信息化改善组织运营，从而提高工程管理的效率和有效性，使得工程增值，并最终使工程项目管理信息化的实施主体受益。目前，工程项目管理信息化工作在国内已陆续展开，一批有特点的信息系统开始在具有代表性的工程项目中使用，这些系统的使用在优化工作流程、改善项目管理状况、提高项目管理水平、监控工程成本等方面发挥了重要作用。

工程项目管理信息化的意义体现在以下方面：

(1) 提高工作效率、降低成本

工程项目管理信息化的实施能有效地降低劳动强度和差错率，通过计算机处理和网络的传输使得办公的效率大大加强。而且，计算机常常能够完成许多人力所不能完成的工作，比如数据的统计、分析、报表的生成等，使得工程管理中的业务能力得以拓展，为项目参与人提供完整、准确的历史信息，方便浏览并支持这些信息在计算机上的粘贴和拷贝，减少了传统管理模式下大量的重复抄录工作。再者，它适应工程项目管理对信息量急剧增长的需要，允许将每天的各种项目管理活动信息数据进行实时采集，并对各管理环节进行及时督促与检查，实行规范化管理，促进了各项目管理工作质量的提高。借助信息化工具对工程项目的信息流、物流、资金流进行管理，可以及时准确地提供各种数据，杜绝人为因素造成的错误，保证流经多个部门信息的一致性，避免了由于口径或者版本不一致造成的混乱。

通过网络进行各种文件、资料的传送和查询，节约了沟通的成本，提高了工作效率。利用计算机准确、及时地完成工程项目管理所需要信息的处理，比如进度控制下多阶网络的分析和计算，方便进行数据统计分析，迅速生成大量的统计报表。利用网上招标系统降低采购成本，通过财务管理系统加强投资和成本监控，实现快速工程决算。国际工程项目实践表明，采用工程项目管理系统作为管理手段，能够极大提高信息处理的效率，降低管理成本。

(2) 提供管理决策支持

信息化系统确保了工程管理过程中信息的共享性、准确性、实时性、唯一性和便捷性，大大提高管理工作效率和领导决策的科学性。工程项目管理信息化减少了管理层次，使得决策层与执行层能够直接沟通，缩短了管理流程，加快了信息传递。项目管理者可以通过项目数据库方便快捷地获得需要的数据，通过数据分析，减少了决策过程中的不确定性和主观性，增强决策的理性、科学性和实施者的快速反应能力。

工程项目管理信息以系统化、结构化的方式存储，便于施工后的分析和数据使用。譬如在工程质量管理信息化中，质量控制系统记录工程项目相关的各种质量信息。施工方需要的信息包括：各种行政通知、文件、新颁布的法规、政令等，以便及时贯彻上级精神，调整相应的管理制度和规范；质量事故通报信息，质量事故发生部位、类型、原因统计信息，以便从事故的教训中得到可借鉴的经验，同时对事故多发点提高警惕，及时将这些部位设定为质量控制点，保证质量控制点的动态设置，做好有效的预防措施。监理单位需要提取的信息包括：新颁布的政令、法规、通知等，便于协助施工单位对施工方案、技术要求、管理措施进行调整；质量事故通报信息，质量事故发生部位、类型、原因统计信息，便于协助施工单位做好有效的预防。同时，这些完整的质量控制信息在工程竣工后通过网络直接提交给质量监督管理部门，以便质监部门对多个工程项目质量控制信息进行分析，得出质量事故发生频率、伤亡程度、发生区域分布等信息，便于行政部门把握区域内质量安全的走势，有针对性地制定维持和改善质量状况措施；新工艺、新材料的应用信息，有利于政府对新技术的大力推广，提升行业的技术水平；一定时期内质量验收合格率、优良率统计信息，也将为把握质量发展的整体趋势提供支持。

（3）优化管理流程

工程项目管理信息化实践表明：采用工程项目信息系统作为管理的基本手段，不仅提高了工程管理工作的效率和目标控制工作的有效性，还在一定程度上促进了工程管理变革，包括工程管理手段的变革、工程管理组织的变革、工程管理思想方法的变革以及新的工程管理理论的产生。

工程项目管理信息化的建设与实施，一方面是信息技术的体现，另一方面还承载着管理模式，系统中信息的流转、处理以及表现都体现了一定的管理模式。因此，信息化能够使得管理流程得到一定程度的优化，而信息系统的建设与实施促使各参与方都能在这个平台上进行业务处理，从而使管理模式得以规范。

信息化利用成熟系统所蕴含的先进管理理念，对工程管理进行业务流程的梳理和改革，通过信息化手段规范制度，固化先进的管理理念，可以有效地促进工程组织管理的优化，提升管理水平。在某水利工程项目管理信息化时，业主希望该工程的信息化工作不仅包含研发一个从工程管理的实施层、中间管理层到决策层以及对外联系的高效率信息系统，还包含引进一套先进的管理经验形成对该工程各方面高效统一、规范协调的管理和控制体系。譬如在工程建设信息化管理之前，各部门为了内部运转方便，各自建立一套编码制度，导致一个合同可能会有六个编码，同时很多的合同审批变更程序不规范。在完成该工程建设管理系统后，所有的合同都只能有一个编号，以方便跟踪，同时，通过确立只有合同编码的合同才能付款的原则，杜绝了一大部分合同审批更改程序不合理的情况。又如，在工程管理的业主物资计划中，各个承包商提交的物资需求计划报表风格各异，申报物资时可能会出现一些非标准型号或者无详细规格的情况，这种不规范的申请有时会给计划审批人员带来一定的困惑，从而影响到计划制订的进度。通过信息系统的实施，统一需求计划报表的风格，用信息化的纽带为业主和承包商提供更快捷更准确的沟通途径。该工程项目团队从1994年开始不遗余力地推进管理信息化建设，通过信息化建设不断促进管理创新，坚持信息化建设和加强机构科学管理相结合，促进企业管理的标准化、流程化和集约化，从而实现了从传统管理到现代管理的转变。

（4）提高工程管理的协同能力

工程项目管理涉及众多参与方，各方的协调显得格外重要，信息化使得各方通过统一的

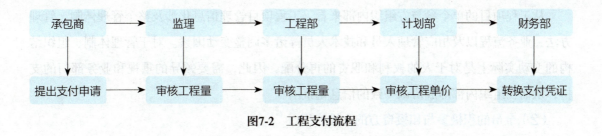

图7-2 工程支付流程

信息平台进行工程管理成为可能，在统一的信息平台支撑下，协同管理项目，提高了彼此协作能力。例如，在信息共享的环境下，平台可以自动地完成某些常规的信息通知，减少了项目参与人之间需要人为信息交流的次数，并使得信息的传递变得迅捷、及时和通畅。如某地铁工程建设管理中的工程支付流程，其流程如图7-2所示。

承包商根据工程量清单和实际工程完成情况填写支付申请；监理方通过地铁建设控制系统的入口进入系统审核工程量并签署意见，然后提交给业主方；业主方的工程部核量，计划部核价，确定审核后的支付证书；资金管理部可通过系统由支付证书自动生成账务管理软件需要的记账凭证，审核后导入账务管理软件，实现工程实时概算分析。而在传统的管理模式下，支付流程需要承包商手工填写工程量清单，然后派人去监理办公室核量，再拿着文档去业主工程处进一步核查，费时费力。通过信息网络，承包商只需要点击鼠标，支付申请信息瞬间传送到监理的工作平台，然后再传送到业主平台。

在"物联网"时代，钢筋混凝土、电缆将与芯片、宽带整合为统一的基础设施，推动工程项目管理信息化进入一个新发展阶段。

7.2 工程项目管理信息化实施的基础准备工作

工程项目信息化的成功实施，既需要拥有成熟的软件系统产品和稳定的硬件运行环境，也涉及一整套与先进的计算机工作手段相适应的、科学合理的工程组织结构、管理体系、文化氛围，这是实施工程项目信息化的管理组织要求。

（1）合作共赢的工程项目文化和协调一致的组织氛围

从整个工程项目组织来看，工程项目管理涉及项目各参与方。这些不同的利益主体，在项目目标之间既矛盾又统一。在工程信息化的实施和成果应用的过程中，最重要的是在所有参与项目信息化建设中的各方之间形成一种共享、平等、信任和协作的关系，形成组织间、成员之间合作气氛，提倡项目利益高于一切的项目文化。项目文化不同于企业文化，企业文化是在单个企业或企业集团内部形成的一种特定的组织气氛，而项目文化强调在同一项目上各参与方为项目的共同利益而形成的一种信任合作的组织气氛。

从工程项目的单个参与方组织内部来看，工程项目管理信息化涉及整个管理体制、管理方法、业务流程以及相应管理人员和技术人员等诸多调整变动因素。对于管理体制、组织结构的变动实际上是对于人的权利和职责的再分配，因此，需要领导的重视和业务部门的支持，从而在组织内部形成协调一致的信息化氛围。

（2）全员的积极参与和投资方的主导作用

工程信息化成果的应用对象主要是各参与单位的主要管理人员、技术人员，帮助项目成员进行高效的信息交流、合作和协调，从而迅速地解决项目中不断产生的各种问题。由于信息交流是一个双向或多向的过程，若一方发送的信息没有得到及时合理的反馈，将使项目信息交流无法得到有效的实施。因此，工程信息化的实施强调全员参与，在同一信息化水平上展开管理工作，才能使信息交流顺畅，发挥出信息化在整个工程管理上的效用。为此，应采取包括经济、合同、管理等方面的措施，保证全员参与到工程信息化建设中。

同时，投资方是工程项目生产过程的总集成者——人力资源、物资资源和知识的集成，业主方也是工程项目生产过程的总组织者，所以投资方是推动建设工程项目信息化的"发动机"，是实施工程项目信息化的关键。投资方不仅参与了大部分信息交流的全过程，也是实施工程信息化的最大受益者，因此激发投资方的积极性是成功实施工程信息化的主要因素。

因此，工程项目管理信息化的建设，需要培养一批拥有科学的工程管理理念，对工程管理信息化理论有深刻理解的领导队伍，形成一批既精通工程管理方法又掌握管理信息系统建设规律的高素质系统分析和开发队伍，同时，还要培训一批熟悉信息技术管理与应用的专业队伍。

（3）先进理念下科学的管理工作

工程项目管理信息化只有在合理的管理体制、科学的管理方法、稳定的管理流程、完善的规章制度和完整准确的原始数据的基础上才能够实现。这就需要在先进管理理念指导下逐步实现管理工作的程序化、管理业务流程的稳定和标准化、数据资料的完善化。

管理工作程序化将建立完善的项目信息流程，使得项目之间的信息关系明确，从流程上可清楚地观察管理工作是如何有序互动的。同时，结合工程项目的实际情况，对信息流程进行不断的优化和调整，找出不合理、冗余的流程进行重组。

管理业务流程的标准化就是为管理工作中重复出现的业务，按照工程建设对管理的客观要求以及管理人员长期积累的经验，制定稳定的标准化工作程序和工作方法，用制度将其固化下来，成为行动的准则。

数据资料的完善，就是注重基础数据的收集、整理、传递，建立基础数据管理的制度，保证基础数据全面、准确、及时地按照统一格式存储，这是信息化的基础所在。

（4）建立统一的数据平台

有了可依托的数据标准，就可以建立专业的数据平台，来存放各种类型的数据。比如建筑材料与设备信息平台、工程造价信息平台、建筑新技术、新工艺、新产品信息平台等。数据信息平台对行业来说都是非常重要的。这个平台应该提供一个开放的接口，使用者可以很方便地获取数据档案，也可以查找需要的资料，同时还需要进行安全控制、权限设定等，保证重要的资料和数据只有在授权的情况下才能获取，从而实现数据的全面共享和交换机制。

7.3 工程项目管理信息化的实施模式

开发或引进先进实用的信息化核心软件和支撑其运行的软硬件基础平台是工程项目管理信息化的最终体现。工程项目管理信息系统从信息流的角度反映工程管理，实现对信息资源的有效开发和利用。工程项目管理信息化的最终落脚点在于实施高效的工程项目管理信息系统。依据工程项目的具体情况，工程项目管理信息化平台可以有如下几种实现方式：

（1）自行开发

依据工程项目实际情况，聘请咨询公司和软件公司针对项目的特点自行开发，完全承担系统的设计、开发及维护工作。基本上可以满足项目实施各阶段的各种目标控制需要，经过适当改进这些专门系统也可以用于其他项目中。但这种模式对工程项目咨询公司的实力和开发人员知识背景有较高要求。某水利工程项目近千亿静态投资的大投入，长达17年的总工期，多样的工程类型、高强度的施工工程、分布在不同的地域、不同国度的承包商、设备材料供应商、设计单位、监理及其政府机构，还有复杂的技术条件和气候环境，成为工程管理的巨大挑战。早在该工程项目开工初期，就与国外公司开始合作建设"工程管理系统（PMS）"，与此同时，还相继建立了专业通信网，这些覆盖工程建设的大型信息系统对工程的建设起到了积极的推动作用。

（2）直接购买

直接购买比较成熟的商品化软件，然后根据工程管理的实际情况进行二次开发利用和人员培训。这些商品化软件一般以一个子系统的功能为主，兼顾实现其他系统功能。如Microsoft Project、Primavera Project Planner等都是基于计算机技术和网络计划技术的工程项目管理软件，以工程进度控制为主，同时可以将进度、资源、资源限量和资源平衡很好地结合起来进行动态管理。

（3）租用服务

随着现代网络、信息和通信技术的发展，出现基于网络的工程管理服务，为工程管理信息化提供了另一种选择。租用信息服务提供商（Active Service Provider，ASP）已经开发好的基于网络的工程管理信息系统，项目参与各方可以在其授权内，通过互联网浏览、更新或创建统一存放于中央数据库的各种项目信息，实现工程项目的有效管理。这种服务通常按照租用时间、项目数、用户数、数据占用空间的大小等收费。

三种方式的特点比较如表7-1所示。一般来说，自主开发更容易结合工程项目具体的管理模式，推广应用的阻力比较小；商业软件的设计可能和具体项目管理模式差异较大，系统实施的费用高昂，有实施风险。当然，先进的商业软件一般都蕴含着先进的管理理念，推广应用商业软件有可能带来组织的变革与提升。

三种信息化实现方式比较　　　　　　　　　　　　　　　　表7-1

	自行开发	直接购买	租用服务
优点	对项目的针对性最强，安全性和可靠性最好	对项目的针对性较强，安全性和可靠性较好	实施费用最小、实施周期最短、维护工作量最小
缺点	开发费用高、实施周期最长、维护工作量较大	购买费用较高、维护费用较高	对项目的针对性最差，安全性和可靠性最差
适用范围	大型工程项目、复杂性程度高的工程项目，对系统要求高的工程项目	大型工程项目	中小型工程项目、复杂性程度低的工程项目，对系统要求低的工程项目

7.4　工程项目管理信息化的发展趋势

随着工程项目管理领域思想理念的不断更新、工程项目管理需求不断变化，信息技术的不断发展及其与工程项目管理思想、方法的不断互动，未来工程项目管理信息化发展的方向是专业化、集成化、网络化和平台化，同时强调系统的开放性和可用性。

（1）专业化趋势

工程项目管理过程中涉及合同管理、计划管理、成本管理、资金管理、安全管理、质量管理、进度管理、人员管理、设备管理、物资管理、分包管理、变更设计管理、定额管理、会计核算等内容。支持以上各类内容的信息化管理专业化软件很多，这些软件的功能更加趋于专业化，与工程项目管理理论结合更为紧密，软件功能将更具有针对性。

（2）集成化趋势

建筑工程项目实施过程中对外涉及投资方、施工、设计、政府监管机构等多方利害关系，对内涉及合同管理、现场施工管理、财务管理、概预算管理、材料设备管理等多个管理部门。通过集成化实现工程现场管理与企业内部系统的一体化；实现工程管理与政府监管机构、客户以及工程相关方之间的信息交互，实现信息的共享和传输，项目参与各方可以更加便捷地进行信息交流、协同工作。工程项目管理信息化需要提高策划管理、工程建设管理和设施管理等在时间上的集成度。

(3) 网络化趋势

工程项目的实施过程中，不同利害关系和不同部门有着不同的工作职责和内容。工程项目管理信息化应充分考虑不同参与方的需求，建立一个涵盖施工现场管理、项目远程监控、项目多方协作、企业知识和情报管理等多层次的软件系统和网络信息平台，能够自动生成面向不同主体的数据，实现各种资源的信息化。设计方、承包方从项目的招标投标、项目管理信息的提交，直到竣工资料备案都必须通过互联网或电子介质进行，并且必须符合有关的格式标准，即必须按照信息化的规程行事。在招标投标阶段，投资方和咨询单位利用网络进行招标，施工单位通过网络投标报价；在可行性研究与设计策划阶段，投资方与设计咨询单位利用网络进行信息交流与沟通；在施工阶段，承包商、建筑师、顾问咨询工程师利用基于Internet的项目管理信息系统和专项技术软件实现施工过程信息化管理。在施工现场采用后台监控系统，不但在现场的办公室能看到现场情况，而且在世界任何一个地方通过互联网也可掌握项目进展信息和现场具体工序情况。同时结合无线上网技术，系统不断将信息传给每一个在场与不在场的人员。在竣工验收阶段，各类竣工资料可自动生成并储存。

(4) 平台化趋势

传统建筑工程项目的实施过程中，过分强调专业化、协调手段单一等因素导致了相关职能部门出现功能碎片化、服务裂解化、信息阻隔化的现象。同一个工程项目相关的问题或现象，在不同专业面前呈现出不同的视角，不同的管理部门和层级也会出台不同的管理措施。建筑业平台化趋势很好地解决了以上问题，它能打破信息孤岛，实现数据共享，为实现建筑行业的整体性治理提供技术和数据支持，通过数据分析与挖掘全方位驱动政务服务、行业协调、标准制定、企业自治等行业行为治理变革，最终持续推动数据变革，科学引导工程建设相关产业，持续为人类提供高质量的工程基础设施产品和服务。

1) 建筑业工程建设平台化趋势

近年来，互联网平台作为市场在互联网时代的组织形式，通过提供完善的交易规则和互动环境拉动数以亿计的用户借助平台实现互联互通，并以此产生了巨大的网络价值。以亚马逊、阿里巴巴、京东等为代表的互联网平台企业，通过整合社会资源、重塑业务流程、促进供需匹配并收取恰当的费用或赚取差价而获得巨大的收益，这就是互联网时代产生的新型商业模式——平台经济。

作为连接用户群体的虚拟空间，互联网平台能够充分利用平等、开放、协作、共享的互联网精神为参与各方提供服务。在此基础上，资源集成、信息共享、交易开放、多主体协同作为互联网平台商业模式创新的基础，也为建筑业服务化转型和行业平台的形成提供了良好的借鉴。将互联网平台的概念引入到建筑行业，建立工程建设领域的平台经济模式，将有助于聚集所有工程建设相关的参与方，打破原有的企业边界，促进参建各方的协同，实现线上线下资源的共享，推动建筑业良性发展。

目前业界在互联网平台建设上正进行积极尝试，也形成了一批初步应用，如设计服务平台，即对工程设计公司、设计团队和设计工程师等设计资源进行整合，为平台客户提供专业设计咨询服务；如建材交易平台为建材生产厂商、经销商和买家提供实时的建材交易信息；以住房和城乡建设部全国建筑市场监管公共服务平台为代表的监管平台为建筑业从业主体提供了全国建筑市场信息采集发布、网上办公、行政审批、市场监管、从业主体诚信评价一体化服务。

2）建筑业数字建造与信息物理系统平台化趋势

信息物理系统是德国"工业4.0"战略的核心，即将物理（实体）空间信息化，利用信息（虚拟）空间控制物理过程。

信息物理系统（CPS）是通过计算、通信与控制技术的有机与深度融合，实现计算资源与物理资源的紧密结合与协调的下一代智能系统。从微观技术角度看，数字建造系统就是在工程建造物理系统中嵌入计算与通信内核，实现计算进程与物理进程的一体化。工程计算进程与工程建造物理进程通过反馈循环实现相互影响，实现嵌入式计算与网络对工程建造物理进程可靠、实时和高效的监测、协调与控制。从宏观生态角度，数字建造系统是由运行在不同时空的分布式、异步、异构系统组成的动态混合系统，包括感知、融合、决策和控制等各种不同类型的资源和可编程组件。各个子系统之间通过有线或无线通信技术，依托网络基础设施相互协调工作，实现对物理与工程系统的实时感知、远程协调、精确动态控制和信息服务。

3）数字孪生化趋势

随着新一代信息技术，如云计算、物联网、大数据等在制造业的发展，各国也制定了相应的发展战略，如德国的工业4.0和美国的工业互联网，其目的在于将物理世界与信息世界互融互通和进行智能化操作。在现实背景下，我国也先后出台了"中国制造2025"和"互联网+"等制造业发展战略，其核心是促进新一代信息技术和人工智能技术与制造业相互融合发展。

数字孪生（Digital Twin）是以数字化方式创建物理实体的虚拟模型，借助数据模拟物理实体在现实环境的行为，通过虚实交互反馈、数据融合分析、决策迭代优化手段，为物理实体增加或扩展新的能力。作为一种充分利用模型、数据、智能算法并集成多学科的技术，数字孪生面向产品全生命周期过程，发挥连接物理世界和信息世界的桥梁和纽带作用，提供更加实时、高效、智能的服务。

随着建筑行业的发展，大规模个性化产品是未来客户的理想目标，因此，大规模个性化设计成为建筑设计师和建筑产品提供商的设计目标。数字孪生技术很好地解决了大规模个性化建筑产品的需求。复杂建筑产品的装配是建筑产品功能和性能的最终阶段和关键环节，数字孪生驱动实现装配的物理世界与信息世界的深度融合，实现建筑产品的自组织、自适应和动态响应。

7.5 工程项目信息化规划

7.5.1 工程项目信息化规划概述

信息化规划是指对工程项目管理所需要的信息，从采集、处理、传输到利用的全面规划。要使参与主体之间、主体各部门之间、部门与外单位之间的频繁、复杂的信息流畅通，充分发挥信息资源的作用，不进行统一的、全面的规划是不可能的。信息化规划是工程项目战略规划的延伸，是工程项目信息化的基础工程（图7-3）。

工程项目信息化规划的目标包括如下几方面：

1）基于先进的管理思想和方法，建立闭环业务操作流程，优化工程管理业务流程；

2）建立统一的信息平台，以一个统一的标准收集、整理和处理信息，使信息实时、高效地流通；

3）建立项目决策支持系统，使大量数据的实时收集、分析和应用成为可能，有效地帮助领导及时做出各项决策；

4）支持工程项目全寿命期管理模式，满足项目可持续性发展的需要；

5）支持工程项目管理模式不断优化的需要；

6）对工程范围内的所有业务，系统必须能够提供事前的计划及预测，事中的控制（参与和跟踪）和事后的跟踪反馈、分析及评价。

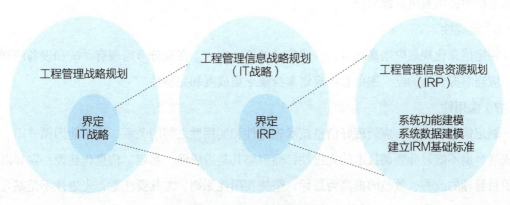

图7-3 工程管理信息规划

总之，由于规划将实现对工程项目信息的及时、准确地收集和反馈，可为领导提供科学的决策依据，使工程计划的准确性和适应性加强，提高工程项目生产效率。

7.5.2 信息规划制定的原则及内容

（1）工程项目信息化规划的原则

在信息化规划的制定上，将遵循以下原则：

1）一致性

信息化规划应当是工程项目目标战略的有机组成部分，在制定信息化规划时，应始终坚持信息化规划和工程项目目标之间协调、一致的原则。

2）系统性

信息化规划中应正确规划工程项目所需要的应用系统，确定各应用系统之间的界限和相互联系，尤其要关注在不同阶段实施的应用系统之间的衔接关系。

3）整体性

工程项目信息管理系统是一个有机的整体，因此在制定信息化战略时，应考虑各个组织对信息系统的需求，尤其不要忽略关键业务组织的需求。

4）扩展性

工程项目信息管理系统不是一次性的、一成不变的，应当随着信息技术的发展，工程内外部环境的变化相应调整。这就要求在规划中全面考虑信息系统的扩展性，使之可以根据需要增加或减少子系统而对整体不会产生负面影响。

5）现有资源的保护和利用

工程项目在进行信息化规划时，可能已经开发或购买了大批计算机软件、硬件系统及网络设备，在这些现有信息系统中可能还有大量的数据和信息资源需要利用，有些硬件设备还具有使用价值，这就要求在制定信息化规划时，应采取有效措施尽可能将已有的资源集成到新的系统中去以避免资源浪费。

6）集成性

制定信息化规划应当高起点，强调信息的高度集成。在充分考虑现有系统和设备的利用上，应当掌握合适的度，避免总体规划本身缺乏集成度和完整性。

7）实用性

制定信息化规划，应处理好信息技术先进性和实用性之间的关系，既不能因循守旧、墨守成规，也不能过分强调技术的先进性，而忽略其是否成熟、稳定。信息化建设一定要以工程项目管理的改善，效益的提高为目标，坚持实用性原则。尤其要注意，先进性不是某几个具体技术指标的先进，应当是信息系统整体水平的先进性。

（2）信息化规划的内容

1）工程项目目标规划

工程项目目标规划应明确工程项目总体目标、阶段目标。具体分析工程项目实施的工作重点，分析各阶段目标实现的措施。

2）工程项目管理模式分析

在总体目标的指引下，明确工程项目管理组织结构及各个层级的定位和权责。

以工程项目的整体价值链为主线，从进度管理、合同管理、质量管理、物资管理、设备管理、资金管理、人力资源管理等主要业务管理模式入手，系统分析目前工程项目存在的主要问题，提出建议的管理模式以及未来信息系统可以实现的功能。

3）信息系统总体需求分析

分析工程项目组织架构的信息特点，提出系统地管理和利用工程信息最好的解决途径，明确信息系统基本架构。具体分析系统各个层级的功能要求。

4）建设方信息化现状分析

对建设方硬件系统应用现状、软件系统应用现状进行分析，提出现有系统处理意见，分析信息化建设存在的问题，提出有针对性的改进方案。

5）建设方信息化实施战略分析

提出信息化系统建设战略，信息化人力资源战略，网络/硬件建设战略，信息化制度建设战略，信息化文化建设战略，并分析阶段目标。

6）信息系统总体架构设计

明确系统设计原则，提出系统功能结构图及说明，包括：系统树形图、系统整体架构图、系统结构功能表，提出系统运行模式，完成系统数据库逻辑规划设计。

7）信息系统建设投资估算

基于上述分析，明确信息系统投资构成，分方案提出信息化投资估算表，并进行分析。

7.5.3 工程项目信息化规划的实施

（1）工程项目信息化规划实施计划

为了有效推进、实施规划，必须制定工程项目信息化实施计划。工程项目信息化规划实施计划，一般应包括：实施阶段及目标，实施计划时间表，以及关键工作详细说明。信息化实施的典型模式包括：

1）整体规划，一次完成：全面覆盖主流程、辅助管理流程、信息系统扩展；

2）整体规划、重点突破：从重点部分着手，如材料采购和成本控制，然后是其他部分，最后完成扩展部分；或以某个部门先进行试点，然后是其他部门，最后是扩展部分；

3）整体规划，先易后难：以某个或几个易实施模块先行，然后是其他部分；最后是扩展部分。

工程项目的信息化需求，随着时间推移是会发生变化的，在制定信息化实施计划时，也要充分考虑这一点（图7-4）。

工程项目信息化规划的工作程序如图7-5所示，工作程序显示了信息化建设工作的内容和工作步骤。

（2）工程项目信息化规划实施组织保障

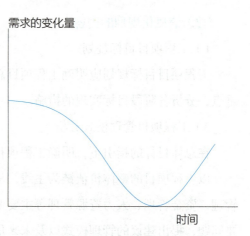

图7-4 信息化需求变化的变迁图

工程项目信息化的实施不仅是一个IT项目，同时也是一个管理项目。它要求在有限的时间、空间和预算范围内将大量物资、设备和人力组织在一起，按计划实施既定目标，因此必须建立合理的组织保障体系。

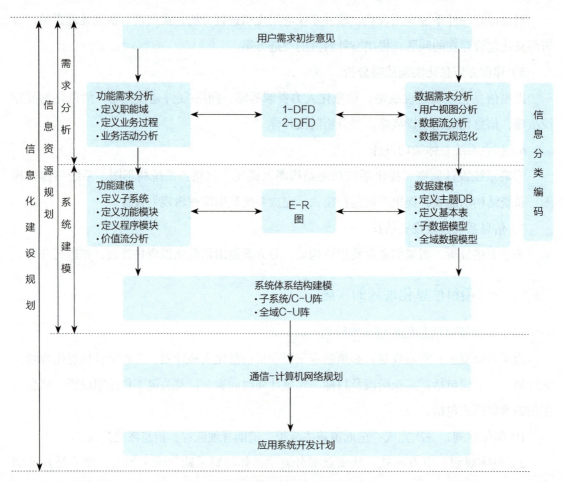

图7-5 信息规划工作程序图

鉴于信息化规划的特点，同时考虑到信息化规划的阶段性，实施项目组成员在信息化实施过程中可采用全职的参与方式，信息化建设期结束后，回到各职能机构，继续为信息系统的运行和维护发挥积极作用。因此，通常矩阵式的组织机构是一个优选。由于信息化建设影响重大，应设立高一层的决策组织，如决策委员会对项目建设和运行过程中的重大事项进行决策，确保信息化项目的顺利进行。

在具体的工作中，必须完成信息化项目的组织结构设计，明确职责分工，特别要确立监督（监理）机构的地位和职责。为保证项目的顺利实施，监理或监督机构必须具备以下基本条件：

1）权威性及独立性

强大的授权是监督机构开展工作的基本前提，监督机构直接向决策委员会汇报工作，全部实施人员（包括项目经理和外聘顾问）均在监督之列。

保持监督机构的独立性才能实现客观、公正的监督。在项目的实施过程中，监督机构独立于实施机构，监督人员不参与实施工作，不承担任何实施任务，专注于监督工作。参与监督的外部顾问不能来自为实施提供服务的咨询公司。

2）经验及技能

监督人员要对实施进行有效的监督需具备综合工作技能，如：项目管理、实施工作经验、交流的能力。在监督过程中，监督人员采用多种工作方式了解项目实施状况；广泛接触各个层次的实施人员；查阅实施小组提交的实施计划、报告、岗位划分和规章制度等，判断实施的完整性和工作质量；测试系统，判断系统的可靠性；审核系统数据，判断数据的准确性；监督人员还将确定潜在的实施风险。监督人员实际参与项目管理和实施过程有助于正确地认识实施状况。

3）综合知识

监督工作不仅要求监督人员具有专业理论，而且要求他们具备广泛的知识。具体地讲，监督人员应具备的知识有：建筑施工行业的特点和发展趋势、IT行业的最新发展、经营管理知识和计算机系统理论等。

（3）工程项目信息化规划实施风险分析

工程项目信息化的建设是一项高风险、高投入项目，项目成功与否受到诸多因素的影响，从系统选型到解决方案的确定，到最后的上线实施，整个过程都存在种种风险，因此需要对风险有充分的认识，建立一套行之有效的风险管理体制，从而提高信息化建设的实施成功率。

1）"纯理念化"风险

管理理念不能单独存在或强行移植，把先进的管理理念真正为己所用，就要努力营造管理内涵赖以存在的各种硬软件基础。但是，这不能仅依赖于对计算机软件的用户化与二次开发实施。如果仅追求表面上的移植，一旦进入实际应用阶段，相关人员没有做到实际接受，各种数据、制度管理没有及时到位，就有可能形成管理理念的"纯理念化"风险，难以在工程项目管理中持续下去，导致以前投入的人力、物力、财力付之东流。对于"纯理念化"风险的防范，关键在于三个方面：保证在培训与实施咨询上的投入，促使先进管理思想贯彻；系统软件的功能要留有余地；实施项目管理时应积极主动地进行流程的重组和优化。

2）"目标侵蚀"风险

实施信息化的主要目的是切实提升工程项目的管理水平，但这种提升，有时是难以量化描述的。因此，在实施应用"量身定制"的软件时，由于各种利益均衡，可能会降低原有的目标，预期项目目标可能受到侵蚀而在不自觉中降低的风险称为"目标侵蚀"风险。对于工程项目来说，坚持大的原则，维持原有目标不受侵蚀，是其实施成功的重要因素之一。预防"目标侵蚀"风险，必须做到以下三点：设立系统实施的总目标和细分目标，并在实施结束后及时进行评估；改造过程专注于项目目标，不追求表面上的进度实现；在处理各种冲突时不放弃大原则。

3）片面选型风险

实施信息化应根据工程项目管理需求，明确系统功能范围和功能深度，以及可能的分期实施计划。要避免片面追求功能全面的软件或最低价格系统软件这两种倾向。要防范这种风险，就要注意：做好工程项目的需求分析；本着实用的原则，同时注意系统的开放性；不能只顾一时的成本，要考虑未来时段的成本；考虑承包商的综合实力，这包括售后服务水平以及可靠性保障等。

4）人力资源缺乏风险

信息系统的采购、开发，以及信息系统的实施应用，需要建设方具有一批具备计算机技术领域背景和项目管理领域背景的专业人员队伍，他们是保障实施成功的重要支撑。通常建设方在这个方面的储备是不够的，必须要防范这种人力资源风险，为此，可能需要：聘请专门的咨询公司，咨询公司一般有熟悉软件的技术顾问和熟悉管理的管理顾问；做好建设方人员的培训，这包括对管理人员和业务人员的培训、管理理念的培训、软件和技术的培训。

5）业务中断风险

信息化的建设，一般来说需要一个较长的周期，同时，也需要相关多方人员的有效参与，并有可能要作出一些工作业务流程的调整。这有可能带来工作业务中断风险。例如，可能会发生实施时间过长造成人员疲惫、应用效果不大或影响了惯例业务造成士气低落、使用者的抵触情绪等状况。这些项目实施的负面效应会破坏正常的工作业务流程，业务中断可能对建设方现有运营设施和工作环境造成不良影响，防范这种风险，就要聘请专门的咨询公司，咨询公司丰富的实施经验可以使损失最小化；做好详细的信息化项目实施计划。在长时间的项目实施过程中，进行项目管理和控制，确保整个实施过程能够按计划进行，这对项目的成败至关重要。

6）成本失控风险

信息化建设的投入很大，所以成本控制非常重要。但由于建设过程的一些不确定因素，如工作业务流程的不稳定等会导致成本失控风险。这些建设成本通常包括硬件费用、软件费用、培训费用、实施咨询费用及维护费用等。根据国外成熟经验，一般实施咨询费用高于软件费用。因此要注意：聘请咨询顾问，管理咨询先行，明确管理模式和信息化实施方案；成本预算要考虑各种可能的意外情况，编制完善的成本计划，有效控制计划。

7.5.4 信息化规划的技术成果

（1）职能域划分

职能域（Function Area）并不是对现有机构部门的简单照搬，而是对工程主要业务活动领域的抽象；职能域的划分和定义要具有稳定性，只要管理业务的职能不变，职能域应该是不变的。当一个工程建设的职能域划分出来以后，就可以进一步明确信息资源规划的范围或边界，也为下一步要进行的业务过程模型研发奠定了基础。

在界定职能域时，需要澄清的问题主要包括：

1）工程建设的目标是什么？

2）预计工程项目的管理目标会发生或很可能发生怎样的变化？

3）所定义的职能域是否包括了这些目标和将来的变化？

4）所定义的职能域能否覆盖现有机构部门的功能？

一个职能域的界定工作，包括该职能域的命名和职能的描述。

（2）业务过程建模

业务流程分析是为了系统地把握一个职能域的业务功能结构，即人们常说的"业务梳理"。梳理的结果是用简明的"职能域—业务过程—业务活动"三个层次来表达完整的业务功能结构，就是业务模型（Business Model）。其中，业务过程或业务流程（Process）是职能域中一组联系紧密的活动，业务活动（Activity）是不可再分解的最小功能单元。这些活动分析工作，具有如下特征：

1）产生某种清晰可识别的结果。这种结果可以是销售一件产品、一个想法、一个决策、一组方案、一份工资单、一次顾客服务等，应该能用一个简单的句子来说明这个活动的目的或结果。

2）产生清楚的时空界限。在这个确定的时间和空间里，可清楚地指出，谁在这个活动中工作和谁不在这个活动中工作。活动具有时间性，可以确定开始时间和结束时间，可以测

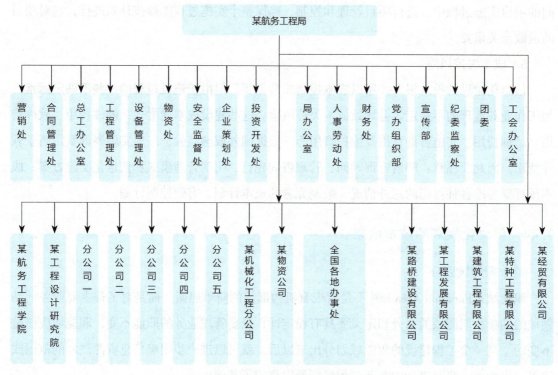

图7-6　某企业组织结构模型

定超过的时间。

3）明确是可执行单元。它明确规定一个人或一个小组去产生结果，即活动有管理职责规定。而一个没有明确定义的活动可能由一些不确定的人去执行，谁应该做什么是不明确的，相关的活动将缺乏良好联系和配合，从而不能作为一个整体去工作，影响项目绩效。

（3）组织结构建模

组织结构模型（Organization Model）用于描述和记录工程的组织结构，包括单位、角色和人员等。某企业组织结构模型如图7-6所示。

（4）用户视图分析

用户视图（User View）是一些数据的集合，它反映了最终用户对数据实体的看法，常见的用户视图有单证、报表和屏幕表单等。对每一职能域的所有用户视图进行统一的编码登记，并对其中重要的用户视图的组成作规范化表述，能为大量取消报表传递，实现网络化电子数据传输做好准备。

（5）数据流分析

所谓数据流，其实就是用户视图的流动。分析数据流的方法是：

1）绘制各职能域的一级数据流程图和二级数据流程图；

2）完成数据流程图中所标注的用户视图的登记和规范化组成；

3）将上述两项工作结合起来，进行数据流量化分析，提出数据流分析报告。

（6）系统功能建模

建立系统功能模型的目的是为了全局地解决信息系统"做什么"的问题。在需求分析阶段，做业务梳理分析时，建立了由"职能域—业务过程—业务活动"三层结构组成的业务模型，但是，并非所有的业务活动都能实现计算机化的管理，经分析可以发现：

1）有些业务活动可以由计算机自动完成；

2）有些业务活动可以人–机交互完成；

3）有些业务活动仍然需要由人工完成。

将能由计算机自动进行处理和人—机交互进行的活动挑选出来，按"子系统—功能模块—程序模块"组织，就构成系统功能模型（Function Model）。

一般来说，业务模型与功能模型有如下的对应关系（图7-7）：

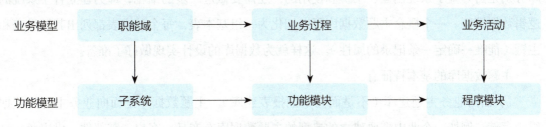

图7-7 业务模型与功能模型的关系

系统功能建模的主要工作是：

1）了解关于管理机制方面的意见，掌握已有的有关管理模式的工作成果；

2）业务领导参与复查职能域和业务过程定义，并与规划分析人员取得共识，形成规范化功能需求文档。在此基础上，由规划分析人员进行计算机化可行性研究，提出可自动化处理与人机交互完成的模块；

3）可能要选取已经开发和使用的应用系统中有用的程序模块；

4）可能要借鉴同类系统的有关模块，包括分析应用软件供应商的有关模块；

5）以各功能模块的识别和定义为主要工作，提出规划系统的功能模型初稿——系统的子系统、功能模块、程序模块。

需要着重说明的是，功能建模拟定的子系统是"逻辑子系统"（面向规划、设计人员），而不是"物理子系统"（面向最终用户）。许多计算机应用系统都是按当前的组织机构和业务流程设计的，"系统"或"子系统"名目繁多。机构或管理一旦变动，计算机应用系统就得修改或重做。事实上，只要工程管理目标不变，工程管理基本的职能域应是相对不变的，基于职能域的业务过程和数据分析可以定义相对稳定的功能模块和程序模块，这样建立起的系统功能模型能对机构管理变化有一定的适应性。因此,"逻辑子系统"作为这些功能模块和程序模块的一种分类(或分组),是对信息系统功能宏观上的把握。然后,在应用开发中按照面向对象信息工程,加强可重用模块的开发和类库建设,这些模块和类库部件都以存取主题数据库为基本机制,就可以按照最终用户对象,组装多种"物理子系统";如果机构、部门变化了,信息系统并不需要重新开发,只是需要对模块/部件做重新组装,因而可改善长期以来一直无法解决的计算机应用系统跟不上管理变化的被动局面。

(7)系统数据建模

经过用户视图规范化和数据流分析,就可以对各职能域的信息需求加以综合,这就是建立全域(信息资源规划范围内)的概念数据模型。具体做法是:根据管理知识、经验和数据流分析结果,识别出所有的业务主题,其定义作为数据库的名称,再对每一主题的内容加以描述或列出所含的属性。全域概念数据模型是从全局把握信息框架,为了落实这些主题数据库分别是由哪些子系统创建、维护和使用的,还需要做进一步的细化,即为建立各子系统的逻辑数据模型。一个概念主题数据库可以细化为一组基本表,每个基本表都列出其属性表和主键(能唯一确定一条记录的属性)。这样就为数据库的设计实现做好了准备。

主题数据库的基本特征有:

1)面向业务主题建库(不是面向单证报表建库)。主题数据库是面向业务主题的数据组织存储,例如,企业中需要建立的典型的主题数据库有产品、客户、零部件、供应商、订货、员工、文件资料、工程规范等。其中,产品、客户、零部件等数据库的结构,是对有关单证、报表的数据项进行分析整理而设计的,不是按单证、报表的原样建立的。这些主题数据库与企业管理中要解决的主要问题相关联,而不是与通常的计算机应用项目相关联。

2)信息共享(不是信息私有或部门所有)。主题数据库是对各个应用系统"自建自用"的数据库的彻底否定,强调各个应用系统"共建共用"的共享数据库。不同的应用系统的计算机程序调用这些主题数据库,例如,库存管理调用产品、零部件、订货数据库;采购调用零部件、供应商、工程规范数据库等。

3)所有源数据一次一处输入系统(不是多次多处输入系统)。主题数据库要求调研分析政府部门或企事业单位的数据源,强调数据的就地采集、就地处理、使用和存储,以及必要的传输、汇总和集中存储;同一数据必须一次、一处进入系统,保证其准确性、及时性和完整性,经由网络-计算机-数据库系统,可以多次、多处使用。

4)一个主题数据库由一个或多个基本表组成。一个主题数据库的科学的数据结构是由多个达到"基本表"(Base Table)规范的数据实体构成的。基本表具有如下特性:

①原子性——表中的数据项是数据元素(即最小的、不能再分解的信息单元);

②演绎性——可由表中的数据生成全部输出数据(即这些表是精练的,经过计算机的处

理，可以产生全部管理所需要的数据）；

③规范性——表中数据满足三范式（3-NF）要求，这是科学的、能满足演绎性要求的，并能保证快捷存取的数据结构。

（8）系统体系结构建模

在信息工程方法论中，信息系统体系结构（Information System Architecture）是指系统数据模型和功能模型的关联结构，采用C-U矩阵来表示。系统体系结构模型是决定共享数据库的创建与使用责任，进行数据分布分析和制定系统开发计划的科学依据。

系统体系结构模型分为全域系统体系结构模型和子系统体系结构模型两个层次。

全域系统体系结构模型即全域C-U阵，它表示整个规划范围所有子系统与主题数据库的关联情况。如图7-8所示，行代表各子系统，列代表各主题数据库，行列交叉处的"C"代表所在行的子系统生成所在列的主题数据库，即负责该主题数据库的创建和维护；"U"代表所在行的子系统使用所在列的主题数据库，即读取该主题数据库的信息；"A"表示既生成又使用所在列的数据库。

子系统体系结构模型即子系统C-U阵，它表示一个子系统的所有程序模块与基本表的关联情况。如图7-9所示，每一个子系统做一个C-U矩阵，其中各列代表基本表（分别属于某主题数据库），各行代表各子系统的程序模块，行列交叉处的"C"代表所在行的模块生成所在列的基本表，即负责该基本表的创建和维护；"U"代表所在行的模块使用所在列的基本表，即读取该基本表的信息；"A"表示既生成又使用所在列的基本表。

	主题数据库1	主题数据库2	主题数据库3	…		检修周期	缺陷记录	检修计划—实绩	…
子系统1	C	A	U	…	设备检修周期表维护	C			
子系统2	U	C	A	…	设备缺陷报告		C		
子系统3		U	C	…	制订检修计划	U	U	C	
…	…	…	…		检修监控			A	
					检修备件管理			U	
					设备检修查询			U	
					…				

图7-8 子系统体系结构模型示例   图7-9 子系统的C-U矩阵

7.6 工程项目管理信息化建设标准化

7.6.1 工程项目管理信息化建设标准化内涵与意义

标准化工作是信息化建设中的一项基础性系统工程，是信息系统开发成功和得以推广应用的关键。统一、规范、科学的标准体系是实现全国建设项目工程数据交换、资源共享和集成的前提，将为建筑业信息化建设高质量、秩序化开展，实现数据的高效准确传输与利用提供基础支持。工程管理信息化建设的标准化对于工程管理信息化建设具有重要的现实意义和深远的历史意义。

（1）标准化是适应经济全球化的需要

随着全球经济一体化进程发展，建筑市场的竞争将日趋激烈，企业的产品与服务能否在国际和国内市场中占有一定份额，与信息系统的开放性和标准化程度息息相关。为适应国家对外开放形势并满足国内外信息交换的需要，信息化建设必须要考虑标准化问题。

（2）标准化有利于避免低水平重复开发

目前我国在建设工程信息化建设方面已经有了相当的投入并取得了一批研发应用成果，但是低水平重复开发现象仍然比较严重。究其原因，其中很重要的一点就是系统开发与应用的标准化程度不够。在工程管理信息化建设中必须重视和加强标准化工作，建立健全信息系统、数据和信息以及专业应用软件的标准和规范，以提高信息系统和专业应用软件的可重用性，避免低水平重复开发，加快整个行业的信息化进程。

（3）标准化有利于建筑业信息的共建与共享

信息技术的发展为信息资源的开发利用开辟了广阔前景，但是由于国内信息标准化工作相对滞后，信息化建设中缺乏统一的规范与标准，导致不同信息系统之间难以进行信息交流和信息共享，数据和信息重复采集输入问题突出，严重制约了信息资源的有效利用，因此，制定工程管理信息化的国家标准和行业标准，实现工程管理信息资源开发利用的标准化，已成为当务之急。

（4）标准化有利于提高应用系统开发质量

随着网络和计算机的广泛应用，信息系统规模不断扩大，这也促使信息系统和专业软件开发由以前的手工作坊方式向集体协作开发方式转变。在集体协作开发模式下，必须要有统一的规范标准，否则将给信息系统和相关专业应用软件的可靠性与易维护性带来巨大的负面影响。

总而言之，在工程管理信息化建设过程中，标准化工作处于一个十分重要的地位，其根本原因在于工程管理信息化建设的本质目标之一就是解决参与工程建设多主体之间的信息共享与业务协作问题，只有在标准化的支持下，才可能打破各主体的组织壁垒，使得多主体之间的信息资源共享与业务协作更有效率，最终达到降低社会成本，保障项目成功的目的。

7.6.2 工程项目管理信息化建设标准化体系

标准体系是标准化工作中的一个重要概念。《标准体系构建原则和要求》GB/T 13016-2018中，将标准体系定义为"一定范围内的标准按其内在联系形成的科学的有机整体"。构建标准体系是运用系统论指导标准化工作的一种方法。构建标准体系主要体现为编制标准体系结构图和标准明细表，提供标准统计表，编写标准体系编制说明，是开展标准体系建设的基础和前提工作，也是编制标准、修订规划和计划的依据。

（1）工程项目管理信息化标准体系结构

依据标准化系统工程方法论，建立工程管理信息化标准体系总体框图如图7-10所示。总体框图由"标准内容""标准层次"以及"标准专业"三个维构成：标准内容维划分为管理标准、技术标准、信息标准；标准层次维包括基础标准、通用标准、专用标准等；标准专业维包括业务层标准、管理层标准、项目管理标准及数据中心标准。其中：

1）基础标准是在某一专业范围内作为其他标准的基础而普遍使用，具有广泛指导意义的术语、符号、计量单位、图形、基本分类、基本原则等的标准。如建筑施工术语和符号标准等。

2）通用标准是针对某一类标准化对象制定的覆盖面很大的共用性标准。它可作为制定专用标准的依据。如施工要求、通用的设计与试验方法，以及通用的管理技术等标准。

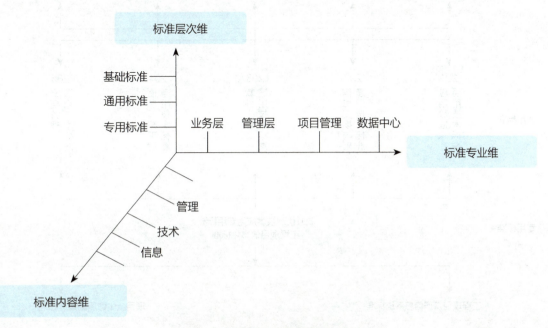

图7-10 工程管理信息化标准体系框图

3）专用标准是指对某一具体标准化对象或作为通用标准的延伸、补充而制定的专项标准。它的覆盖面一般很小。

工程项目管理信息化标准体系设计可采用不同方案。如参考《工程建设标准体系》并沿用《建设领域信息化标准体系》编委会推荐方案，工程项目管理信息化标准体系由基础标准、通用标准与专用标准三个层次构成，如图7-11所示。

又如在对国外标准特性分析总结的基础上和国内相关行业（农业、国土资源、烟草等）已建立的信息化标准体系进行分析对比研究，按照信息化系统构建要素（例如：网络基础设施、应用支撑平台、信息安全等）为核心进行设计，将工程项目信息化标准体系分为：总体标准、应用标准、信息资源标准、应用支撑标准、信息安全标准、信息管理标准以及网络基础设施标准7个分体系，其体系结构图如图7-12所示。

图7-12中工程项目信息化标准体系的7个分体系是按照层次结构组织起来的，它们之间相互制约、相互作用、相互依赖和相互补充，每个分体系根据不同的属性再划分为若干不同的分支。其层次逻辑框图如图7-13所示。其中，总体标准层处于整个体系的最上层，它为下位的其他六个分体系提供总体指导和机制保障；信息安全和信息化管理贯穿于网络基础设

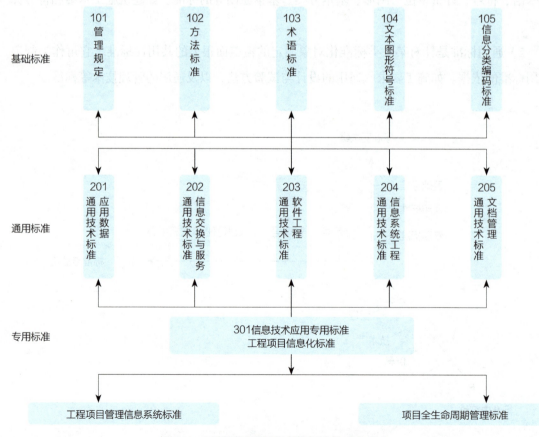

图7-11　工程项目管理信息化标准体系方案之一

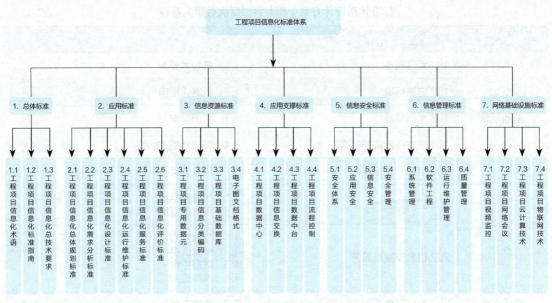

图7-12 工程项目管理信息化标准体系方案之二

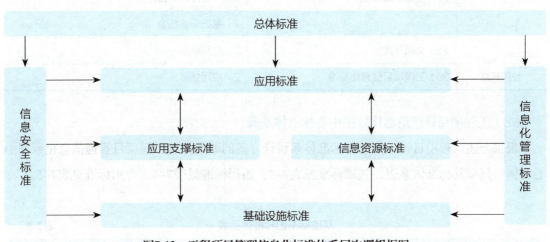

图7-13 工程项目管理信息化标准体系层次逻辑框图

施层、信息资源层、应用支撑层和应用层之中。应用支撑标准和信息资源标准为与应用无关的支撑标准,网络基础设施标准是整个工程项目信息化的硬件基础标准,处于最下层。整个分体系的核心是应用标准,各层标准均为应用标准提供服务和支撑。应用标准是本标准体系的核心,在总体标准指导下,对工程项目信息化的规划、需求分析、设计、运维过程的建设技术标准进行具体设计和规范。

上述方案按不同的标准体系设计思路对工程项目信息化标准体系的层次进行了规划,在内涵上两者存在统一关系,表7-2给出标准的层次对照关系。

标准体系设计方案一和方案二层次对照关系表　　　　　　　　　表7-2

方案一		方案二	
基础标准	101 管理规定	1.3	总技术要求
	102 方法标准	1.2	标准化指南
	103 术语标准	1.1	术语标准
	104 文本图形符号标准	3.4	图文档格式标准
	105 信息分类标准	3.2	信息分类与编码
通用标准	201 应用数据	3.1 3.3	数据元标准 数据库标准
	202 信息交换及服务	4.1 4.2 4.3 4.4	数据中心 数据交换 数据中台 流程控制
	203 软件工程	6.2	软件工程
	204 信息系统工程	5 6.1 6.3 6.4 7	信息安全标准 系统管理 运行维护管理 质量管理 基础设施标准
	205 文档管理	2	应用标准
专用标准	301 工程项目信息化标准	2	应用标准

（2）工程项目管理信息化数据中心标准体系表

根据上述工程项目管理信息化标准体系设计方案的要求，以工程项目管理信息化数据中心为例，列举其标准体系表，基础标准见表7-3，通用标准见表7-4，专用标准见表7-5。

基础标准的标准体系表　　　　　　　　　表7-3

体系编码	标准名称	现行标准	备注
1.1.1	术语标准		
1.1.1.1	工程管理信息术语标准		
1.1.1.2	数据库术语汇编	JIS X 0017-1997	
1.1.2	文本图形符号标准		
1.1.2.1	工程管理信息系统文本图形符号统一标准		
1.1.2.2	工程管理电子文档统一标准		
1.1.3	信息分类编码标准		

续表

体系编码	标准名称	现行标准	备注
1.1.3.1	工程管理信息分类与编码的基本原则和方法		
1.1.3.2	工程管理信息化领域应用数据分类与编码标准		
1.1.3.3	工程管理信息化领域技术经济指标分类与编码标准		

通用标准的标准体系表 表7-4

体系编码	标准名称	现行标准	备注
1.2.1	应用信息数据通用标准		
1.2.1.1	工程管理信息化数据元规范		
1.2.1.2	工程管理信息化数据结构及代码规范		
1.2.1.3	工程管理信息化基础数据格式、数据代码规范		
1.2.1.4	工程管理信息化数据库工程技术规范		
1.2.1.5	工程管理信息化信息数据采集与更新规范		
1.2.1.6	工程管理信息化数据质量与质量控制标准		
1.2.2	信息交换及服务通用标准		
1.2.2.1	工程管理信息化信息数据交换统一标准		
1.2.2.2	工程管理信息化信息发布、上报与检索规范		
1.2.2.3	工程管理信息化领域网络化数据接口标准		
1.2.3	软件工程通用标准		
1.2.3.1	工程管理信息化领域计算机软件工程技术规范		
1.2.3.2	工程管理信息化领域计算机应用软件测评通用规范		
1.2.4	信息系统工程通用标准		
1.2.4.1	工程管理信息化领域信息化系统工程技术规范		
1.2.4.2	工程管理信息化领域计算机应用系统信息互联通用接口标准		
1.2.5	工程管理信息化信息系统平台开发通用标准		
1.2.5.1	工程管理信息化信息系统平台开发指南		
1.2.5.2	工程管理信息化信息系统结构设计规范		
1.2.5.3	工程管理信息化信息系统数据库规范 (系统数据库字典、数据库更新周期和内容)		

专用标准的标准体系表　　　　　　　　表7-5

体系编码	标准名称	现行标准	备注
1.3.1	应用信息数据专用标准		
1.3.1.1	工程管理数据中心网络架构技术规格		
1.3.1.2	工程管理数据中心系统架构技术规格		
1.3.1.3	工程管理数据中心技术规范		
1.3.1.4	工程管理数据中心报表工具技术标准		
1.3.1.5	工程管理数据中心历史数据管理规范		
1.3.2	安全信息系统工程专用标准		
1.3.2.1	工程管理数据中心系统安全规范		
1.3.2.2	工程管理数据中心应急救援指挥系统技术规程		
1.3.2.3	工程管理闭路电视（CCTV）监控信息系统安全技术规程		

（3）智能建造标准体系框架设计案例

智能建造是面向工程产品全生命期，实现泛在感知条件下建造生产水平提升和现场作业赋能的高级阶段。在工程立项策划、设计和施工阶段，通过信息感知、传输、积累和系统化过程，实现人工智能与建造要求深度融合的一种建造方式。将来的工程项目将会向智能建造方向发展，工程项目信息化也将发展为智能化、智慧化。因此，给出智能建造标准体系框架设计案例，预示未来工程项目管理的方向。

服务于智能建造的现代信息技术及工程建造技术众多，需从数据、网络通信、安全、技术应用及管理等多方面进行考虑，设计一套较完善的智能建造标准体系框架，以利于智能建造在建造行业数字化转型和中国建造高质量发展中发挥关键抓手作用。智能建造标准体系框架（图7-14）主要由总体标准、应用标准、信息资源标准、应用支撑标准、信息安全标准、信息管理标准和网络基础设施标准7部分组成。

总体标准定义智能建造的关键术语、总体技术要求和信息化指南；应用标准具有良好的扩展性，涵盖智能建造目前涉及的主流应用技术，如建造机器人、3D打印、无人驾驶机械等，可随着智能建造技术发展补充完善；信息资源标准关注底层数据元定义、数据分类和编码标准；应用支持标准约束各子系统的数据交互，定义数据分析、模型交付等；信息安全标准保障智能建造系统的体系安全、信息安全和应用安全；信息管理标准约定智能建造系统的管理、实施、运行和评价过程和方法；网络基础设施标准置于硬件和网络层，构建智能建造技术底层通信平台，涉及5G、无线网络、云计算平台等。

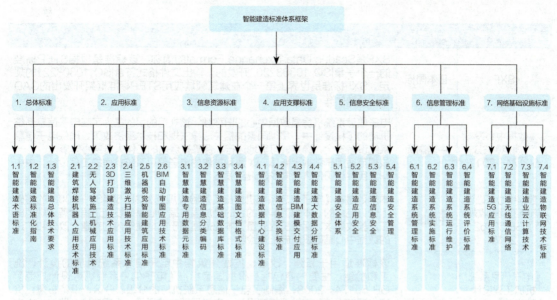

图7-14 智能建造标准体系框架

7.6.3 工程管理信息化标准建设的基础

我国工程管理信息化标准体系的建设，需要在借鉴国际上相关标准体系的基础上，充分考虑我国工程管理信息化建设的需求特点，本着重点突出、稳步推进的原则来逐步展开。目前可供借鉴的国内外信息化标准体系如表7-6所示。

国内外信息化标准体系表　　　　　　　　表7-6

标准名称及代码	标准类型	标准简述
STEP	国际标准	STEP是Standard for Exchange of Product Model Data的简称，它是关于产品数据表达和交换的国际标准，ISO（International Standard Organization）国际标准化组织为了支持产品设计信息的共享，开展了该项目。STEP的发展提供了一个产品数据技术的范例，它可以支持生成一个集成的信息模型来描述产品生命周期内所需的所有信息。STEP正式名称为ISO10303，发布于20世纪80年代中期，其目的是满足工业发展的需要，使产品数据独立于任何具体的计算机应用背景，如CAD、CAM、PDM或其他软硬件系统等
IFC	国际标准	IFC是Industry Foundation Classes的简称，由国际协同工作联盟IAI（International Alliance for Interoperability）制定，IFC是国际建筑业事实上的工程数据交换标准，已被接受为国际标准ISO，作为近年来兴起的国际标准，IFC标准是面向对象的三维建筑产品数据标准，短短几年中，其在建筑规划、建筑设计、工程施工、建筑电子政务等领域获得了广泛应用。如新加坡政府的电子审图系统，就是IFC标准在建筑电子政务领域最好的应用案例。借助这个系统，所有的建筑设计方案都要以电子方式递交政府审查，政府将规范的强制性要求编成检查条件，以电子方式自动进行规范符合性检查，并能够标示出违反规范的具体部位和原因。新加坡政府要求所有软件要输出符合IFC2X标准的数据，而检查程序只需识别符合IFC2X的数据，无须人工干预即可自动完成审图任务。随着技术的进步和应用推广，类似的建筑电子政务项目会越来越多，而IFC标准则将扮演越来越重要的角色

续表

标准名称及代码	标准类型	标准简述
SXF	日本国标	SXF是Scadec Data Exchange Format的简称，该标准是根据STEP标准的一个子集ISO 103032202开发的，输出文件格式符合ISO 10303221的规定。SXF标准是世界上第一个在建筑领域应用STEP标准框架开发出的CAD数据交换标准
《数据中心设计规范》GB 50174—2017	中国国标	电子信息系统机房是数据中心的旧称呼，该规范的目的是为了在电子信息系统机房的工程设计中，贯彻国家的相关法律法规和技术经济政策，确保电子信息系统设备安全、稳定、可靠地运行，保障机房内的工作人员身心健康。该规范适用于陆地上新建、改建和扩建的电子信息系统机房的工程设计，由中华人民共和国住房和城乡建设部颁布
《数据中心基础设施施工及验收规范》GB 50462—2015	中国国标	本规范是在《电子信息系统机房施工及验收规范》GB 50462—2008 的基础上修订完成的。本规范编制的目的是加强数据中心基础设施工程管理，规范施工及验收要求，保证工程质量。本规范适用于陆地建筑内的新建、改建和扩建的数据中心基础设施施工及验收
《电子信息系统机房工程设计与安装》设计图集——国标09DX009	中国国标	该标准适用于新建、改建、扩建建筑物中电子信息系统机房的设计、施工和检测。主要内容包括：根据国家标准《电子信息系统机房设计规范》GB 50174—2008，编制了电子信息系统机房的分级、分区、设备布置；机房供配电系统和接地系统的设计；电磁屏蔽室的通风、机房布线、监控、火灾报警系统及灭火系统的设置；机房建筑、结构、空调和给排水专业的要求与做法；机房工程示例等。图集以电气专业为主，涉及建筑、空调等专业的专项设计，确保电子信息系统安全、稳定可靠地运行
《数据中心通信设施标准》TIA-942	美国通信行业协会标准	美国国家标准学会ANSI于2005年批准颁布了《数据中心通信设施标准》，该标准由美国电信产业协会和TIA技术工程委员会编制。该标准的用途是为设计和安装数据中心或机房提供要求和指导方针，主要服务于需要对数据中心全面理解，包括设计计划编制、电缆系统和网络设计的设计师。该标准将使数据中心设计在建筑设计过程早期被充分考虑，通过提供各专业设计成果借鉴，保证数据中心建设能够从预先计划好的、支持计算机系统升级的基础设施中获益

7.7 案例分析

本节以某地铁集团为典型案例，除轨道交通建设、运营、土地储备、物业开发和资源经营五大主业外，还包括轨道交通投融资、设计咨询、教育培训、其他衍生资源开发等子业务。信息化作为支持企业业务运行的重要保障，其信息系统规划（Information System Planning，ISP）目标是能够从知识经验积累、决策支持等方面帮助企业提升效率，有效地为建设、运营、土地储备、物业开发、资源经营等业务服务，支持地铁企业战略目标的实现。

地铁集团的核心业务从时间维度上可以划分为工程建设和运营管理两个阶段。本节重点讨论地铁企业的工程项目管理业务管理信息化规划。

7.7.1 信息化现状

该地铁集团的信息化发展历程可以大致分为三个主要的阶段：

1. 起步期（2007年）

某地铁集团成立初期，没有建立专职信息化部门，只设置了信息员岗位。信息员主要负责一些简单的数据统计分析工作，以文件方式管理数据，员工对企业信息化工作的参与程度较低。

2. 增长期（2008-2012年）

2008年，某地铁集团正式设立专职信息管理部门：隶属于集团办公室的二级部门信息中心。信息中心在负责企业信息化发展规划、建设的同时，还需负责软件、硬件、网络的维护，以及摄影宣传、公文收发等工作。

在这个时期，信息中心内部团结一致，将信息资产维护（硬件、软件、网络）、企业宣传等工作管理的井井有条，同时开发了部分业务系统和行政管理系统，提高了整个企业内部的沟通、工作效率。例如建立资产管理系统，有效的管理了运营资产，使资产能尽可能的保值增值。

3. 成熟期（2013-2016年）

2013年，该地铁集团开启了新网络服务中心规划建设工作，并着手建立集团数据中心，由此该地铁企业的信息化建设进入了快速发展时期。

在这个时期，某地铁集团信息化水平突飞猛进，除开应用系统建设外，还重点打造了一站式协同办公平台，汇聚了所有业务系统，并形成了标准的接口及规范，为未来搭建新的应用系统打下坚实的基础。

同时，建立了企业级移动应用中心LINK，可随时随地轻松办公的"公文流转APP"，以及面向公众服务的"某地铁APP"，迈向了"互联网+"思维的企业信息化新时代。

现阶段，该地铁集团已具备较高的ISP成熟度，储备了各类（硬件、软件、网络）信息技术人才，并积累了丰富的信息化建设经验，为企业未来信息化建设提供了有效的保障。

7.7.2 信息化战略

信息化的建设过程离不开企业内控体系的保障，将信息化规划与企业制度规范化、流程标准化的内控体系相结合，使企业战略更好的落地，达到最理想的效果。

1. 标准化的数据战略

建立地铁企业统一的管理架构和数据体系，促进数据标准化，保证数据安全，便于后续对数据的深入挖掘与分析。

2. 一体化的应用战略

建立以业务导向型的一体化应用架构体系，该体系能有效支持地铁企业各类业务的管理和流程的管控，并具有较强灵活性和可扩展性。

3．价值最大化的管控战略

企业信息化管控的核心是"追求信息化整体价值最大化"。信息化管控在解决业务管理和基础运维问题的同时，还需管控信息化运营的风险，寻求价值最大化的信息化运营机制。

4．集中统一的技术战略

建设统一的地铁业务应用基础架构平台，提升数据共享和应用集成的效果，使信息化平台达到科学、规范、稳定和人性化的标准，在科学、经济和适用中取得平衡。

7.7.3 工程项目管理系统规划

地铁集团的系统规划包括搭建起支撑该地铁建设、运营、土地储备、物业开发和资源经营业务的信息化应用体系，构建完整的地铁业务管理信息化版图，实现业务与管理的信息化完全覆盖，而工程项目管理系统的规划是重要的组成部分。

工程项目管理系统建设的最终目标是构建"城市轨道交通工程建设管理一体化"平台，全面覆盖"新线规划—设计—施工—验交"地铁工程建设的全生命周期，实现对设计、进度、质量、投资、安全、施工等业务和企业内部职能领域的信息化管理，并与合同管理、财务管理等信息系统集成，全面抽取工程建设信息并以不同纬度展示工程建设的关键信息供高层领导或项目管理人员决策，最终实现工程建设管理领域所有业务的一体化管理。

工程建设管理领域的核心信息系统规划，如图7-15所示。

工程项目管理系统的应用功能分解见表7-7。

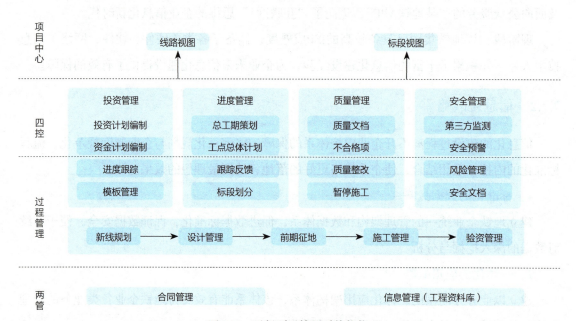

图7-15　工程项目管理系统架构

工程项目管理系统应用功能分解

表7-7

序号	功能模块	模块功能描述
1	A.1 线路视图	业主方通过项目中心的线路视图,掌控该项目的整体进度、资金、合同管理及质安监控信息,实时了解线路建设情况
2	A.2 标段视图	业主方项目经理通过标段视图,掌控标段的进度、合同、资金、设计文件、质安监控信息
3	B.1 新线规划	实现新线规划、立项、工可研究的计划编制、发布、审核和跟踪管理,相关部门可查询进展及结果。实现新线规划报告、立项报告、工可研究报告内部审批流程以及各级政府审批记录上传
4	B.2 项目报建报批	实现项目立项、工可研究报告、建设环境影响评价报告等立项阶段的政府审批文档的上传。以单个项目为维度,实现工程报建阶段的过程及文档的管理,对专业性评估文件、专业性审查或报建管理等的相关审批件进行管理。同时,需根据档案管理要求,明确其文档归档的著卷目录
5	B.3 设计管理	实现对工程建设设计过程和成果的管理,包括对设计成果的审核、设计成果的版本管理、设计变更的审核,并提供对于设计成果、设计变更等信息的综合查询功能。主要支撑设计管理业务
6	B.4 征地拆迁	通过系统管理实现对新线建设项目前期征地、借地、拆迁、管线迁改、绿化迁移、临水临电、交通疏解等前期工程项目进行管理,帮助全面掌控拆迁进度,以最快速度识别其对后续正式进场施工的影响
7	B.5 施工管理	把各专业、项目类型的标准化咨询梳理的成果转化为信息化需求,并在一体化项目管理平台中对专业标准进行固化,实现对土建和机电专业类型相关工序、阶段分解,实现对不同阶段、工序的管理与交付物的留痕记录和文档管理
8	B.6 投资管理	结合地铁的项目特点,将线路分成标段进行投资管理,包括投资计划的编制、审批、跟踪、投资进度异常处理,实现投资与项目进度相结合,实时跟踪投资完成情况
9	B.7 进度管理	以总工期策划为管理统筹,实现对项目计划全生命周期的管理,对计划的创建、进度反馈的流程进行形象进度过程管理,包括计划的编制、审批、跟踪、进度异常处理等功能
10	B.8 质安管理	对地铁工程建设过程中的质量、安全、信访问题进行统一的流程管理和跟踪监控,实现多维度KPI视图展示现场施工关键指标,并实现安全预警,最终提高建设工程质量安全的管理水平,增强工程参建各方质量、安全管理意识,明确工程参建各方质量、安全与信访管理的工作职责
11	B.9 工程档案管理	实现项目全生命周期内的各类图纸、音视频资料等的汇总和整理
12	B.10 验交管理	对验收阶段各项工作成果文档进行管理并提供便捷查询,同时针对专项验收工作实现与规划、设计、施工等前置环节的数据关联,提高验收效率
13	C.1 合同管理	实现合同策划、合同招标、合同签署、合同支付、合同变更、合同归档
14	C.2 信息管理	信息管理的主要工作为将项目全生命周期内产生的有价值的文字、图纸、影视等不同形式和载体的记录加以整理和总结,为之后类似工程提供决策依据

工程项目管理系统与地铁集团其他信息化系统存在信息交互与协同，如表7-8所示。

工程项目管理系统协同关系 表7-8

序号	功能模块	交互信息
1	企业门户	与企业内部门户单点登录集成，采用统一认证方式进行登录。 系统中各个流程产生的待办事项和预警信息需要推送到内部门户，用户在内部门户可以直接进入本系统进行相应待办事项处理。 与企业外部门户集成，工程建设项目管理平台中重大事项新闻公告能推送到内部门户和外部网站
2	人力资源管理系统	与人力资源管理系统的集成，根据管理要求以及绩效考核管理要求，把一线人员的绩效考核结果推送到人力资源管理系统，作为工资及绩效考核的数据来源
3	合同管理系统	与合同管理系统集成，将工程建设项目各专业标段的所属合同相关基本信息同步至一体化工程项目管理系统中。 合同管理系统将工程建设各专业标段的合同签订、总额、审批流程信息同步至一体化项目管理系统中。 合同管理系统将工程建设概算回归信息同步至一体化工程项目管理系统中。 合同管理系统将设备采购、安装类项目的合同清单数据同步至一体化工程项目管理系统中
4	财务管理系统	与财务管理系统集成，工程项目管理平台中资金计划管理模块从财务系统实时获取实际支付金额信息
5	全面预算管理系统	将工程投资完成数同步至全面预算管理系统
6	档案管理系统	与档案管理系统集成，根据工程建设等各标段项目相关专业的归档要求，将现有系统中需要归档的档案文件推送至档案系统中，实现档案整体移交
7	BIM系统	与BIM系统集成，将工期计划、工程建设形象进度、设备履历等信息与BIM系统中模型信息对接，与BIM构建的工程实体、设备实体数据进行关联，实现基于BIM的建设数据三维立体展示

7.7.4 实施组织构架

1. 组织与职责设置

综合考虑某地铁集团目前的信息化管控状况以及未来5年内的业务战略、信息化战略，为了实现IT的价值，建议近期进行如图7-16所示的IT组织设置。

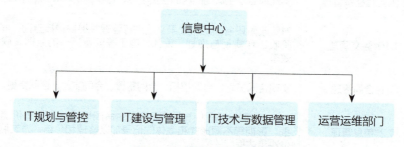

图7-16 IT组织架构建议图

参考行业经验及成果中描述的该地铁实际情况，计划信息中心负责公司整体信息化建设工作，类似于新闻采集宣传、会务支持等事务型职能从信息中心职能中剥离出来，下设IT规划与管控、IT建设与管理、IT技术与数据管理三个小组；同时计划运营公司成立专门的运维团队，负责机房、网络、终端运维。

信息中心作为公司信息化工作归口管理组织，负责公司统一的IT规划与管控、IT建设与管理、IT技术与数据管理，负责为公司进行正确决策提供及时、准确的信息服务，并通过结合新技术和新管理模式，帮助各个职能和生产部门提高生产效率和管理水平。

在项目需求访谈阶段，信息中心独立为一级部门，以更好地支撑整个集团信息化建设工作。

2. IT部门岗位设置计划

参考行业同等线网规模地铁公司，地铁信息中心设置主任1人、副主任2人、工程师8人，共11人，且1人专职做新闻采集宣传，1人专职会务支持工作，其他人员兼职做新闻采集宣传、会务支持等事务型工作。因此，人员规划缺口19人。

具体岗位设置情况如图7-17所示。

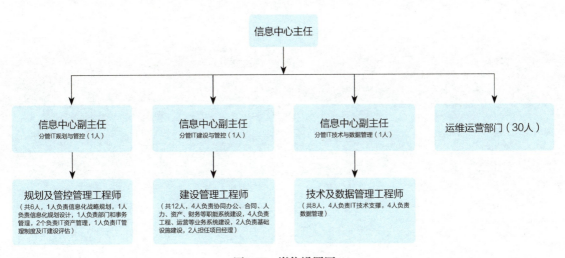

图7-17　岗位设置图

7.7.5　项目划分及安排

对于信息化建设规划项目，将从业务紧迫性、业务成熟度、业务重要性和应用广度四个维度进行优先级评估，同时考虑地铁信息化的实施现状，从而确定某地铁集团未来5年信息化建设项目实施的优先顺序。项目实施优先级排序关键因素模型及各纬度的含义与分值比例（100分制）如表7-9所示。

项目优先排序关键因素模型　　　　　　　　　　　　　　　　　　表7-9

序号	优先级排序关键因素	维度
1	业务紧迫程度（30%）	以该市地铁发展及战略规划为依据，评估该项目所支撑业务需求的紧迫性
2	业务成熟度（30%）	该项目所支撑业务发展的成熟情况，评估包括组织构建、制度流程等情况
3	业务重要性（30%）	以业务战略和目标为标准，评估该项目所支撑业务在企业中的重要程度
4	应用广度（10%）	评估该项目建成后使用人员的广度和范围

思考题

（1）针对一个工程项目，需要做哪些信息化的基础准备工作？

（2）谈谈你对信息化发展趋势的具体看法。

（3）什么是信息规划？信息规划需要做哪些具体的工作？

第8章 工程项目管理信息系统

管理信息系统（Management Information System，MIS）是一个由人、计算机及相关的设备组成的集成化信息系统，是可以进行信息收集、传递、储蓄、加工、维护和使用的系统。它能测定企业的各种运行情况，利用过去的数据预测未来，从全局出发辅助企业决策，利用信息控制企业行为，帮助企业实现规划目标。

工程项目管理信息系统是工程项目管理领域信息化最集中的体现之一，这里将划分为单业务应用系统、综合业务应用系统、项目总控系统。综合业务应用系统是在单业务应用系统的基础上集成各业务管理功能而来，从单业务应用系统到综合业务系统，体现了系统集成和功能整合的效益。项目总控系统则是在系统集成和功能整合的基础上实现项目整体目标的控制。

8.1 工程项目管理单业务应用系统

工程项目管理单业务应用系统是指用于辅助工程项目某一目标控制的应用软件，用来实现进度计划、质量控制、成本管理等单一目标管理的信息化。对工程项目的单一目标进行控制的管理业务，在工程项目组织中，都对应相应的职能管理部门，信息技术在工程项目管理中的应用正是从对职能管理部门的业务流程的模拟开始的。

8.1.1 工程项目管理单业务应用系统的发展

工程项目管理单业务应用系统最初主要用于工程施工阶段，最早出现的与工程建设项目管理直接相关的软件是用于会计记账和成本测算的，其基本功能是进行数据的收集和输入；数据传输、存储和加工处理、查询；完成各种统计和综合处理工作，及时提供各种信息。到了20世纪70年代，一些公司研制开发出基于网络计划技术CPM和PERT的项目管理软件，如Microsoft Project等已被工程项目管理人员广泛地用于绘制工程建设进度计划，具备进度目标控制功能的软件至少应能做到：定义作业（也称为任务、活动），并将这些作业用一系列的逻辑关系连接起来；计算关键路径；时间进度分析；资源平衡；实际的计划执行状况；输出报告，包括甘特图和网络图等。除此之外，当前专门的进度计划软件还包含以下功能：编制双代号网络计划（CPM）和单代号搭接网络计划（MPM）；编制多阶网络计划（MSM）；工程实际进度的统计分析；实际进度与计划进度的动态比较；工程进度变化趋势预测；计划进度的定期调整；工程进度各类数据的查询；提供多种（不同管理平面）工程进度报表；绘制网络图等。进入20世纪80年代后，在工程建设项目的施工阶段出现了越来越多的其他类型的软件，如费用管理软件、风险管理软件、资源（人工、材料等）管理软件等。还有一些其他的工程项目管理软件应用于工程建设的其他阶段，如决策阶段的项目可行性研究和项目评估软件等等。同时，随着信息技术的进步和应用的不断深化，这些系统更加智能化，通过对信息的逻辑分析和数据挖掘，提供分析和预测功能，譬如，工期变动分析、不可预见事件分析等，并在分析基础上产生预测功能，如进度预测、投资预测、资金需求预测等。

8.1.2 工程项目管理单业务应用系统

（1）多主体进度计划系统

大型复杂工程建设参与单位众多、建设周期长、投资大，质量控制难度高，必须要有科学合理的进度计划作保障，不仅要满足节点控制性工期和总进度工期目标要求，而且要及时动态地对进度计划进行调整。

多主体进度计划系统是一种利用计算机，结合业主、承包商等主体，三阶段分析工程项目多种不确定影响因素，动态调整工程项目进度计划的人机交互系统。进度计划是由多个相互关联的子进度计划组成的具有不同深度的多阶段多层次的计划体系，使组织结构、项目、WBS、作业、步骤的形成从粗到细、层层细化，其建立和完善是一个动态过程。鉴于进度计划的精准性、多阶段性、多层次性以及多主体性，智能进度计划管理系统采用业主和承包商分级三阶段编制工程项目总体进度计划和分部分项详细进度计划，综合考虑工程项目的约束限制因素，将总体进度计划和详细进度计划进行合并。首先，业主根据工程项目的总体状况，制定总体进度计划框架，即编制里程碑和指导控制性计划，并以分包商承包项目为基本标包导入中央数据库中。其次，承包商从中央数据库中下载对应的分部分项工程总体进度计划框架，进一步编制详细的进度计划，并将其上传到中央数据库中。最后，业主导入原先的总体进度计划框架和各分部分项详细进度计划进行合并，通过人为调整，并将结果保存到中央数据库中。所有的进度计划，都经过CPM分析生成关键线路，并生成横道图、网络图、时空线性图。其流程如图8-1所示。

多主体进度计划系统总体功能分别由三个子系统实现，如图8-2所示。

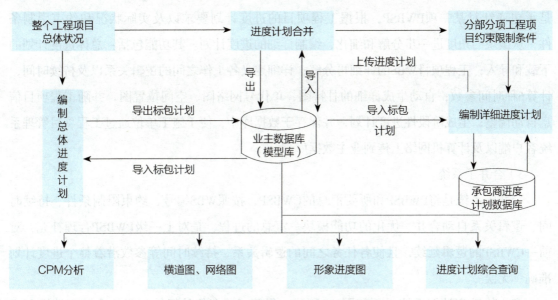

图8-1 多主体进度计划系统流程图

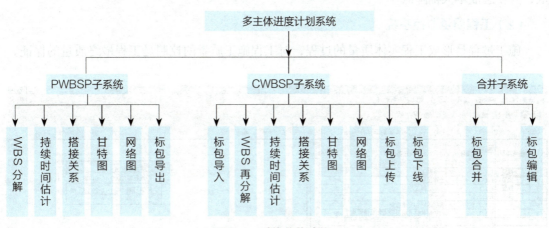

图8-2 系统总体功能

1）PWBSP子系统

PWBSP（Project Work Breakdown Structure and Plan），即项目总体进度计划框架子系统，是业主从宏观的角度看待整个工程项目，从战略管理角度判断高级别的问题，并结合工程项目本身的特点和工期的要求，编制里程碑和指导控制性计划。其功能包括：系统初始化；完成项目总体WBS分解，定义各工作之间的逻辑关系以及持续时间并计算6种时间参数；自动生成甘特图、单代号网络图、形象进度图，并随工程项目信息改变自动调整；生成总体进度计划，并保存于业主数据库中，同时会分解成需要的标包存入业主数据库中，便于承包商下载。

2）CWBSP子系统

CWBSP（Contractor Work Breakdown Structure and Plan），即施工项目进度计划子系统，

是承包商针对某一项PWBSP，根据工程项目的进度计划要求以及实际状况和约束限制条件，从微观的角度进一步分解和细化，编制详细的进度计划。其功能包括：总体进度计划的下载和导入；工程项目WBS的详细再分解；详细定义各工作之间的逻辑关系以及持续时间，计算6种时间参数；自动生成详细的甘特图、单代号网络图、空间位置图，并随工程项目信息自动调整；生成阶段性进度计划，并保存于数据库中，便于施工单位通过工程项目管理系统客户端以及计算机网络上传到业主数据库。

3）合并子系统

合并子系统是将PWBSP和所要汇总的CWBSP，按照WBS编号、约束限制条件、持续时间、逻辑关系自动合并、优化的功能模块。汇总的过程，是对上一级PWBSP合理补充，对前一CWBSP的逻辑延续，且使各任务之间的逻辑关系、持续时间等参数沿着整个进度计划准确、无误。

多主体进度计划系统界面如图8-3所示，保障了20多亿的轻轨工程按合同工期顺利完成，并使总成本大幅降低。

（2）**工程质量监控系统**

施工过程是形成工程实体质量的过程，对工程施工质量的控制是工程最终质量的保证。

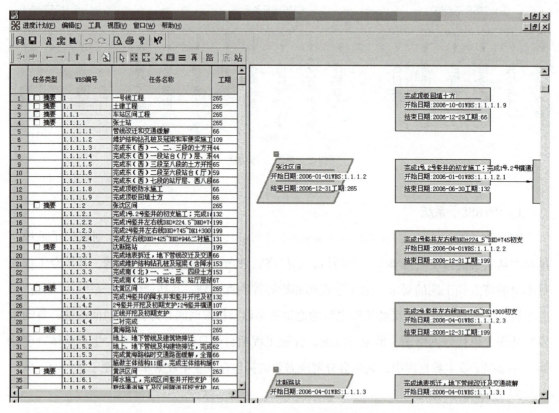

图8-3　多主体进度计划系统功能界面

而工程施工质量的控制涉及建设单位、勘察设计、施工、监理和质量监督等不同的参与方，是一个多方协作的过程，需要各方的共同努力。在我国，相对来讲，设计人员素质较高，遵循国家和有关部门颁布的政策、法规和设计文件的难度不大。而施工队伍则良莠不齐，执行施工规范与技术标准存在很大的困难，并且，他们的流动性很大，施工经验流失严重，难以积累下来形成知识，成为企业的财富。在这样的背景下，工程施工质量的控制尤其需要强调质量监控的重要性，监理和监督部门在质量控制中起着举足轻重的作用。为此，需要将信息化技术全面引入到工程项目质量监控体系中来。

面向质量监理和监督部门的工程质量监控系统的特点是可以动态设置质量控制表格中的各质量控制点，如图8-4所示。通过运用工程质量监控系统，能够实现质量监控全过程的规范化管理（统一规范的工作方法和流程），完整记录质量监控过程的信息，并通过数据分析来提炼质量监控新知识，从而实现基于新知识的质量监控持续改进，提高工程质量监控水平。

质量控制点是为保证工序质量而确定的重点控制对象、关键部位或薄弱环节。施工难度大的结构部位、影响质量的关键工序、操作施工顺序、技术参数、材料、机械、自然条件、施工环境都可作为质量控制点。

工程的施工阶段是工程质量的形成阶段，施工过程中质量控制的主要工作包括：以工序质量控制为核心、设置质量控制点、严格质量检查。其中，工序质量作为施工过程质量活动的基本单位，是质量控制的基础和核心，而质量控制点的设置则是对工序质量进行预控和过

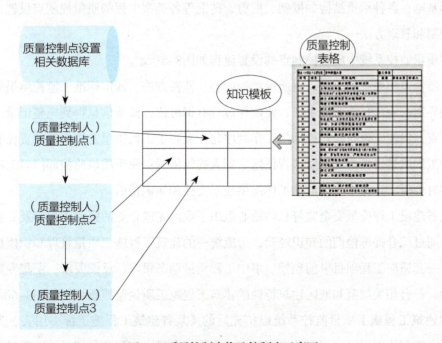

图8-4 质量控制表格及控制点示意图

程控制的有效途径。因此，把握好质量控制点设置和管理环节的工作是质量监控的基础。

质量监控中常用的质量控制表格是质量控制知识的载体，表格的每一项就对应一个质量控制点，质量控制知识通过这一个个控制点嵌入到质量控制表格中，整个质量控制表格就类似一个质量控制知识模板，通过定义知识模板，实现对质量控制知识的捕获，并将捕获到的知识以一定的规则表达式（IF—THEN）的形式内置到质量控制表格的每一个控制点中（如主控项目中水平灰缝砂浆饱满度必须大于80%；每一个检验批的个数至少6个等）。工程质量监控正是通过对表格中这些控制点数据的检查分析进行的，为对质量数据进行分析统计、质量预警和知识的提取挖掘提供基础。

在工程质量监控系统中，质量控制表格中质量控制点的设置是基于如下相关知识库的，这些知识库保持完全开放，以方便知识的修改和添加，实现对质量控制知识的动态更新。系统通过表格定义技术的应用，能够随监控需求和知识的不断积累及时更新质量控制点。

1）国家法规、技术标准库。其包括质量验收规范、技术标准、地方法规、ISO9000质量标准等规范和标准数据库，这个数据库通常是比较稳定、不易变动的。

2）质量通病知识库。其主要存储一些质量通病、用户反馈的常见质量问题及其预防和解决办法。

3）质量事故分析知识库。主要包括面向企业，甚至整个行业中质量事故的分析过程和处理办法。可以用统计方法找出质量事故的频发点作为质量控制的关键点。

4）由以往各类型工程质量控制点设置经验库。其包括以往各种基础如桩基础、条形基础、箱形基础；各种承重结构如框架、框剪、砖混等各类型工程的质量控制点设置，以及控制点的控制和管理方法。

工程质量监控系统中质量控制点的设置流程如图8-5所示。

通过质量监控系统的应用，对质量监控内容、监控方法、评定标准、监控结果的管理等进行明确界定，规范日常监控工作，使监控过程有据可依，监督信息得到完整记录，监控结果有据可查，促使工程质量监控部门工作程序化，提高了工程质量监控人员的责任心和主动性，也为工程质量责任追究制度、责任落实到人提供依据；便于质量监控部门对工程监控信息进行实时分析，为整个质量监控工作提供技术支持和知识指引。

由某省建设工程质量安全监督总站精心组织了业内先进企业的资深工程师及专家进行研究探讨，通过综合提炼他们的知识经验，形成统一的建筑工程施工质量管理知识模板，并开发完成了一套适应工程项目事前预控、事中工程质量动态跟踪、反馈要求，汇集专家智慧、施工经验，符合相关规范和地区建筑特性的建筑工程施工质量监控系统，如图8-6所示。

某省建筑工程施工质量监控系统以扩充后的《某省建筑工程施工统一用表》为管理对象，包括：工程管理资料、工程技术资料、工程物资资料、工程测量记录、工程记录、工程

第8章 工程项目管理信息系统

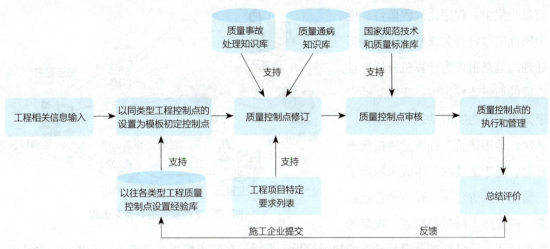

图8-5 质量控制点设置流程图

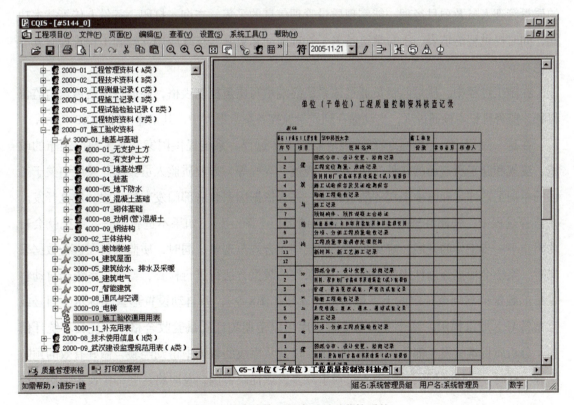

图8-6 某省建筑工程施工质量监控系统

试验记录、工程验收资料7大类。系统的构思和实现如下：首先，在综合提炼业内先进企业及专家知识经验基础上，构建覆盖建筑工程施工全过程的质量控制点网，涉及施工动态管理、施工技术管理、施工工序管理等7个方面，共计配置331类控制点。并结合现代工程管理理论和某省建筑工程管理实践，设计重组建筑工程质量管理规范流程：变现场零星分散的监督为集中、程序化远程监督；变个别性的监督为关联监督；变手工处理的监督报告为计算机分析统计生成的质量监督报告；变孤立的专家知识收集为实时动态收集发布。其次，运用建筑工程质量预控管理理念，基于上述的工作成果制定了一套贴合某省建筑工程质量管理需要、内置施工质量控制点、规范的

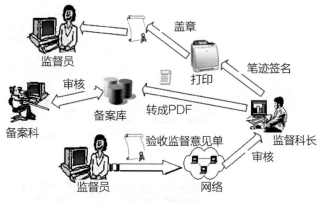

图8-7 工程质量监督备案流程

管理流程、质量标准及规范要求的知识模板。最后，在知识模板的基础上，开发出一套建筑工程施工质量监控系统。该系统适用于施工企业、建设单位、监理企业、建筑质量主管部门的质量管理人员及项目经理，能实现质量管理信息的采集、查询、打印、备份上传等基本功能，同时提供智能填表、手写笔迹签名、管理库动态更新、在线应用支持和工程管理服务等特色功能。

在施工过程中，质量监督员通过该系统终端填写质量控制表格，并通过网络传送给监督科长，监督科长审核通过后，自动保存到质量监控备案数据库中，其工作流程如图8-7所示。

在这一过程中，系统能够有效规范监督工作过程。系统提供国家和有关部门颁布的政策、法规和施工所遵循的各种专业标准、规范、规程等，方便质监人员查阅。系统中关于工程的单项汇总评定和分项工程的质量评定，完全依据国家政府部门发布的规程、规范开发。在监督过程中，强制性规范要求必须检查的部位（图8-8），如果不进行检查，系统就会自动阻止下一步工作的开展，避免少检、漏检等不合规范现象；同时，质监人员在进行数据采集时，系统会根据强制性规范的要求，对采集的数据合法行进行检查，譬如，系统会自动将采集的数据值与规范规定的上下限值进行比较（图8-9），并自动设置形象化标示（圈号或三角符号）加以提示。基于质监备案数据库可以定期统计质量验收合格率、优良率统计信息，分析质量事故发生部位、类型、原因，以便从事故的教训中得到经验，做好有效的预防措施。同时，可以帮助质量管理人员对事故多发点提高警惕，及时将这些部位设定为质量控

图8-8 强制性规范检查

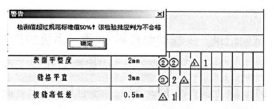

图8-9 智能数据判断

制点，并删除先前设置不合理的质量控制点，保证质量控制点的动态设置，实现质量控制知识的及时提炼、共享、应用。

在工程竣工后，完整的质量监控信息通过网络直接提交给质量监督站等质监行政管理部门，从而对多个工程项目质量监控信息进行统计分析，得出质量事故发生频率、伤亡程度、发生区域分布等信息，便于质监行政管理部门把握区域内工程质量安全的走势，有针对性地制定维持和改善质量状况的政策和措施，增强对区域内工程质量整体状况宏观掌控的能力，保障工程质量的整体良好水平。

8.2 工程项目管理综合业务应用系统

工程的质量、进度、成本等控制目标之间既相互制约又相互依存，工程项目管理追求的不是单一的目标，而是综合目标。单业务工程项目管理应用系统能够提高单一目标的管理绩效，但缺乏各功能之间的集成，项目管理各业务之间的信息共享和沟通程度不高，在各职能部门间形成信息孤岛，同时，由于缺乏来自各个业务数据所形成的综合信息，不能很好地形成知识以提供决策支持。

随着单业务工程项目管理应用系统的成熟，工程项目管理系统又开始迈向功能的集成，形成综合业务应用系统，通过项目组织内部各职能管理部门的集成解决部门间的信息孤岛问题，实现工程项目管理各目标的综合协调控制。其遵循系统集成的理念，首先，从信息集成出发，提高组织中各部门的信息共享度，从而保持数据的一致性，减少数据冗余。其次，信息集成是业务流程集成的基本要求，通过信息集成，带动企业的业务流程重组，实现业务流程集成。最后，业务流程的集成，必然引起组织的变革，实现组织集成。因此，综合业务应用系统从工程项目管理信息集成开始，通过业务流程集成和组织集成，形成其运行必备的信息集成、业务集成、组织集成的支撑环境。

各子系统分别对应单业务应用系统，拥有各自的专用数据库，对项目各分目标进行控制。而综合业务应用系统则依靠公用数据库将各子系统公用的数据按一定的方式组织并存储起来，实现各子系统的数据共享，达到对各子系统功能的无缝集成，实现对工程项目整体目标的协调控制，如图8-10所示。

此外，综合业务应用系统还向上与企业级的综合信息系统（如企业办公系统等）集成，并向这些系统提供项目的工程数据，以供在企业层面展开基于多项目的控制和分析。通过和企业级综合信息系统的集成，将企业和项目的相关处理业务进行合理组织，形成一个有机的整体，优化改善业务流程的效率，增加企业和项目的收益。譬如通过多项目的施工成本分析，形成企业内部的定额标准，从而指导项目投标报价，也为整个企业所有项目的成本控制

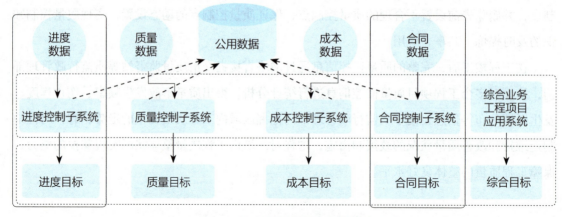

图8-10　综合业务应用系统结构图

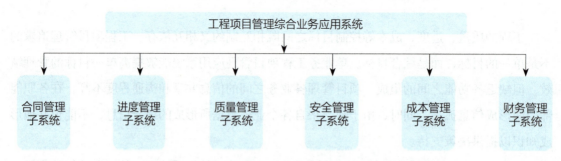

图8-11　工程项目管理综合业务应用系统功能模块示意图

提供参考。还可以通过报表或者图表的形式辅助分析企业业务成本，使得企业和项目能够合理地降低成本。

工程项目是以成本、进度、质量三大控制为目标，以合同管理为核心的动态系统，因此，工程项目信息系统至少应具有辅助三大目标控制及合同管理任务的功能。

综合业务应用系统一般包括合同管理子系统、进度管理子系统、质量管理子系统、安全管理子系统、成本管理子系统、财务管理子系统等。各功能模块是相互独立的，但其间有内在的逻辑联系和数据联系，如图8-11所示。

8.2.1　工程项目管理综合业务应用系统功能说明

1. 合同管理子系统

合同管理子系统是对工程项目勘察设计、施工、工程监理、咨询和科研等工程管理活动所涉及的合同起草、签订、执行、归档、索赔等环节进行辅助管理的功能模块，合同约定了一定范围内的进度、质量、成本等控制内容，合同管理的重要性不言而喻。合同管理子系统一般包括合同会签、合同信息管理、合同支付管理、合同变更管理等功能模块。合同会签在线上审批可以规范合同签订行为，加快合同文本审批速度；合同会签成功后形成的合同信息是合同管理员对合同后续执行情况的基础信息；在合同执行过程中，合同管理员根据合同约定的内容开展合同支付计划、支付申请的填报和流转工作等；如合同发生变更或索赔，合同管理员需及时登记，必要时还需要修改合同基础信息，为后续合同执行工作提供支持。以上工作结果都需要在系统中进行审批和归档。

2．进度管理子系统

进度管理子系统是通过项目的计划进度和实际进度的不断比较，为进度管理者及时提供工程项目进度控制信息，以有效控制工程项目实施进度的功能模块。

进度管理子系统可以实现对工程项目施工过程中的进度计划、现场协调，包括制定年度施工计划，分标段分施工单位划分月度计划及短期作业计划，并采用设定形象单元方式，形象化展示工程项目的形象进度。系统可以通过网络图、树状图、甘特图、PERT多角度表现项目和任务逻辑的关系。进度管理员可以根据现场的实际进度情况，调整项目进度计划，并形成项目进度变更记录，从而实现施工中的进度控制。

3．质量管理子系统

质量管理子系统是辅助质量管理员制定项目质量标准和要求，通过项目实际质量与质量标准、要求的对比，及时获得质量信息，以控制工程项目质量的功能模块。

质量管理子系统一般包括单元工程分解与定义、施工工序检测、材料与试件检测、工程质量问题管理、工程验收与评定等功能模块。

单元工程分解与定义是质量管理子系统应用的关键环节，也是实行施工规范化管理的重要步骤。单元工程分解首先以合同为单位将工程分解为单位工程、分部工程、分项工程、单元工程。在施工工序检测、施工材料检测、试件检测、质量问题、工程验收与评定模块中将使用单元工程分解编码，用以确定各模块的实施与管理对象；施工工序检测以单元工程为单位开展。工序根据不同的施工类型划分为一系列检测指标，质量管理员依据检测指标开展施工工序检测工作并及时记录存档；材料与试件检测主要针对进场的工程材料检测与施工现场的试件检测；针对上述工作发现的工程质量问题，质量管理员对问题的报告、问题初步处理措施的审查以及工程质量问题的处理等整个过程进行跟踪管理；最后，质量管理员可以对分部工程、分项工程、单位工程等多个方面进行验收与评定工作的跟踪与管理。

4．安全管理子系统

安全管理子系统是辅助安全管理员开展安全预警工作，进行安全检查管理，及时整改安全隐患和应急处置安全事故的功能模块。安全预警模块可以实现工程结构和环境安全监测分析和预警，预防重大工程结构和环境安全事故发生；安全检查模块一方面要通过安全检查来采集系统所需要的基础数据，比如对施工单位的扣分数据、通病数据、隐患信息等数据，另一方面是施工现场安全问题的"检查–上报–整改–复查–核查–考核"的闭环管理的具体实现。其主要功能包括安全检查结果录入、安全问题整改、安全问题复查、核查、安全隐患查询以及安全隐患库的形成；工程安全事故应急处置管理模块可以统筹管理现场的应急救援预案、应急资源和应急组织等信息，结合现场无线通话指挥系统，在救援过程中应能迅速调用事故点实时和历史监测信息、图纸信息和现场音视频信息。实现施工现场的突发事件处置、应急救援资源联动和现场救援指挥业务。

5. 成本管理子系统

成本管理子系统设计的目标是协助成本管理工作者确定项目各种成本、编制成本计划及根据进度计划对成本计划动态调整、开展成本统计核算和成本分析、成本控制等，为施工项目成本管理提供强有力信息支持。按照工程项目成本管理的程序和信息流程，工程项目成本管理信息系统可划分为成本计划、成本核算、成本控制与分析等模块。成本计划可随施工网络进度计划的调整相应调整成本计划，以实现施工项目成本的动态管理；成本核算是成本管理的主要环节，其提供的信息不仅是费用开支的依据，也是成本分析、经济效益评价的依据。成本核算模块包括材料费用计算、人工费用计算、工程成本核算、管理费和其他费用计算等功能；成本控制与分析包括成本差异分析和成本预测两个功能。成本差异分析是通过对实际成本与目标成本的对比分析，找出实际成本与目标成本间发生偏差的原因和达到目标成本的途径。成本差异分析是成本控制的主要手段，可以及时分析差异，采取措施，为把施工项目成本控制在目标成本范围内创造了条件。成本预测可以根据已完项目积累的成本资料，对在建项目的成本发展趋势进行预测。该模块中包括线性回归分析预测、移动平均预测、指数平滑预测、灰色系统预测等模型，供用户选择使用。

6. 财务管理子系统

财务管理子系统是对各种会计数据进行收集、处理、储存和分析，并为用户提供所需的各种会计核算信息和财务管理信息的计算机系统。该系统能完成企业的财务管理工作，提高财务管理水平和经济效益，促进企业的各项工作，提高企业经营管理质量。财务管理子系统一般分为财务核算、年末财务决算和财务指标分析等功能模块。财务核算需要先建立序时账，然后直接上机录入记账凭证；每月月末首先进行凭证汇总，然后登记明细账和总账，并计算各账户余额，最后填制各类月报表。在填制月报表之前，会计人员必须审核各账户之间的勾稽关系是否平衡，就是常说的"账账核对、账表核对"工作。只有在勾稽关系平衡的情况下会计人员做出的报表才是准确无误的；年末财务决算主要包括接收年末会计数据、补充财务决算数据、生成/审核决算数据等工作；最后，财务指标分析是采用一定的方法对经济活动情况和财务状况等进行评价。财务分析过程，就是对投资经济活动和财务状况进行自我解剖和分析矛盾，寻求解决矛盾的方法与对策，促进提高投资效果的过程。

8.2.2 工程项目管理综合业务应用系统——某地铁建设控制系统

地铁工程建设管理具有涉及面广、参与单位多、工期长、资金投入和工作量大、工程施工技术复杂度高等特点，其协作配合、同步建设和综合平衡等问题十分复杂。如何充分利用先进的信息技术和网络技术，为工程项目各参与主体提供通畅便捷的信息沟通渠道，建立业务协作、协调决策机制，是提高地铁工程项目建设综合管理水平的关键问题。

某市地铁有限公司和高校研究团队组成联合项目组，针对地铁1号线及其延长线、2号线的工程特点，经过需求调研、现场功能调整和配置等工作，研发出适合该地铁工程建设管理流程的地铁建设控制系统。

该地铁建设控制系统基于如图8-12所示的工程管理理念，即工程项目管理是一个连续过程，从建立项目开始，结束于项目完成之时。其中，项目开始时的预测叫基准，基准投资就是概算，在项目进展过程中的预测就是预计数据，项目中的完成情况就是实际。通过对进度、成本和质量的连续监视来反映实际出现过的情况，并通过不断地比较基准、预计和实际信息来监视进度变化、成本变更，以便及时察觉到影响项目结果的趋势，并通过调整计划来进行修正，从而形成一整套项目管理的标准工作流程。

该系统包括招标管理、合同管理、进度管理、成本管理、设计管理、现场管理、安全质量管理、设备管理、参建单位管理等，系统可以对工程整体建设进行协调控制。某地铁建设控制系统界面如图8-13所示。

根据某地铁有限公司管理模式和系统功能体系结构，该地铁建设控制系统实现了在横向上信息交换、传递和共享，促进了业务流程优化和再造，提高了公司管理效率。

该地铁建设控制系统在企业内部上下级（纵向）之间、各职能部门（横向）之间构建起一个快速反应的信息网络，及时、准确、系统、科学地把握地铁建设过程的各种信息，并通

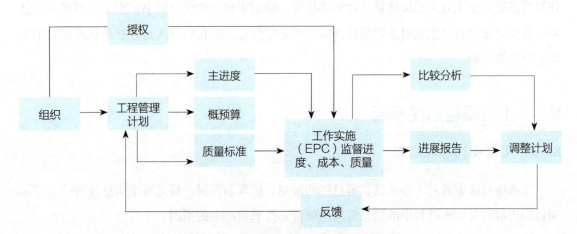

图8-12　某地铁建设控制系统的工程管理理念

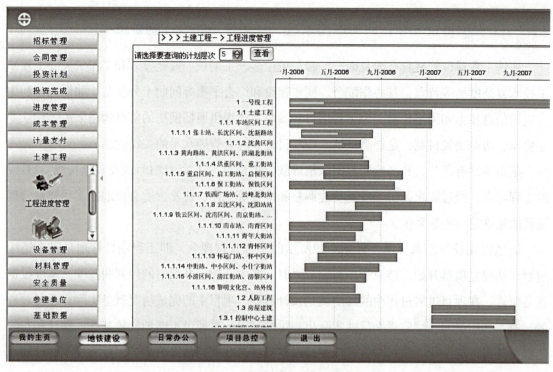

图8-13 某地铁建设控制系统界面

过计算机的归纳、分析，为管理者提供强大的决策工具。纵向信息传递机制包括上行和下行两条不同的数据流程，其中，上行数据流程主要是将地铁工程现场的各种建设信息采集、传输到系统中，在进行分析处理后传递到决策层，下行数据流程主要是将决策层的各种管理指令通过系统分配到相应的工程现场，如图8-14所示。

以工程支付流程为例，横向各职能部门间信息的传递机制，如图8-15所示。承包商根据工程量清单和实际工程完成情况填写支付申请，通过地铁建设控制系统，监理审核工程量并签署意见，业主方工程部核量、计划部核价，确定审核后的支付证书，资金管理部可通过系统由支付证书自动生成财务管理软件需要的记账凭证，审核后导入财务管理软件，实现工程实时概算分析。

8.3 工程项目总控系统

8.3.1 工程项目总控思想

工程项目决策者对工程项目实施总体的策划、协调和控制，都是基于信息分析的。工程项目的决策者对实施过程中的信息需求是项目总控思想产生的原因。

项目总控（Project Controlling）作为一种运用现代信息技术为大型建设项目工程业主方的

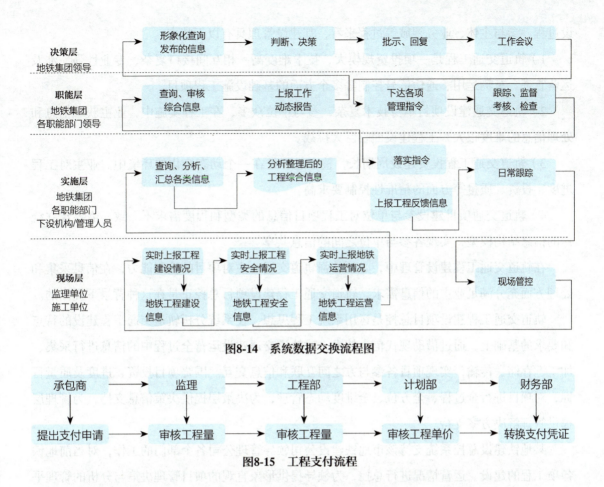

图8-14 系统数据交换流程图

图8-15 工程支付流程

最高决策者提供战略性、宏观性和总体性咨询服务的新型组织模式,具有如下特点:

1)项目总控是一种工程项目管理的组织模式,该模式是为了实现项目的投资、进度、质量等目标而构建,可以为业主方的最高决策层提供决策支持,项目总控的服务对象是项目的最高决策层。

2)项目总控的控制核心是信息采集、信息处理、编制各种控制报告,即通过信息处理来反映物质流的状况。

3)项目总控的中心工作是项目实施的总体策划与控制,对建设过程以及各个建设过程之间界面的总体策划与控制。

4)项目总控以项目总控系统为技术支撑,通过项目总控系统的开发,建立项目总控信息平台,实现项目总控目标。

8.3.2 工程项目总控系统——某地铁建设总控系统

轨道交通工程建设是一项复杂的系统工程,轨道交通工程建设过程的复杂性,决定了传统的项目管理手段和方法已越来越不能满足业主对此类工程项目管理的需求。从轨道交通建设过程、参与主体、业务领域等过程来看，其建设管理具有以下特点：

1）轨道交通工程是一项投资规模大、技术难度高、相互间接口复杂、专业性强，涉及运营管理、车辆运用、通信信号控制等多个方面的基础设施工程项目。

2）轨道交通建设项目本身技术复杂，参与单位众多，在工程实施中，业主获取信息和处理信息的难度很大，工程建设面临巨大挑战。

3）轨道交通工程投资建设周期长，整个过程处在一个动态变化的环境中。业主对工程进度、投资、质量等方面的精准性控制要求高。

4）轨道交通项目建设参与单位对工程项目信息的类型和程度需求不一致，需要建立统一的信息结构模型，实现各参与单位之间的信息共享。

在轨道交通工程建设管理中，必须加强轨道交通业主对项目的控制能力，在信息采集和处理方面充分满足业主的信息需求，轨道交通工程建设项目总控正是在这种背景下提出的。

轨道交通工程建设项目总控是运用系统工程思想，在系统分析轨道交通工程建设的特点和要求的基础上，通过借助现代信息技术，对轨道交通建设运营全过程中的信息进行采集、加工、存储、传输，实现项目各参与方之间互联和信息交互。围绕项目投资、进度及质量目标，对项目进行全过程、全方位、全维度动态管理，为决策层提供决策信息支持，为管理层提供管理解决方案支持。

某地铁建设总控系统支持该市地铁建设公司领导管理公司各个部门的工作，对当前地铁各项工程的建设、运营情况进行总控，为领导提供形象直观的项目管理决策与分析的管理平台，促进项目快速有效的决策。领导总控子系统共分为四个模块，包括我的工作台、当前工程概况、决策指挥平台和地铁工程三维虚拟平台。

（1）我的工作台

我的工作台部分总共有三部分内容：待处理事宜部分，可以看到待处理工作的汇总，选择对应的文档类型，可以直接进入文档的审批；工作安排部分，可以看到本周会议安排；统计结果部分，可以查看当前工程的完成情况。

（2）当前工程概况

当前工程概况模块用来提供当前工程完成情况的统计结果。

具体线路的当前完成情况包括该标段下的工程招标投标信息、工程设计进度分析、合同支付信息和工程投资信息。

1）工程招标投标信息

当前线路的招标投标情况的分析，在线路名称、状态、招标投标项目、概算金额、中标金额、中标时间等条件下输入筛选信息，即可查询到符合条件的招标投标信息列表，同时可以直观看到招标投标类型分析饼状图等。

招标投标信息列表　　　　　　　　　　　　　　　　　　　　　　表8-1

序号	招标投标项目	状态	概算（元）	中标金额（元）	中标时间
1	某市轨道交通二号线一期工程某地铁车站土建工程项目承包合同	招标公告	73387388		2007年06月04日
2	某市轨道交通二号线一期工程某区间土建工程项目承包合同	招标文件	42000000		2007年06月18日
3	一号线二期工程供变电系统沿线安装工程合同	中标	71195186	71195186	2007年07月03日

①招标投标信息列表

设置相应的筛选条件即可查询符合条件的招标投标信息列表，见表8-1，并生成各招标投标项目的预算/中标金额对比分析图（图8-16）。

②招标投标类型分析饼状图

该部分可以统计当前工程涉及的所有招标投标信息，并按照类型进行分类汇总，如图8-17所示。

2）工程设计进度分析

工程设计进度分析提供当前工程的各部分的设计完成情况，用柱状图的形式统计了当前所有主体结构和附属结构设计工作的已完成和未完成比例，并进行对比；输入线路名称、计划完成时间和实际完成时间查询信息条件后，即可查询到符合条件的项目设计计划情况列表；同时还可以以柱状图的形式显示所查到项目的附属结构和主体结构的设计工作完成百分比对比分析。

①工程完成情况分析图

该部分体现了当前工程的各部分的设计完成情况，用柱状图的形式表示了当前工程

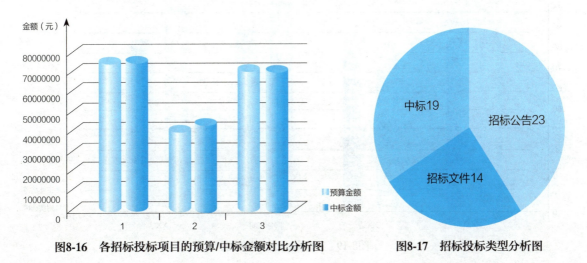

图8-16　各招标投标项目的预算/中标金额对比分析图　　　　图8-17　招标投标类型分析图

的所有主体结构和附属结构设计工作完成情况对比分析（图8-18）。

②工程设计进度报表

该报表是设置线路名称、计划完成时间和实际完成时间等查询条件所查询出的满足条件的项目设计计划情况列表，见表8-2。

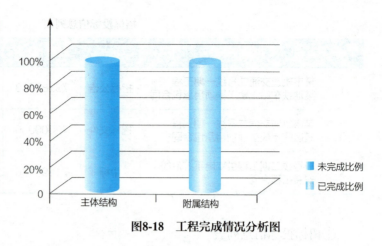

图8-18　工程完成情况分析图

工程设计进度报表　　　　　　　　　　　　表8-2

序号	WBS码	任务名称	工作量（%）	计划完成时间	实际完成时间
1	1	一号线二期	30	2008.7.7	2008.7.12
2	1.1	七标	12	2008.6.12	2008.7.4
3	1.1.1	跨汉宜，汉丹铁路区间桥修改设计	8	2008.6.10	2008.7.2
4	1.1.1.1	主体结构	5	2008.6.8	2008.6.25
5	1.1.1.1.1	梁部施工图	3	2008.6.7	2008.6.21

③工程设计进度柱状图（图8-19）

该部分是各个项目的主体结构和附属结构的设计工作完成情况进行对比，如图8-19所示。

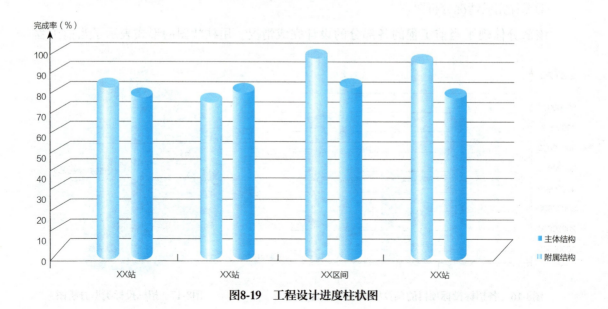

图8-19　工程设计进度柱状图

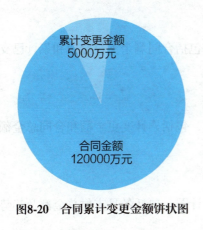

图8-20　合同累计变更金额饼状图　　　　图8-21　合同累计支付金额饼状图

3）合同支付信息

由合同支付信息模块可以看到当前工程的合同变更金额和合同金额的对比图，以及累计支付金额和剩余支付金额的对比图；在线路名称、合同名称、工程或费用名称、合同金额、合同编号、累计支付金额、累计变更金额、剩余支付金额中输入查询条件，即可查询到符合条件的合同支付列表；同时可以看到所有合同的支付统计信息饼状图、合同变更信息饼状图、合同支付时序图。

①合同累计变更金额饼状图

该部分显示了当前线路下累计变更金额和合同总金额数量的对比分析，如图8-20所示。

②合同累计支付金额饼状图

该部分统计了当前线路下所有合同的支付情况，包括累计已支付金额和剩余支付金额的对比分析，如图8-21所示。

③合同支付列表

在线路名称、合同名称、工程或费用名称、合同金额、合同编号、累计支付金额、累计变更金额、剩余支付金额中输入查询条件，即可查询到符合条件的合同支付列表，见表8-3。

合同支付列表　　　　表8-3

序号	合同名称	合同编号	工程或费用名称	合同金额（元）	累计支付金额（元）	累计变更金额（元）	剩余支付金额（元）
1	某市轨道交通二号线一期工程某地铁车站土建工程项目承包合同	Ⅲ-TJ-01-06	车站	73387388	43387388	10000000	40000000
2	某市轨道交通二号线一期工程某区间土建工程项目承包合同	Ⅲ-TJ-01-08	区间	44266290	24266290	0	20000000
3	一号线二期工程供变电系统沿线安装工程合同	Ⅲ-GT-01-10	供电	7115186	3115186	0	4000000

④支付统计信息饼状图

该部分分析了所查询的所有合同的支付情况，包括合同剩余支付金额和累计已支付金额的百分比对比分析，如图8-22所示。

⑤合同变更信息饼状图

该部分是分析了所查询的所有合同的变更情况，包括累计变更金额和合同总金额之间的百分比对比分析，如图8-23所示。

⑥合同支付时序图

该部分分析了所查询的所有合同的支付情况统计图，包括各月支付总金额及趋势分析，如图8-24所示。

4）工程投资信息

工程投资信息提供当前年度投资完成情况、累计计划投资/完成/资金计划金额对比分析图。在线路名称和计划时间内输入查询条件，即可查询到符合条件的列表。同时提供投资计划完成情况分析，可看到当前线路某月各子任务的计划和完成情况的对比分析图。

①投资完成情况柱状图

该部分分析了当前工程当年所有的投资完成金额情况，计划和完成金额之间的对比分析，如图8-25所示。

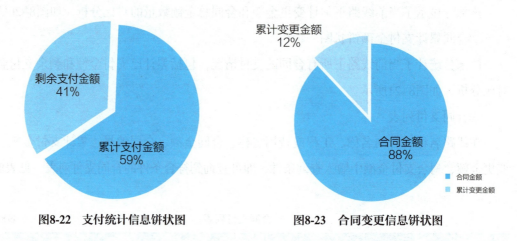

图8-22　支付统计信息饼状图　　　图8-23　合同变更信息饼状图

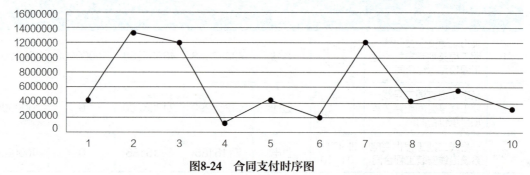

图8-24　合同支付时序图

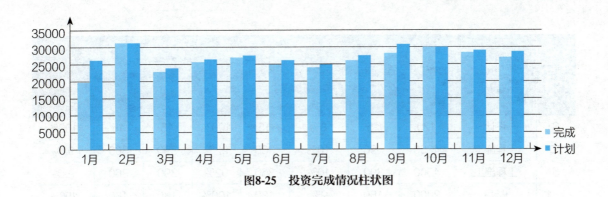

图8-25 投资完成情况柱状图

②累计计划投资/完成/资金计划金额对比分析图

该部分汇总了当前工程当年各月的累计计划投资金额、完成金额和资金计划金额，并以曲线的方式对比分析三者之间的关系，如图8-26所示。

③工程投资情况列表

在线路名称和计划时间内输入查询条件，即可查询符合条件的列表，见表8-4。

④投资计划完成情况分析柱状图

该部分为对所查询的各项目的某月完成和计划金额的对比分析，如图8-27所示。

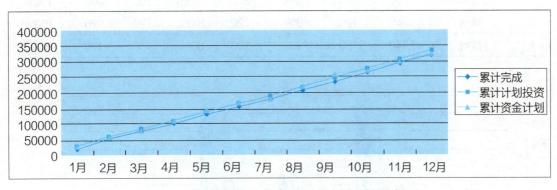

图8-26 累计计划投资/完成/资金计划金额对比分析图

工程投资情况列表（单位：元） 表8-4

项目序号	项目名称	本年度计划	X月完成投资				主要形象进度		
			X月计划	月计划占年计划	本月完成	完成百分比	计划值	完成值	累计完成百分比
	一号线二期工程	122000	12778	10%	12778	100%	12778	12778	100%
一	前期工作	660	60	9%	60	100%	60	60	100%
1	项目前期	220	15	7%	15	100%	15	15	100%
2	勘察	320	30	9%	30	100%	30	30	100%

续表

项目序号	项目名称	本年度计划	X月完成投资				主要形象进度		
			X月计划	月计划占年计划	本月完成	完成百分比	计划值	完成值	累计完成百分比
3	设计	120	15	8%	15	100%	15	15	100%
二	工程施工	4000	390	10%	360	92%	390	360	92%
5	工程施工	4000	390	10%	360	92%	390	360	92%
5-1	I标段	2000	180	9%	180	100%	180	180	100%
5-2	II标段	2000	210	11%	180	86%	210	180	86%
三	设备系统	2000	220	11%	220	100%	220	220	100%
6	设备系统	2000	140	7%	140	100%	140	140	100%
6-1	车辆	600	50	8%	50	100%	50	50	100%
6-2	通信信号系统	600	50	8%	50	100%	50	50	100%
6-3	供电系统	800	40	5%	40	100%	40	40	100%
四	拆迁	4000	400	10%	400	100%	400	400	100%
7	拆迁	4000	400	10%	400	100%	400	400	100%
7-1	管线拆迁	1000	100	10%	100	100%	100	100	100%
7-2	征地拆迁	3000	300	10%	300	100%	300	300	100%
五	其他	1340	120	9%	120	100%	120	120	100%
8	其他	1340	120	9%	100	83%	120	100	83%

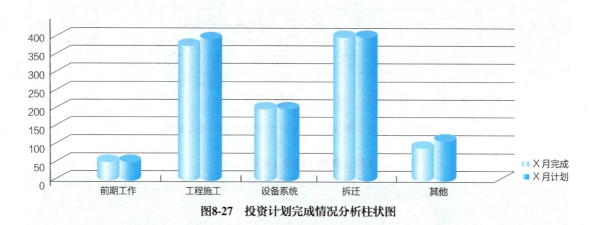

图8-27 投资计划完成情况分析柱状图

（3）决策指挥平台

决策指挥平台是地铁公司领导对地铁整体情况的运筹帷幄。

该部分提供地铁轨道交通网络图，选择网络图上对应的线路、车站即可查看到对应工程的当前工程情况。

在图中选择对应的工程线路，即可看到地铁工程截止到当天的统计情况。

选择线路之后出现以下信息：

1）工程分类统计类表（表8-5）

该列表是按照工程或费用名称，对合同进行分类汇总，见表8-5。

2）合同金额分类统计图

根据分类统计列表绘制分类统计饼图，可以直观清晰地看到各个工程合同金额所占的比例，如图8-28所示。

选择对应的标段或车站工程，即可看到该标段下的工程招标投标信息、工程设计进度分析、合同支付信息、工程投资信息等具体情况。

工程分类统计类表　　　　　　　　　　表8-5

工程或费用名称	份数	金额（万元）	百分比
车站	10	66700.22	2.71%
区间	10	34600.26	1.41%
轨道	20	1566700.22	63.65%
通信	10	85800.34	3.48%
信号	10	29400.62	1.19%
供电	10	390800.52	15.86%
综合监控（主控）	10	49800.10	2.02%
防灾报警，环境与设备监控	10	20000.00	0.81%
安防及门禁	10	66900.09	2.71%
通风空调与供暖	8	24700.59	1.00%
给水排水与消防	8	49600.79	2.01%
自动售检票	10	15500.79	0.63%
车站辅助设备	10	3900.07	0.16%
运营控制中心	10	18400.93	0.75%
车辆段及综合基地	10	16000.67	0.65%
人防	3	2400.26	0.10%
工程建设及其他费用	1	9000.00	0.37%
预备费	2	8300.22	0.34%
专项费用	2	6000.00	0.24%

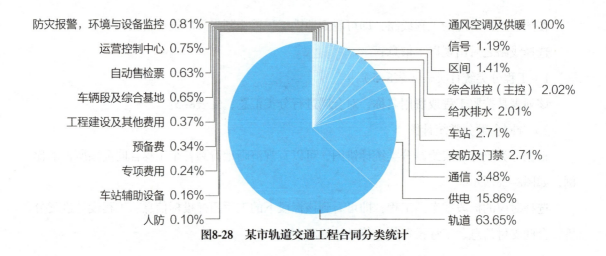

图8-28　某市轨道交通工程合同分类统计

（4）地铁工程三维虚拟平台

地铁工程三维虚拟平台支持地铁公司领导了解地铁当前形象进度，如图8-29所示。

选择对应站点名称，即可查询到对应部分的三维形象，可以在三维虚拟空间内行走，观看具体部位的进度。同时，系统需要提供该站点的合同信息、投资完成信息、形象进度信息等，方便领导直观把握当前工作情况，进行运筹决策，如图8-29所示。

图8-29　地铁工程三维虚拟平台界面图

📝思考题

（1）哪类信息管理系统比较适合你所在工程项目的管理需求？

（2）谈谈你对综合业务管理信息系统的认识。

（3）简要阐述工程项目总控系统的目的和服务对象。

（4）试比较本章几类系统的主要差别。

第9章 工程项目管理平台化与治理

随着工程项目管理领域管理思想理念的不断更新、工程项目管理需求不断变化，网络技术、数据库技术、通信技术等信息技术的发展及其与工程项目管理思想、方法的不断互动，信息技术对于提高整个工程项目行业的治理水平起到了极大的推动作用，这主要体现为工程项目管理平台和信息系统的构建与完善。

9.1 工程项目管理平台化治理

互联网的发展催生出了平台经济，也造就了一系列互联网公司的发展，如亚马逊、阿里巴巴、京东等众多的互联网平台企业。在这些互联网平台中，大量的信息通过数据得以保存，记录下来的数据的挖掘和运用反过来又促进了这些平台的快速发展。互联网平台作为一种全新的组织形态，其资源集成、信息共享、交易开放、多主体协作的特性也越来越受到政府和企业的青睐。传统的工程项目管理治理方式是相对粗放的，暴露出了当前建造业的发展长期落后于以平台化运作的互联网行业，信息化水平低、市场封闭、工业化程度不高、资源浪费严重、信用缺失等一系列问题。此外，在建造业，我国目前实行科层的管理模式，过分强调专业化、协调手段单一、行为约束僵化等导致了相关职能部门出现功能碎片化、服务裂解化、信息阻隔化的现象。同一个工程建造相关的问题或现象，在不同专业面前呈现出不同的视角，不同管理部门和层级也会出台不同的管理措施。针对这些问题和现象往往需要以平台化治理方式来解决。将互联网的平台的概念引入到建造业工程项目管理的平台化治理是极其必要且有效的。

构建工程项目管理平台进行信息集成，打破信息孤岛，实现数据共享，为实现建造业的整体性治理提供技术和数据支持，进而通过数据分析与挖掘技术全方位地驱动政务服务、行业协调、标准制定、企业自治等行业行为治理变革的这一实施路径即为实现工程项目管理平台化治理的基本方式。工程项目管理平台化治理不仅能提高政府对建造业的治理能力和治理水平，还能提升建造业的发展水平。以猪八戒工程网为代表的设计服务平台对工程设计公司、设计团队和设计工程师进行整合，为平台用户提供专业的设计咨询服务；以中国建材网为代表的建材交易平台为建材生产厂商、经销商和买家提供实时的建材交易信息；以住房和城乡建设部全国建筑市场监管公共服务平台为代表的监管平台为建造业从业主体提供了全国建筑市场信息采集发布、网上办公、行政审批、市场监管、从业主体诚信评价一体化服务。平台在建造业的具体运用，显示出了工程项目管理平台可以为建造业提供了在工程建设理念、治理能力、治理观念、治理策略等方面实现整体性转向的契机。治理的问题已阻碍了建造业的良性发展，进行行业治理变革迫在眉睫。如何实现建造业治理从单向转变为共生，从被动转变为主动，从经验转变为科学，从封闭转向开放，工程建造平台为行业治理提供了坚实的数据基础。如何通过建设多面的治理体系，提升整体协同能力，最终持续推动工程建造的数字化变革，科学引导工程建造相关产业持续地为人类提供高质量的工程基础设施产品和服务。

（1）数据驱动的政务服务

建造业的良性发展有赖于公平、公正、公开的市场环境，但由于建造活动的参与方众多、中间环节繁杂、各种关系错综复杂，导致建造活动的监管出现缺位、错位和越位的现象。工程的隐蔽性特征进一步加大了监督的难度，行政主管部门将工作重心前移，出现了"重准入，轻监管"的现象。

工程建造平台作为建造服务交易的虚拟市场，在感知技术的支持下，可以积累大量的建造服务质量数据、建造活动运行数据等。这些数据通过跨部门、跨层级、跨区域的互联互通和协同共享，将驱动政府实现基于数据的主动服务。由于主管部门缺乏信息来源，使得建筑企业资质申报、经营备案弄虚作假事件时有发生，平台实时数据和历史数据不仅可以为主管部门的工程政务审核提供依据，还可以为监管活动提供支持。另外，工程建造大数据将为主管部门精细化管理和精细化服务提供支撑，通过对用户数据和业务数据的搜集和分析，可以降低服务门槛、简化服务环节、化解建筑活动参与方办事难的问题，并主动为其提供个性化的服务。

（2）数据驱动的行业协调

工程建设涉及人员数量大、资金多，且项目周期长，由于目标不一致或利益分配不均，纠纷和争议多发。但是，这一类问题的处理难度较大，主要原因在于，建设项目的独特性提高了举证的难度，若处理不当，容易引发更大的事件，影响社会安定，甚至有损司法的公信力。因此，主管部门对待这类问题会非常慎重。

数据的缺失是行业协调难度大的重要原因，当前的各种记录方式都不具有回溯力，也加大了质量终身制的实施难度。工程建造平台在物联网和移动互联网的支持下，设计-施工-

运营的每一个环节都将记录生产过程并形成终身责任信息档案，提高了工程数据的透明度。这为主管部门进行工程争议追溯、工程调解论证以及工程事故调查提供了原始资料，实现了过程监管和质量追溯，也促进了行业多方的协调。另外，工程建造平台的资源整合以及服务匹配功能，也促使建造业企业着力发展自身核心业务，加强了不同参建主体之间的合作，促进行业共同发展。

（3）数据驱动的标准制定

标准是为在一定范围内获得最佳秩序，经协商一致制定并由公认机构批准，共同使用的和重复使用的一种规范性文件。建造业长久以来实行粗放式增长，通过标准的制定以及标准化的实施，提高了建造效率，保证了建造产品质量，节约资源，保护环境，为行业带来更好的经济效益和社会效益。但是，标准化的实施也会面临一定的困境。由于无法及时获得工程数据，标准制定部门很难对现有标准的应用情况进行分析，也难以获得实施反馈，进而影响工程标准的更新决策，阻碍了新型建筑体系和施工技术的推广。

工程建造平台通过汇聚工程资源与服务，实时监控建造活动运行状态，通过存储工程建造数据，并对其分析处理，可以及时掌握工程标准的应用现状，发现标准化实施过程的问题，为行业主管部门的监管工作提供依据，并为标准的更新决策收集建议，加速工程标准的迭代，促进新技术的推广，驱动建造业进一步向工业化转型。

（4）数据驱动的企业自治

建筑企业长久以来粗放式的增长模式，在当前城镇化建设达到一定水的同时，也面临发展瓶颈，市场逐渐萎缩，导致竞争日渐激烈。单一的盈利模式使得企业只能通过压缩利润空间来获得项目来源，互相压价不仅严重扰乱了建筑市场秩序，还牺牲了建造产品质量，造成工程事故频发。究其根源，当前建筑企业固守原有商业模式，脱离了市场需求，故步自封。

建筑企业需要对市场供需现状、用户需求进行充分的调研与分析，结合自身的优势，拓展业务，提高自身的核心竞争力。但传统情况下，建筑企业的市场信息获取能力有限，决策难度大。工程建造平台收集了真实的用户需求、市场供需以及建造服务质量数据，通过对这些数据进行挖掘，可以发现建筑市场隐藏的商机，为企业的战略转移、组织重构提供决策支持。同时，这种以建造服务需求为导向的方式，促使建筑企业不断满足客户个性化的需求，也提升了企业的创新力和竞争力，促进建造业向服务化转型。

充分利用行业平台数据，不仅解决了长期存在于建造业的顽疾，也为建造业的转型升级和可持续发展提供了必要的平台保证，进一步为企业的系统管理和政府的轻型化监管提供了底层数据支持。

9.2 工程项目管理信息系统在建筑市场监督管理中的应用

信息系统在工程项目管理领域的行业级应用很广泛,其典型应用就是基于互联网络的建筑市场监管信息系统。该系统建设的目标就是利用先进的计算机和信息网络技术,建立多级建筑市场监督管理信息系统网络,逐步完善多级数据交换体系,形成实时监管信息系统,实现对全行业建筑市场全面、及时、有效的监管。其具有如下意义:强化政府监管职能;整顿规范建筑市场;减少和遏止腐败现象的发生;提高政府宏观调控的科学性。

建筑市场监管信息系统通过采集、分析工程项目、建筑市场有关企业和专业技术人员动态信息,实现对建筑市场有关企业及专业技术人员的市场行为、工程项目建设中各环节的监管,提高各级政府制定政策、作出重大决策的科学性和针对性,提高政府的监管水平。通过加强市场监管,进一步健全和规范建筑市场。同时通过在住房和城乡建设部公众信息网上对外发布一些必要的信息,增强工程项目交易活动的透明度,提高信息化服务水平。

9.2.1 建筑市场监督信息系统监管的重要内容

建筑市场监管信息系统主要是针对建筑市场管理过程中容易出现的违法违规行为进行监管,如违反法定建设程序、规避招标、招标投标中的弄虚作假、违法分包和无证、越级承包工程等。具体来讲,主要是工程项目、建筑市场有关企业和专业技术人员三个方面的监管,包括监管查询、数据上报、数据统计、汇总等功能,如图9-1所示。

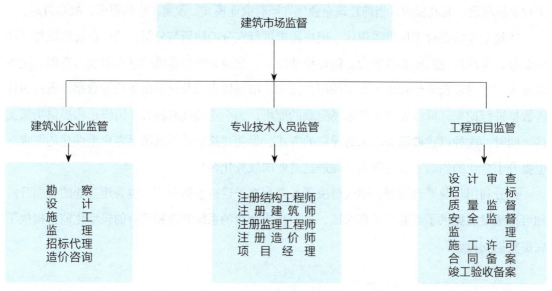

图9-1 建筑市场监管信息内容

（1）工程项目监管

工程项目监管主要包括设计审查监管、招标阶段监管、质量监督监管、安全监督监管、工程监理监管、施工许可监管、合同备案监管、竣工验收备案监管等内容。

（2）建筑市场有关企业监管

建筑市场有关企业监管主要包括对建设单位和工程勘察、设计、施工、招标代理、咨询等企业的市场违法违规行为、业绩、基本情况的监控，同时对企业变更及市场行为进行随时跟踪，逐步建立企业信用档案。甲级、一级企业的数据库由住房和城乡建设部管理，甲级、一级以下企业数据库由地方建立并报住房和城乡建设部备案。监管内容包括企业的基本情况、业绩及市场违法违规情况等。

（3）专业技术人员监管

专业技术人员的监管主要包括对注册建筑师、结构工程师、造价工程师和建筑企业项目经理等执业人员的基本情况、资格情况、获奖情况及违规违法情况等的管理，同时对变更信息及人员的市场行为进行随时跟踪，并形成执业人员信用档案。具有一级执业资格的专业人员的数据库由住房和城乡建设部管理，一级以下执业资格人员数据库由地方建立并报住房和城乡建设部备案。

9.2.2 建筑市场监管信息系统的框架

建筑市场监管信息系统分为部、省、市三级框架，如图9-2所示。

建筑市场监管信息系统的整体技术框架如图9-3所示，省级建设行政主管部门将省辖各地市的数据进行整合后通过数据传输平台上传到住房和城乡建设部的监管数据库中。

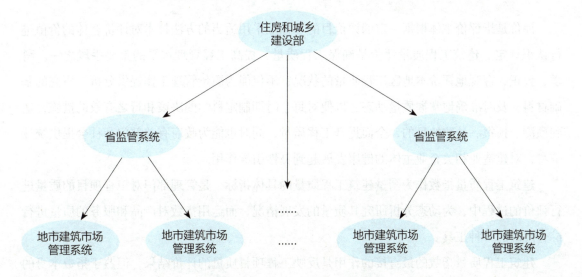

图9-2　部、省、市三级体系结构

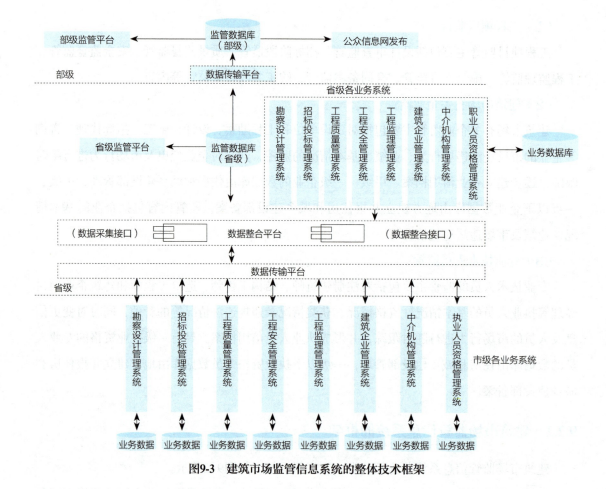

图9-3 建筑市场监管信息系统的整体技术框架

9.3 建筑工程质量指数编制与发布系统

评价是指评价主体根据一定的评价目的和标准采用适当的方法技术对评价客体的价值进行认识评定。建筑工程质量评价是确保工程质量、提高工程管理水平的重要手段之一。科学、公正、客观地评价本地区工程质量的状况，不仅能为质量管理工作提供分析、研究的基础材料，及时准确地掌握质量动态，以便对每个时期制定科学的决策和行之有效的措施，达到预测、预报、预防的目的，全面提升工程质量，同时也能为政府有关部门和社会提供统计信息，对建造业相关企业主体的健康发展起到良性引导作用。

建筑工程质量指数作为衡量建筑工程质量的具体指标，是管理部门对工程项目的质量进行评价的过程中，为动态分析研究其质量的发展情况，而运用指数对产品和服务的质量进行综合反映的一种工具。

建筑工程质量指数的最直接的作用是反映工程项目质量的评价结果，但鉴于指数本身的特殊性，建筑工程质量指数又有其特有的作用。

（1）工程项目质量指数反映工程项目质量的状况和整体走势。政府主管部门通过工程项目质量指数系统发布的质量报告了解工程项目质量的整体状况、薄弱环节和未来走势，为调控工程项目质量健康发展制定各项政策。

（2）对开发商、承包方而言，指数报告便于他们及时了解工程项目质量的整体状况以及自身制度和管理的缺陷和不足，及时作出调整，适应建设市场的发展。

（3）对顾客和消费者而言，质量指数报告可以为之提供最佳的工程项目质量参考依据，为其正确消费提供引导。同时为所有的消费者提供一个透明公开的信息窗口，提高建设系统的可信度和开放度。

建筑工程质量指数编制与发布系统是以城市建筑工程为评价主体，编制建筑工程质量指数并及时发布，反映城市建筑工程质量水平的发展变化轨迹和发展态势，说明建筑工程质量水平变动程度的相对数，为城市建设行政主管部门对每个时期制定科学的决策和行之有效的质量监管提供重要依据，同时也为社会提供统计信息，加强社会对建筑工程质量的监督，并引导建筑施工企业的健康发展。

建筑工程质量指数编制与发布系统具体目标体现在如下三个方面：

（1）建筑工程质量指数以相对数的形式，简单明了地表明建筑工程的数量指标或质量指标的综合变动方向。因此，建筑工程质量指数可有效地用于对本地区建筑工程质量水平和各企业主体的工程质量管理绩效进行科学度量。

（2）建筑工程质量指数有利于建筑工程质量监管主体和行业企业主体及时发现质量管理工作中存在的问题或薄弱环节，并采取有效的改进方法，提高质量管理水平，进一步增强本地区、本企业的综合竞争力。

（3）建筑工程质量指数中利用连续编制的指数数列，可以对区域性建筑工程质量总体长时间发展趋势进行分析。

9.3.1 建筑工程质量指数的编制

（1）建筑工程质量指数的分类

建筑工程质量指数按照评价样本的数量不同，分为单体指数和综合指数。

单体指数为单个建筑项目的质量指数，它是综合指数形成的基础。在对单体指数进行分类汇总并计算的基础上，形成了综合指数。

综合指数包括：

1）市整体质量指数；

2）市各类建筑质量指数；

3）市各区域建筑质量指数；

4）市各施工企业建筑质量指数；

5）市一定时期内质量验收评价、质量事故、质量投诉、质量检测指数。

（2）建筑工程质量指数的形成

建筑工程质量指数编制与发布系统建立之后，将实现建筑工程质量信息化、自动化和公开化，建筑工程质量将通过工程项目质量分析报告的形式，以月、年为单位发布。

建筑工程质量指数的形成过程如图9-4所示。

9.3.2 系统总体设计与功能设计

建筑工程质量指数编制与发布系统采用基于门户的系统总体概念设计方案，如图9-5所示。

除建筑工程基本信息管理外，建筑工程质量指数编制与发布系统总体规划为四个部分：指数项管理、区域管理、指数评分和统计图表，如图9-6所示。

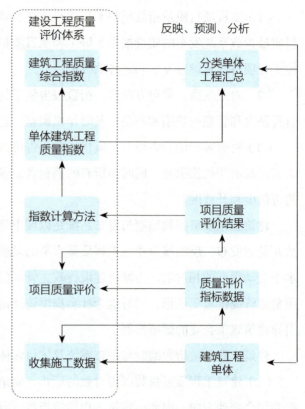

图9-4　建筑工程质量指数的形成过程

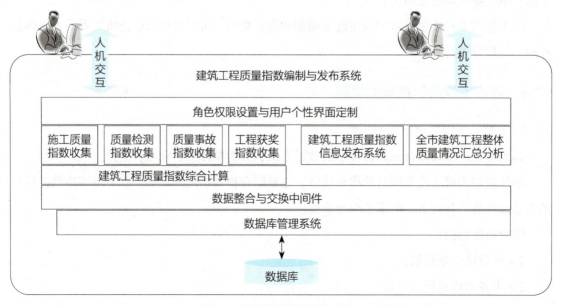

图9-5　系统总体概念设计方案

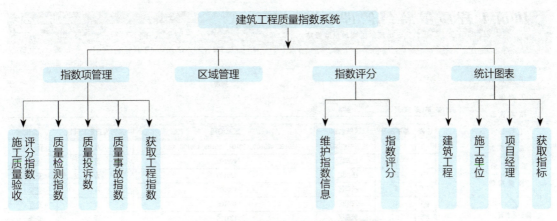

图9-6　建筑工程质量指数系统功能框架

(1) 指数项管理

指数项管理模块包括施工质量验收评分指数、质量检测指数、质量投诉数、质量事故指数和获奖工程指数等评价指数体系的维护，系统界面如图9-7所示。

(2) 区域管理

区域管理主要是对城市的区域进行分区管理，以便在统计分析中选择区域编号进行对比，如图9-8所示。

(3) 指数评分

指数评分管理模块主要是对建筑工程基本信息进行维护，并针对相应的建筑工程进行指标评分，如图9-9所示。

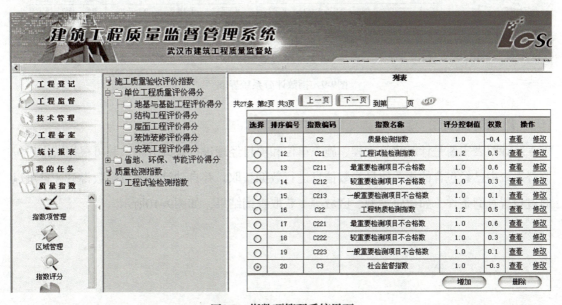

图9-7　指数项管理系统界面

图9-8 区域管理系统界面

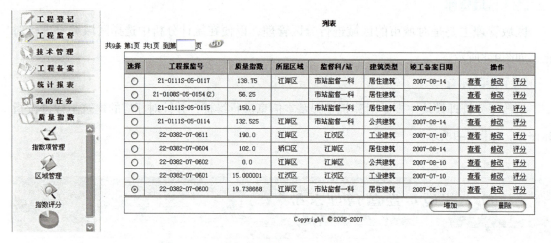

图9-9 指数评分系统界面

（4）统计图表

统计图表主要是针对建筑工程、施工单位和项目经理进行统计分析，其可根据城市质量监督系统中已经包含的相关质量指数信息进行数据获取，并自动计算质量指数得分，且可以通过设置查询条件（如建筑类型、区域等）获取查询结果，如图9-10所示。

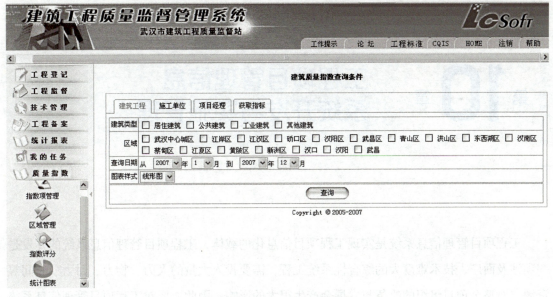

图9-10 统计图表系统界面

思考题

（1）工程项目管理信息化在整个行业中有哪些应用？

（2）第8章各类信息管理系统与本章的行业级应用的关系是什么？

第 10 章 工程项目管理信息系统开发与实施管理

工程项目管理信息系统是实现工程项目信息化的载体，工程项目管理信息系统的开发是一项涉及面广、技术难度大的综合性系统工程，需要投入大量的人力、物力、财力、时间等资源，对整个项目组织的改革与发展会产生很大的影响。因此，要对工程项目管理信息系统的整个开发过程系统地使用现代工程项目管理的科学理念和方法进行开发控制，以较小的投入取得理想的效果，提高项目管理决策效率。工程项目信息系统开发流程主要有系统开发项目启动、需求分析、系统设计、系统编码、系统测试、系统试运行、系统验收和系统维护。

10.1 工程项目管理系统开发项目启动

10.1.1 项目立项

项目立项是任何项目的初始阶段，是一个将组织中的日常工作和项目中的工作联系起来，启动一个项目的生命周期的活动。管理信息系统项目立项一般由项目发起、项目论证、项目审核和项目立项四个阶段组成。其中最为关键的阶段就是项目论证。项目论证是指对拟实施项目在技术上的先进性、可行性，经济上的承受力、合理性、赢利性，实施上的可能性、风险性，使用上的可操作性、功效性等进行全面、科学的综合分析，为项目决策提供客观依据的一种技术、经济和理论研究的活动。项目论证的成果是提交可行性分析研究报告，该报告将成为项目能否立项的关键依据。报告内容主要有分析现存系统、提出新系统方案、组织机构安排、时间进度安排、投资和效益分析、社会评价等。根据报告内容得出一个明确的可行性研究结论，结论如下：

1）项目能够即刻开始执行。
2）项目需要推迟到某些条件（例如资金、人力、设备等）具备或完善后才能开始执行。
3）项目的开发需要在进行某些修改后才能开始执行。
4）不能够执行或不必执行（如因实施上的风险性、经济上的不合理等原因）。

在项目立项结束后,就可以开展项目团队的组建工作,着手准备项目的研发与实施阶段的各项工作;若管理信息系统采用外包方式,而不是自主开发模式,项目的招标工作则可以开始进行。

10.1.2 项目团队组织与管理

要保证管理信息系统开发工作的顺利启动,首先要建立项目的组织机构——项目组。一般来说,根据项目经费的多少和系统的大小来确定相应的项目组,项目组由项目组长或项目经理来领导,由项目管理和开发人员共同组成。项目组根据工作需要可设若干小组,小组数目和每个小组的任务可以根据项目规模、复杂程序和周期长短来确定,如过程管理小组、项目支持小组、质量保证小组、系统工程小组等。

管理信息系统的开发与运行必须具备合理的专业技术人员队伍。这支专业系统开发组人员组成如下:

1)系统分析员。主要进行系统开发的可行性研究,包括对旧系统的调查研究、新系统目标分析、新系统业务分析、新系统效益监测、资金预算、开发步骤与开发方法等分析。

2)系统设计员。系统的具体设计者和组织者,既懂得计算机硬、软件知识和管理知识,又具有系统开发实践经验和组织能力。其主要任务是系统功能设计,数据库设计,系统设备配置安排,系统输入、输出设计,代码设计等。

3)程序员。需要了解管理业务,同时具有程序编程设计和维护能力。

4)数据员。主要负责与系统分析员一起共同收集、整理和输入数据。

5)管理信息系统及计算机网络系统操作及维护人员。主要负责管理信息系统的正常操作的硬件、软件、网络信息系统的维护,确保系统的正常运行。

此外,在适当的时候,管理信息系统还需配备一些专门解决复杂管理、建立管理决策模型的设计员。

管理信息系统开发的专业技术队伍是随着开发工作的进度而逐步组成和扩大的。由此产生了管理信息系统项目中最为重要的问题——团队管理,一个团队的建设和管理是否成功,很大程度决定了一个项目管理的好坏。在一个项目团队中,所有成员的技术能力、知识结构、工作经验按项目要求进行合理分配,从而达到互补并构成项目团队的基本要素。此外,拥有一种良好的团队氛围以及团结信任、积极向上的工作气氛也是十分必要的。可以说,若拥有了这种气氛,意味着项目已经成功了一半。成功的团队管理,既能使团队具有较强的战斗力,又能成为解决团队稳定问题的利器。

完成项目团队的组建工作以后,项目经理需要召集项目利益相关人员,召开项目启动会议,使项目的所有人员充分了解项目,明确项目组织、工作职责和工作流程;对多个方面的配合问题进行考虑，制订全面的项目进度计划；对项目实施过程中可能出现的各种问题进行评估，确定各种问题的解决方法；对变更方式和过程控制进行协商，形成正式的变更处理文件和协议，作为项目开发过程中变更处理的准则；制订项目各参与方定期沟通和检查阶段工作的时间计划表，以便及时发现项目实施中存在的问题，确保项目按计划向前推进。

10.1.3　项目计划书制定

管理信息系统项目实施开始阶段，由用户方或项目双方共同制订项目计划书，作为整个开发工作的基础和依据。由于管理信息系统开发的手工性、个性化的特征，项目计划不可能是一个静态的计划，在一次项目启动时，可以先制订一个颗粒度相对比较粗的项目计划，先确定项目高层活动和预期里程碑。粗颗粒度的项目计划需要根据项目的大小和性质以及项目的进展情况不断进行更新迭代和调整，周期一般短到一周，长到两个月左右。经过不断的计划定制、调整、修订等工作，项目计划从最初的粗颗粒度，变得非常详细。这样的计划一直延续到项目结束，延续到项目的成果出现。制订计划的过程就是一个对项目逐渐了解掌握的过程，通过认真地制订计划，项目经理可以知道哪些要素是明确的，哪些要素是逐渐明确的。阶段计划中包含的工作汇报和下一阶段工作安排是掌握项目进度的依据。从阶段计划对照总体计划，能一目了然地看出工作的进展情况。

项目计划编写一般按照以下过程进行。

（1）成立项目团队

相关部门收到经过审批后的"项目立项文件"和相关资料，则正式在"项目立项文件"中指定项目经理组织项目团队，成员可以随着项目的进展在不同时间加入项目团队，也可以随着分配的工作完成而退出项目团队。但为了更全面地了解项目，最好都能在项目启动时参加项目启动会议，了解总体目标、计划，特别是自己的目标职责等。

（2）项目开发准备

项目经理组织前期加入的项目团队成员准备项目工作所需的规范、工具、环境。如开发工具、源代码管理工具、配置环境、数据库环境等。前期加入的项目团队成员主要由计划经理、系统分析员等组成，但快要制订好的项目计划一定要尽可能经过所有项目团队成员和项目干系人之间的充分沟通。如果项目中存在一些关键的技术风险，则在这一阶段项目经理应组织人员进行预研。预研的结果应留下书面结论以备评审。

（3）项目信息收集

项目经理组织项目团队成员通过分析接收的项目相关文档、进一步与用户沟通等途径，在规定的时间内尽可能全面收集项目信息。项目信息收集时要进行充分的、有效的沟通，并要达成共识。有些成员认为，通过电子邮件等方式沟通效率不高，可能造成信息丢失或者沟通不充分，因此重要的内容需要开会进行Q&A讨论，确保所有重要问题都得到理解，最终达成共识。讨论会上达成的共识应当记录成文字，落实在具体的文档中。

（4）编写《管理信息系统项目计划书》

项目经理负责组织编写《管理信息系统项目计划书》。《管理信息系统项目计划书》是项目策划活动的核心输出文档，它包括计划书主体和以附件形式存在的其他相关计划，如配置管理计划等。《管理信息系统项目计划书》的编制参考有关标准中项目开发计划的需求。各企业在建立ISO9001质量体系管理或CMM过程中建立相应的《管理信息系统开发项目计划书规范》。

编制项目计划的过程应当分为以下几个步骤：

1）确定项目的应交付成果。这里的项目的应交付成果不仅是指项目最终产品，也包括项目的中间产品。例如，通常情况下管理信息系统开发项目的项目产品可以是需求规格说明书、概要设计说明书、详细设计说明书、数据库设计说明书、项目阶段计划、项目阶段报告、程序维护说明书、测试计划、测试报告、程序代码与程序文件、程序安装文件、用户手册、验收报告、项目总结报告等。

2）任务分解：从项目目标开始，从上到下，层层分解，确定实现项目目标必须要做的各项工作，并画出完整的工作分解结构图。软件开发项目刚开始只能从阶段的角度划分，如需求分析工作、架构设计工作、编码工作、测试工作等，当然规模较大时也可把需求、设计拆分成不同的任务。在概要设计完成时可以对下一阶段的目标任务进行横向的细化。

3）在资源独立的假设前提下，确定各个任务之间的互相依赖关系，以确定各个任务开始和结束时间的先后顺序；获得项目各工作任务之间动态的工作流程。

4）确定每个任务所需的时间，即根据经验或应用相关方法完成任务需要耗费的时间。确定每个任务所需的人力资源要求，如需要什么技术、技能、知识、经验、熟练程度等。

5）确定项目团队成员可以支配的时间，即每个项目成员具体花在项目中的确切时间；确定每个项目团队成员的角色构成、职责、互相关系、沟通方式。

6）确定管理工作，管理工作是贯穿项目生命周期的，如项目管理、项目会议、编写阶段报告等。项目团队成员之间的沟通时间、项目团队成员和其他项目干系人之间的沟通时间容易被忽视，且沟通时间不容易量化和日程化。这些工作在计划中都应当被充分地考虑，这样才会使项目计划更加合理，更有效地减少因为计划的不合理而导致的项目进度延期。

7）根据以上结果编制项目总体进度计划，总体进度计划应当体现任务名称、责任人、开始时间、结束时间、应提交的可检查的工作成果。

8）考虑项目的费用预算、可能的风险分析及其对策、需要公司内部或客户或其他方面协调或支持的事宜。

（5）管理信息系统项目计划书评审、批准

项目计划书评审、批准是为了使相关人员达成共识、减少不必要的错误，使项目计划更合理、更有效。

10.2 工程项目信息管理系统需求分析

10.2.1 需求分析概述

对系统需求的定义可以从多个角度进行，从用户角度来看，可以定义为"从系统外部能发现系统所具有的满足于用户的特点、功能及属性等"；而从开发人员的角度，则可定义为"指明系统必须实现什么的规格说明，它描述了系统的行为、特性或属性，是在开发过程中对系统的约束"。

一般来讲，系统需求可以包括三个不同的层次——业务需求（Business Requirement）、用户需求（User Requirement）、功能和非功能需求（Functional and Nonfunctional Requirement）。业务需求反映了组织机构对系统、产品的目标要求，需在项目视图与范围文档中予以说明；用户需求描述了用户使用系统时必须完成的任务，在使用实例文档中予以说明；功能需求定义开发人员必须实现的系统软件功能，使得用户能完成他们的任务，非功能需求是作为功能需求的补充，用来描述系统展现给用户的行为和执行的操作等，包括产品必须遵从的标准、规范和合约，外部界面的具体细节，性能要求，设计或实现的约束条件及质量属性等，它们在软件需求规格说明书中进行说明。在项目的开发中，不同层次的需求在不同的时间有不同的来源，也有着不同的目标和对象，并需以不同的方式编写成文档。软件需求各层次之间的关系如图10-1所示。

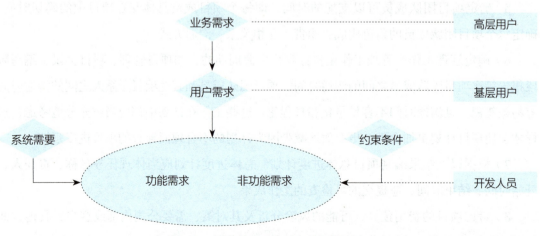

图10-1　软件各个需求层次之间的关系

10.2.2 需求分析阶段的工作内容

需求分析是信息系统开发工作的开始，正确、科学的需求获取方法则是获取高质量需求的基本保证。通常情况下可以将需求分析工作划分为以下"四个阶段"，称之为"需求四步法"。

（1）第一步："访谈式"（Visitation）

这一阶段是和具体用户方的领导层、业务层人员的访谈式交流，主要目的是从整体上了解用户的具体需求方向和趋势，了解当前的组织构架、业务流程、硬件环境、软件环境、现有系统等具体情况，建立起良好的沟通渠道和方式。具体方法有以下几种：①会谈、询问法，即按照类似电视访谈节目的模式，围绕系统目标等方面提出一系列具体的问题；②调查表法，即根据系统特点来设计调查表，利用调查表向有关组织和用户征求意见和收集数据，采用调查表是因为书面回答一般都会经过仔细考虑，可能会比口头回答的准确性更高，该方法适用于比较复杂的系统；③观察法，即自己亲自前往工作现场，观察对方工作流程；④体验法，即自己亲自到相关部门顶岗，亲身体验工作流程；⑤单据分析法，即利用用户当前使用的纸质或电子单据，分析其生产、流动方式，从而熟悉业务，挖掘需求；⑥报表分析法，即利用用户当前使用的各种报表，分析其业务流程，挖掘需求；⑦需求调研会法，即当需要讨论的问题牵涉的相关人员较多时，通过组织需求调研会来探讨需求。针对职能部门，最好能指定本项目的接洽人。

（2）第二步："引导式"（Inducement）

这一阶段是在分析人员已经了解了具体用户方的组织构架、业务流程、硬件环境、软件环境、现有的运行系统等信息的基础上，结合现有的硬件、软件实现方案，勾画出简单的用户流程和操作界面，同时结合以往的项目经验对客户采用情景分析的方式，这种方式能够引导用户把他们的需求告知调研人员，例如描述当前一项业务的具体流程。主要方法有：①可视化方法：结合情景分析，利用画用户界面图、业务流程图、功能结构图、时序图等图形与用户进行讨论分析；②原型法：通过让用户操作简单的演示程序，来感受一下整个业务流程，从而和用户一起探讨业务流程设计的合理性、准确性、方便性、习惯性和易操作性，及时确定改进意见和方法。

（3）第三步："确认式"（Affirm）

这一阶段是在上述两个阶段成果的基础上，进行具体的流程细化、数据项确认。这个阶段分析人员需要完成明确的业务流程报告、数据项描述，最好能够提供修改后的DEMO系统，并能清晰地向用户描述系统的业务流设计目标。

用户可以通过审查业务流程报告、数据项描述以及通过操作开发方提供的DEMO系统，提出反馈意见，并对已经完成并可接受的报告、文档签字确认。

（4）第四步："评审式"（Review）

这一阶段是需求分析的最后一个阶段，也是最重要的阶段。系统需求作为系统开发最重要的一个输入，其质量很大程度上决定了最终系统的质量，因此需求风险成为工程项目管理信息系统开发过程中最大的风险。为确保系统需求是可取的，应该对需求的正确性、文档的一致性、完整性、准确性和清晰性，以及其他各种各样的需求给予评审，即进行需求验证（Requirement Verification），以避免需求过多或需求频繁变更（即需求不稳）等问题的出现。

同行评审（Peer Review）是业界公认的最有效，用得最多的排错手段之一。需求评审以专门指定的人员负责，并严格按规程进行。评审结束应有评审负责人的评语及签字。需求评审的参与者当中，除系统分析员之外，必须要有用户代表参与，同时还要包括项目的管理者、系统工程师和相关开发人员、测试人员、市场人员、维护人员等。这里特别强调，在项目启动初期就应当确定不同级别、不同类型的评审必须有哪些人员参与，否则，评审可能遗漏某些人员的宝贵意见，导致后期不同程度的返工。

整体来讲需求分析的四个阶段是需求调研工作的工作核心，"需求四步法"的实施和采用，对用户和项目承担方都提供了项目成功的保障。当然在系统建设的过程中，特别在采用迭代法的开发模式时，需求分析的工作需要持续循环进行，而在后期的需求改进中，工作则基本集中在后三个阶段中。

在迭代法的开发模式中，维持需求的动态稳定性和精确性，对项目目标的实现起着非常重要的作用，但是也不可避免地会遇到项目需求变更，这需要积极面对，因此也就需要进行需求变更管理。

有效的需求变更管理要对变更带来的潜在影响及可能发生的成本费用进行评估，然后与用户协商哪些需求可以变更，哪些不需要变更，并形成相关文档，评估需求变更所涉及的模块是否影响目前已实现的功能，需求变更所需要的时间和费用，变更所涉及的文档修改等。

为了对系统需求变更情况更有效地管理，还需要明确需求变更控制过程（小的变更可能影响不大，有较大影响的变更需要通过控制过程来处理）；需求变更影响分析；跟踪受需求变更影响而修改的模块；建立需求基准版本和过程控制版本文档；维护需求分析变更的历史记录，并保存变更过程产生的原始记录。

实际上，需求分析做得好，系统需求规格说明书定义的范围越详细越清晰，用户提出的需求变更的要求就越少。因此，一个规范、明确的需求规格说明书在系统开发过程中显得格外重要。

10.2.3　需求分析阶段的成果

（1）需求分析阶段的成果有：

1）DEMO系统

2）调查记录表

3）需求规格说明书（用户需求说明书）

DEMO演示是验证用户需求的重要手段，但最终版本的DEMO系统也可作为需求分析阶段形成的重要可视化成果，还可为后续的开发工作提供原型参考。调查记录表是对访谈过程中讨论内容的记录，为需求确认以及"需求规格说明书"的编制提供依据。"用户需求说明书"与"需求规格说明书"有一定的区别与联系，后者是前者的细化，其中"用户需求说明书"是经过用户需求验证的，具有用户的确认签字；"需求规格说明书"是经过质量评审的。在本阶段工作完成以后，这两个重要的阶段性成果将被纳入软件配置管理。其中"需求规格说明书"将作为信息系统设计的重要依据。

（2）"需求规格说明书"（SRS）的编制：

需求调研工作结束后，应开始编写"需求规格说明书"（以下简称SRS），其作用是作为用户与系统开发人员之间的合同，为双方的了解提供基础，同时反映出问题的结构，这也是开发人员进行模块设计和编写程序的基础。另外，SRS也是项目验收的重要依据。

SRS的编制应遵循以下原则：

1）句子简短完整、简明易懂，语法、拼写和标点正确；

2）使用的术语与词汇表一致；

3）需求陈述应有统一样式，例如"用户需……"，并紧跟一个行为动作和可观察的结果；

4）避免使用比较性词语，如"提高"，应定量说明提高的程度，并进行讨论。

SRS编制方法主要分为三种情形。对于文本型内容利用结构化的自然语言编写；对于描述转换过程、系统状态、数据关系，逻辑流或对象类与它们的关系，用图形化的模型来实现；对于编写形式化规格说明，可以使用数学上精确的形式化逻辑语言来定义需求。实际操作时，可根据需要灵活选用多种编制方法互为补充，以能够准确描述用户需求为目的。

SRS的基本组成部分和内容要求如下：编写SRS时虽然不必要完全按照此提纲或使用这里给出的各章条的名称，但是一份良好的SRS宜包括本书附录中的内容。

10.2.4 需求分析实例

基于前文所述的需求分析概念以及工作内容，根据实际调研，给出某公司质量安全部门项目隐患排查业务的需求调研内容实例。

某公司质量安全部门需求调研记录表见表10-1，需求人员通过与用户沟通确认，记录调研访谈内容，及时了解需求内容变更，与用户达成一致意见，避免出现需求频繁变更等问题。

某公司质量安全部门需求调研记录表　　　　　　　　　　表10-1

用户名称	
项目名称	
调研人	
调研时间	
调研方式	
调研地点	
访谈人	
联系方式	
调研内容记录	××库更新 ××××系统，【发起隐患】模块（现名【隐患报告】），点击【新增】按钮，打开界面的【隐患名称】字段，选择内容变更为如下： （对象选择窗口示意图：0安全类 / 00常见安全隐患 / 01安全管理 / 01-01 施工组织设计与专项施工方案 / 使用国家明令淘汰或禁止使用的工艺、产品 / 01-02 安全技术交底 / 01-03 安全教育和班前安全活动 / 01-04 应急管理 / 01-05 行为风险 / 02文明施工 / 03扣件式钢管脚手架 / 04视频监控管理 / 1质量类） 隐患选项分为四层。 第一层是总类别，第二层是大类，第三层是小类，第四层是隐患名称。 其中总类别下面，设置一个常见隐患类，名字为"常见"加上总类别名称，再加上"隐患"。常见安全隐患下面是大类、小类、隐患名称。总类、大类、小类、隐患名称前面标注代码值（图上的01-01等）。相同的隐患代码相同，小类显示相同名称，但不会跨总类出现。 不同代码的隐患名称不允许重复。 常见隐患为隐患名称中某种隐患，被选择后，同时排列到常见隐患类中。 例如"1-3根钢支撑架设不及时"出现在安全总类下，常见安全隐患大类的基坑支护小类中，也出现在安全总类的基坑支护大类下面的基坑支护小类里。出现在不同地方，代码相同。 其他功能与现有系统相同。 隐患类别、名称、常见隐患的选取，在大数据管理模块进行维护。
其他需要进一步确认和了解的信息： 无	
双方认为存在疑义的信息： 无	
暂时无法明确的内容： 无	
收集资料清单： 无	
确认人签字：	

10.3 工程项目信息管理系统设计

10.3.1 系统设计概述

需求规格说明书经评审并得到上级确认后，就可以进行系统设计阶段。设计阶段包括概要设计、详细设计和数据库设计，主要任务是计算机管理信息系统的软件设计，也就是把用户的要求转换成一个具体的设计方案。设计阶段的质量决定了整个系统的质量和特性，因此本阶段的工作应由资深软件工程师来执行。

在进行系统设计时，应遵循以下原则：

1）展现清晰的层次组织；

2）系统模块化，各模块化的结构实现专门的系统功能和子系统功能；

3）应规划出为系统所共用的具有独立功能特征的一些模块；

4）高设计、低实现，即设计过程中需适当考虑计算机的不断发展，带来的网络应用、多媒体应用等未来可期的方向，同时也要考虑由于受现有技术条件限制，需要遵循现有技术水平来支持系统的具体实现。

10.3.2 系统设计阶段的工作内容

（1）系统概要设计

系统概要设计也称为结构设计或初步设计。根据系统分析阶段确定的新系统目标、功能和逻辑模型，并根据功能将系统分成若干个子系统，确定各子系统的目标、功能，然后按层次结构划分功能模块，并绘制系统结构图。系统概要设计还包括选择系统设备，确定系统设备的配置方案。

把一个系统进一步划分成若干子系统，可大大简化设计工作，而且会给系统的实施管理带来方便。划分子系统后，一方面每个子系统的设计、调试工作都可以互不干扰地各自相对独立进行，即使将来要修改或扩充系统，也可以只在有关的子系统范围内进行，而不至于影响全局；另一方面由于子系统在功能上有相对独立性，在需求上可能有不同的缓急程度，因而在实施过程中可根据不同的需求程度分期实施。

简而言之，任何一个大型应用系统，都可以按功能分割，划分成若干子系统。具体划分的原则包括：

1）功能上的独立性：可以按不同的应用类型划分为不同的子系统，被划分后的各子系统的功能尽可能和现行系统各组织机构的功能一致，这样既便于开展组织管理工作，也便于信息系统数据的收集和传送以及各项处理活动的开展。

2）逻辑上的独立性：尽可能减少各子系统互相之间的联系，不同的子系统在处理过程中最好仅有数据耦合。

3）数据的整体性：一般一个数据类只能由一个子系统产生。

4）注意系统的可重构性能与可扩充性能，以提高系统的应变能力。

在具体划分子系统时，一定要按照子系统划分原则，结合应用环境的业务工作特点，按功能分割。

而对每一个应用系统，都可根据系统数据流程图，采用变换中心分解法或事务中心分解法，导出系统结构图，也称系统模块结构图。

在系统结构图设计完毕后，就可进行系统设备选型，设计具体配置方案，包括硬件设备和软件系统。其选择的依据是，首先根据应用环境的特点和性能要求，确定整个系统结构配置方案，然后要考虑到系统将来可能扩充的功能和单位可能的投资费用。

为节省开发经费、降低资源消耗、缩短研制时间，同时提高工作效率、可靠性及可维护性，概要设计之后要进行必要的阶段评审，以及时发现和解决问题，避免将问题带到后面的系统实施阶段。

（2）系统详细设计

系统概要设计完成后开始进行系统详细设计，包括系统流程图设计、代码设计、用户的界面设计、输入和输出格式设计、数据存储设计、处理流程图设计和程序模块说明书的编写。在这部分工作完成之后，要以系统设计报告书的形式向组织的领导者汇报本阶段的成果，如果报告未被通过，则要重复进行系统设计阶段的工作。

（3）系统数据库设计

信息系统的主要任务是处理大量的数据以获得支撑管理决策所需要的信息，这就必然要存储和利用大量各种类型的数据，因此要进行数据库设计，使之具有一个良好的数据库和文件组织形式，从而使得系统处理速度快，占用存储空间少，操作过程简单，查找方便准确，系统费用低。

数据库设计包括数据库的体系结构设计和数据库的逻辑结构设计。数据库的体系结构是指从整体宏观的角度出发，按系统分析的要求（或组织管理的要求），整体地组织数据。数据库的逻辑设计是模式的设计，将现实世界的事物按具体的数据模型进行组织。它需要完成两个步骤：①根据管理目标建立科学的管理指标体系；②根据指标体系确定数据库内容及数据库之间的联系（结构关系）。

详细的数据库需求的获取和组织过程可以分为两个方面，一是定义用户提出的数据需求（程序或特定查询），二是定义数据库物理设计的需求。用户需求被看成是概念的或逻辑的需求，这是因为用户的数据视图不同于数据的物理存储组织。用户的需求可根据已有的应用或数据模型得到。

在数据库设计中，通常采用E-R图来表示数据模型，并采用如下规则将E-R图转换为物理模型：若实体间联系是1∶1，则在两个实体类型转换成的两个关系模式中，任选一个关系模式，并在其属性中加入另一个关系模式的键和联系类型的属性；若实体间联系是1∶N，则在N端实体类型转换成的关系模式中，加入1端实体类型的键和联系类型的属性；若实体间联系是$M∶N$，则将联系类型也转换成关系模式，其属性为两端实体类型的键加上联系类型的属性，而键为两端实体键的组合。当然，物理模型设计也需要遵循以下三原则：尽可能减少数据冗余和重复；结构设计与操作设计相结合；数据结构要具有相对的稳定性。

10.3.3 系统设计阶段的成果

系统设计阶段的主要成果是系统设计规格说明书。设计规格说明书分为概要设计规格说明书、详细设计规格说明书及数据库设计规格说明书。概要设计规格说明书主要从系统的结构设计考虑，为详细设计提供基础。详细设计规格说明书主要从系统结构设计中每个模块（子系统）的过程设计考虑。数据库设计规格说明书主要从设计系统的后台数据相关属性和功能考虑。

10.3.4 系统设计实例

为了使读者更清晰地了解系统设计阶段的具体工作内容，根据实际调研，下面给出了某市建设工程管理系统的系统设计部分的内容实例（只节选设计文档部分内容作为示例）。系统体系结构分为用户界面层、业务逻辑层、数据访问层、系统运行及安全框架、系统运行管理、数据库六大部分（图10-2）。

各部分设计说明如下：
（1）用户界面层

本部分主要负责与用户进行交互，如数据录入、查询、统计、打印、报表等，本层可以用WinForm界面实现，也可以用WebForm界面实现，在本系统中，目前只以WebForm界面实现。

（2）业务逻辑层

本部分主要负责完成对各种业务处理流程的控件以及业务数据的封装和处理，并对业务过程中产生的或用户输入的数据以及用户的操作进行业务规则检查，以保证各个业务正确进行。本层按业务的需要，将各个业务看作是一个完整实体，当业务的任何一个部分不符合该业务的业务规则时，业务逻辑层将通知用户界面层发出消息，以告知用户。

（3）数据访问层

本部分主要负责与数据库进行通信，完成业务逻辑层发出的各项数据操作指令，并将处

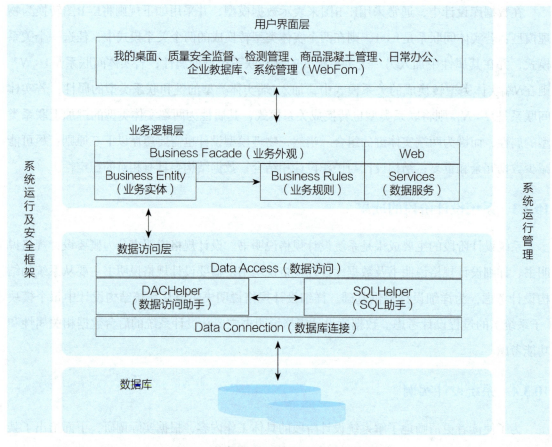

图10-2 某市建设工程管理系统体系结构图

理结果返回给业务逻辑层。本层提供统一的数据访问接口,将数据库完全封装到系统中,由数据访问层直接管理和数据库的连接和通信,因此数据库对其他各层均是透明的,这样设计的好处是可以将对数据库不安全操作降到最低。

(4)数据库

本系统的所有业务数据和系统参数均保存在数据库中,以实现数据共享和集中管理。

(5)系统运行及安全框架

本部分主要负责系统运行过程中的异常处理、配置文件读取、安全控制等。本部分贯穿于整个系统的其他各部分,是其他各部分的必要组成部分。

(6)系统运行管理

本部分是指外部对本系统的干预与对系统的维护,最终客户单位对使用本系统的相关管理规定也在本部分中体现,这些都是维持系统正常运行必不可少的因素。任何一个好的系统都是需要好的管理,因此需要重视系统运营过程中的正确、正常、正规管理,该部分是贯穿于各个业务和系统运行本身的。

除"系统运行及安全框架"和"系统运行管理"外，其他四部分可根据需要进行剪切和重组，并加以相应的设置和重构，即可部署于相同或不同的服务器或PC机上，系统仍然可以正常运行，如：将业务逻辑层和数据访问层分离出来，部署到应用服务器上，将数据库部署到数据库服务器上，并将用户界面层部署到PC上或直接使用浏览器访问，即可实现局域网和互联网中各PC机协同数据处理和查询。

10.4 工程项目信息管理系统编码

10.4.1 系统编码概述

在完成系统的分析和设计工作之后，信息系统的运行结构、功能结构、模块结构和接口定义、数据组成和数据结构已基本确定，接下来的工作就是把系统设计的结果翻译成某种程序设计语言编写的程序，即代码编写的具体工作。如果把信息系统比作一个对象，那么程序代码就是对软件进行实例化的具体过程。系统编码阶段的工作量占整个项目工作总量的1/3，是使整个项目结果得以体现的重要环节，其主要工作内容包括如下方面：

（1）对软件编码任务进行工作分解，在整体项目计划的基础上制定本阶段的工作计划（包括进度、人员、费用、质量、自测试等）。

（2）组建开发团队，进行有效管理，按计划完成任务。

（3）利用程序设计语言实现系统的各个功能，对于涉及数据库应用的系统，还包括对数据库中各类数据对象及其关系的维护和利用等工作。

（4）管理在开发和实现过程中产生的所有文档资料和系统的临时版本。

对于非完全自行开发的工程项目信息管理系统，或者是由多个承担方共同参加的项目而言，还应考虑不同系统间的接口和集成问题。

10.4.2 系统编码的基本原则

为做好本阶段的系统开发工作，项目组及其成员应遵循以下基本原则进行软件开发：

（1）程序编码人员应严格按照系统设计说明书完成系统的编码工作。通过编码完成系统分析和系统设计阶段的目标。

（2）对于开发过程中发生的需求变更及设计变更等问题，需要通过项目启动阶段确定的变更控制流程处理。

（3）制定统一的软件编码规范，确保程序代码具有良好的编写风格和接口规范，使编写的程序代码易于理解和便于维护。

（4）注重程序的阶段性成果及文档资料的管理工作，加强版本控制。

（5）注重团队协作精神的培养和运用，善于总结、加强沟通，提高团队凝聚力。

（6）注重提炼公用代码，加强公共模块的开发，形成公用编程知识库，以提高开发效率。

10.4.3　系统编码工作应考虑的技术因素

（1）编程语言的选择

目前计算机上配备的程序设计语言种类比较多，在开始进行系统开发时，首先要做的事情是确定选择什么样的程序设计语言来实现系统。一般来说，程序设计语言的选择应遵循以下几点原则：①考虑语言自身的功能和应用领域；②考虑软件的开发和维护成本；③考虑软件的可移植性；④考虑编程语言所依赖的集成开发平台的应用特点。

（2）编码规范的制定

程序的可读性和可修改性是降低软件维护成本很重要的因素。为了使所有的程序代码具有一致的书写风格，在项目进入编码阶段前，项目经理或项目组的技术负责人就应该着手制定统一的编码规范。编码规范应包含以下内容：①符号名的命名规范；②程序的注释。其中程序的注释又包括序言性注释和功能性注释。

（3）程序的书写格式

程序代码如果分不出层次来，是很难被读懂的。所以在程序的编写中经常使用空行和缩格方式，增强程序代码的段落性和可读性。

10.4.4　系统编码阶段的管理

按照项目化运作的指导思想，系统编码可以算作整个软件项目的一个子过程或者说是一个子项目，该子项目的执行应服从软件项目总体的设计和运作规程。实际的软件项目运作过程中，主要从编码的进度、成本、质量和版本四个方面来管理。

（1）进度管理

具有较强协同工作性质的系统编码工作需要大家齐心协力、共同努力，方能达到最优工作状态。任何一人的工作滞后都将带来整个阶段工作的延长，所以在编码阶段，项目经理应采取一些有力措施来保证编码进度的一致性和协调性。一般有以下几种方法：①精细工作，项目经理或技术负责人应根据项目总体进度，将整个编码工作分摊到每一个人每一天的工作中去；②减少干扰，系统编码时最好进行封闭开发，尽量减少其他事情对编码工作的影响；③使用正确、有效的激励机制，充分发挥每个人的主观能动性；④有效沟通，主要解决程序接口、系统集成等问题，通常包括正式沟通和非正式沟通两种；⑤合理分配工作，由于团队成员熟悉的技术层面和技术水平各不相同，项目经理或技术负责人在进行任务分工时要考虑每个人的技术优势、能力水平等；⑥采用先进的系统开发平台和技术方案；⑦及时的监督与检查。

（2）成本管理

系统开发过程中最大的成本消耗就是人力资源成本，做好本阶段的成本管理，是整个项目成本管理的重要内容。编码阶段的成本管理主要从以下几个方面来考虑：①组建合理的人员结构和稳定的项目团队；②实行科学有效的管理；③采用现代先进技术和集成平台工具；④做好变更控制；⑤尽量采用成熟的商品化软件或中间件。

（3）质量管理

编码工作的优劣直接决定着系统交付成果的质量，把握系统的质量是项目经理、编码技术责任人和团队成员的重要职责。正确把握质量应当从以下几个方面入手：①正确理解设计说明书；②制定编码规范；③代码的规范性检查；④开展适当的测试工作。

（4）版本管理

版本管理是针对系统开发过程中涉及的各种程序资源进行的管理。有效的版本管理有助于对系统开发过程中产生的各种中间产品进行有效的管理，有助于选择合适版本的构件组成系统的发布版本。能否实现有效的版本管理，是判断企业是否专业化和规范化的重要标准。

版本控制是工作组系统开发中的重要方面，它能防止意外的文件丢失、允许反追踪到早期版本，并能对版本进行分支、合并和管理。在系统开发人员需要比较两种版本的文件或找回早期版本的文件时，源代码的控制是非常有用的。具体作用体现在如下方面：

1）作为代码仓库有效地管理软件开发中各个不同版本的源代码和文档，占用空间小并且方便各个版本代码和文档的获取。

2）在开发小组中对源代码的访问进行有效的协调（不同的版本控制软件采取不同的协调策略）。

10.5 工程项目信息管理系统测试

10.5.1 系统测试概述

完成程序设计阶段工作后，建立的新系统经程序编码员调试，已初步奠定了基础，但是我们需要确认将要新投入运行的系统是否正确无误，所以在系统实施之前要施行系统测试，未经周密测试的系统贸然投入运行，将会造成难以想象的后果。

系统测试又称为系统调试。系统调试的目的在于发现程序中的错误并及时予以纠正。人们编写的所有程序都必须经过调试才能证明其正确性，但实际测试时，由于时间、测试人员能力等问题，只能保证程序的基本正确，尚需经过一段时间试用后，才能验证出是否真正完全正确。

所谓程序调试，就是在计算机上用各种可能的数据和操作条件反复地对程序进行试验，发现错误越多，说明调试的收效越大、越成功。

程序调试分为程序分调和联调两大步。程序分调包括单个程序（如输入程序、查询程序等）的调试和模块调试。

（1）程序单调（基本类型模块调试）

程序单调的目的是对单个程序进行语法检查和逻辑检查。这项工作应由程序编写者自己完成。

（2）模块分调

模块分调的目的是保证模块内部控制关系的正确和数据处理内容的正确，同时测试其运行效率。

联调包括分系统调试和系统总调试。只有全部分系统都调试通过之后，方可再转入系统总调试。联调的目的是发现系统中属于相互关系方面的错误和缺陷。因此，分系统调试和系统总调试的主要目标已不是查找程序内部逻辑错误。

10.5.2　系统测试阶段的工作内容

系统测试阶段主要完成以下任务：

（1）制定测试大纲。作为测试工作的依据主要有：检查每个模块在程序设计中是否已测试过，测试的数据和输出结果是否正确；检查每个子系统和功能在程序设计中是否已测试过，测试的数据和输出结果是否正确；检查上一阶段交来的工作文档是否齐全；确定本阶段测试目标；制定本阶段测试内容；编写下一阶段工作提交的文档资料。

（2）制作测试数据。由于数据制作的好坏直接影响系统测试结果，因此应由用户和程序管理组的人员制作测试数据，程序编码人员不应介入。此外，尽可能多地提供数据供检测使用。

（3）程序测试。程序测试为集中力量来检验软件设计的最小单位——模块。程序调试是对每个程序的单体调试，主要有语法检查和逻辑检查。在程序的逻辑检查之前，首先需要制作测试数据，即假设一些输入数据和文件数据。测试数据直接影响了程序的调试工作，所以制作的数据应该满足以下几个条件：满足设计上要求的上下限及循环次数；满足程序中的各种检验要求的错误数据；适宜于人工对程序的检查工作。

测试数据的内容包含4个方面：正常数据、不同数据、错误数据以及大量数据。通过以上不同角度的数据检验，证明程序逻辑是对的，程序的调试也就结束了。

在程序测试期，评价模块的5个主要特性是：模块接口、局部数据结构、重要执行路径、错误处理路径、影响上述几点的界限条件。在其他任何测试开始之前，需要测试横穿模块接口的数据流。若数据不能正确进入和退出，就谈不上其他的测试了。

程序测试之后，还需要对每个程序做一份程序测试说明书，以备系统今后修改维护。程序测试说明书的主要内容是：说明程序测试数据制作的方法，测试方法以及测试过程中所产生的问题。

（4）功能测试。在单个程序测试成功的基础上，进行功能测试。由于若干个程序组成一个功能，所以功能测试是综合测试，需要将功能内所有程序按处理流程图的次序串联起来。功能测试工作由程序员来进行，测试的结果交由系统设计人员审核通过。

（5）子系统测试。子系统测试建立在各个功能测试成功的基础上，每个子系统是由若干个功能组成的。子系统设计成功与否，不仅取决于每个功能测试成功与否，还决定了按信息传递先后次序串联起来的功能测试成功与否。因此，子系统的测试是一种连接的测试。对测试中发现的问题要及时修改，边测边改，直至测试成功。程序修改后，应在测试说明书中说明测试中发现的问题，修改原因和修改内容，作为程序测试的补充说明。

子系统测试过程中，必须要合理地组织人员。将系统设计人员和程序设计人员统一调度使用，分成三部分：一部分上机测试人员，一部分下机核查人员，还有一部分是程序修改人员。这三方面人员应该紧密配合，互相协调，保证子系统测试工作的顺利进行。

（6）系统测试。在子系统测试成功的基础上，可以进行系统整体测试，即各子系统按信息传递次序进行调试。由于系统测试规模更大，信息更多，联系更强，所以测试前应做好充分准备工作。系统测试分为两个过程：成批处理各子系统间的测试，联机处理各任务间的测试。在成批处理与联机处理分别测试的基础上，还需要进行成批处理与联机处理的联合测试。

（7）系统接口测试。接口测试主要用于检测外部系统与系统之间以及内部各个子系统之间的交互点。测试的重点是要检查数据的交换、传递和控制管理过程，以及系统间的相互逻辑依赖关系等。

（8）写出测试报告书。最后，将以上的测试过程和结果进行记录，对发现的问题和缺陷进行分析并最终形成测试报告书，为纠正系统存在的质量问题提供依据，同时为系统的验收和交付打下基础。

10.5.3 系统测试阶段的成果

系统测试阶段的成果有：

（1）测试说明。描述系统测试所用到的测试准备、测试用例及测试过程；

（2）测试报告。总结测试活动和结果，也包括评估测试项是否符合要求和总结测试中吸取的教训；

（3）系统安装与配置手册。详细描述系统初始安装与系统配置的步骤；

（4）操作手册。详细描述系统的功能、性能和用户界面，使用户了解如何使用该系统。

10.6　工程项目信息管理系统试运行

10.6.1　系统试运行概述

工程项目信息管理系统开发工作基本完成后，项目管理工作进入后期实施阶段，即项目成果逐渐向用户交付的过渡阶段，为区别通常意义上所说的商品化软件的实施，我们称这个阶段为信息系统开发项目交付成果的试运行阶段。信息系统试运行的工作主要由用户方的人员来承担，开发方是该阶段的辅助人员，通过系统试运行，用户可以很好地检查系统是否真正满足实际业务需求。

10.6.2　系统试运行阶段的工作内容

系统试运行阶段的工作内容主要包括系统试运行环境的构建、数据及人员的准备、用户方人员的培训、系统的检测、完善和转换几个方面。这些工作的提前或平行进行，将大大缩短周期。

（1）信息系统试运行环境的构建

信息系统在软件部署之前，必须对其软硬件运行环境进行调研，考察现有环境是否满足系统运行要求。

1）主要硬件设备选型及网络环境的构建

信息系统主服务器是系统正常/安全/稳定运行的核心设备。主服务器上通常部署着数据库、Web 服务器软件、信息系统应用软件，数据安全性要求高，同时承担数据查询，统计分析任务，并发性要求高，因此必须选择目前最先进最合适的服务器产品。

市场上存在着众多服务器产品，首先选定一款服务器基本型，然后根据工程项目管理业务要求增配硬件，最终服务器厂商根据客户订单组织生产。

服务器选型最关键的是CPU，且主板是配合CPU选定的。其他配件如内存、硬盘、SCSI卡、RAID卡等都应根据需要配备。

信息系统的硬件设备除了服务器外还包括通信网络。如果所开发的信息系统是建立在已有的网络系统之上的，则可以直接进行信息系统软件系统的建立过程。如果新开发的信息系统要求建立新的网络或改造原有的旧网络，就必须建立和测试新的网络系统。计算机网络是新的信息系统正常运行的基础。

在建立和测试网络时，首要的工作是确定网络的拓扑结构。网络拓扑是由网络节点设备（包括计算机、集线器、交换机、路由器等）和传输介质构成的网络结构图。网络拓扑结构对网络采用的技术、网络的可靠性、网络的可维护性和网络的实施费用都有很大影响。在选择网络拓扑结构时，一般应考虑实施安装的难易程度、改造升级后重新配置的难易程度、维护的难易程度、传输介质发生故障对其他设备影响的程度等因素。

网络设备选型，不仅要考虑满足当前需要，还要考虑未来企业发展和应用的变化，同时更要考虑自身的实际需求，切不可一味追求产品技术的先进和高档次，以至投入过大又不能充分利用，造成资源浪费。要对整个网络系统进行综合分析，合理配置网络资源，以最小的投入获得最佳的网络性能。

2）主要支撑软件选型

信息系统的运行和应用还需要支撑系统软件的配合。这些系统软件的配置是否齐全，关系到信息系统的运行及各项工作的进展。系统软件包括操作系统、数据库管理系统等。

数据库管理系统是最重要的支持软件之一，数据库管理系统的选型原则如下：

①稳定可靠（high-availability）

数据库保存的是企业最重要的数据，是企业应用的核心，稳定可靠的数据库可以保证企业的应用常年运行，而不会因为数据库的宕机而遭受损失。企业的信息化可以促进生产力，但如果选择了不稳定产品，将经常影响业务生产的正常运营。无论是计划中（数据库维护等正常工作）还是意外的宕机都将给企业带来巨大的损失，这意味着企业要减低收入、降低生产力、丢失客户、在激烈的企业竞争中丢失信心。信息系统的稳定可靠是多方面的因素构成的，包括网络、主机、操作系统、数据库以及应用软件等，这些因素互相之间又有一定的依赖关系，因此，在企业信息化的选型中要通盘考虑这些问题。在数据库方面主要看数据库是否具备灾难恢复、系统错误恢复、人为操作错误恢复等功能，同时要尽量降低数据库的计划内维护宕机时间。

②可扩展（high-scalability）

企业的应用是不断深入和扩展的，数据量和单位时间的事务处理量都会逐渐增加。如果要求企业购置一套信息系统足以满足未来若干年发展的需要显然是不恰当的，因为这实际意味着企业要多花很多钱而不能发挥信息设备的最大效能，造成资源的浪费。比较好的解决办法就是企业先购置一套配置较低，功能适用的系统，当未来业务有需要时可以方便地对系统进行扩展，使系统的处理能力逐步增加，以满足业务处理的需求。落实到数据库就是要选择具有良好的伸缩性及灵活的配置功能的产品，无论是主机系统的内存或硬盘方面的扩展还是集群系统的扩展，都能够被数据库利用，从而提高系统的处理能力。

③安全性（security）

数据库的安全性是指保护数据库以防止不合法使用造成的数据泄露、更改或破坏。安全性问题不是数据库系统独有的，所有计算机系统都有这个问题。只是在数据库系统中保存着大量重要的数据，而且为最终用户共享使用，从而安全问题更为突出。系统安全保护措施是否有效是数据库系统的重要指标之一。数据库的安全控制主要通过用户标识与鉴别、存取控制、视图机制、审计、数据加密等方法完成。

④丰富的开发工具

无论是优秀的硬件平台还是功能强大的数据库管理系统,都不能直接解决最终用户的应用问题,企业信息化的工作也要落实到开发或购买适合企业自身管理的应用软件。目前流行的数据库管理系统大都遵循统一的接口标准,所以大部分的开发工具都可以面向多种数据库的应用开发。

⑤服务质量

现今信息高度发达的竞争中,数据库厂商完全靠产品质量打动用户的年代已不复存在,各数据库产品在质量方面的差距逐渐缩小,而用户选择产品的一个重要因素就是定位在厂家的技术服务方面。在你购买了数据库系统之后,你面临着复杂的软件开发,数据库的维护,数据库产品的升级等,你需要得到数据库厂商的培训,各种方式的技术支持(电话、用户现场)和咨询。因此,数据库厂家的服务质量的好坏将直接影响到企业信息化建设的工作。

3)系统安全性保障

当前信息系统都提供网络办公环境,为保障办公环境的网络安全性,加强病毒的查杀能力和抵御网络攻击能力是非常重要的。通过分析当前网络办公环境和未来五年的发展趋势,在信息化建设初期,依据计算机数量、网络并发连接数,以及网络吞吐量等来部署网络版防病毒软件和服务器端防火墙软件的组合。

选择网络版杀毒软件除了需要关注其查杀病毒能力外,还必须考虑可管理性、安全性、兼容性、易用性。

①可管理性:体现了网络杀毒软件的管理能力,主要包括了集中管理功能、杀毒管理功能、升级维护管理功能、警报和日志管理功能等几个主要部分,是网络杀毒软件杀毒能力在管理层次的体现。

②安全性:主要是对于用户认证,管理数据传输加密等方面的考虑,同时也涉及管理员对于客户端的某些强制手段。

③兼容性:主要是用于管理、服务、杀毒的各个组件对于操作系统的兼容性,直接体现了网络杀毒软件或解决方案的可扩展能力和易用程度。

④易用性:主要是指是否符合用户的使用习惯,比如作为中国境内销售的软件,易用性中最主要的一个因素就是中文本地化的问题,还有就是对用户文档在易理解性和图文并茂等方面要求,可以有效地保证用户在短时间内掌握网络杀毒软件的基本使用方法和技巧。

(2)数据及人员的准备

1)数据准备

数据准备是将用户现有系统的业务数据重新整理,然后导入新系统的业务数据库中,同时做好新系统相关环境的数据准备工作,如新系统用户的创建、权限的分配等。

2)人员准备

人员准备主要包括新系统的操作人员和系统管理人员的准备,即由用户方抽调参与系统试运行操作的业务人员,确定新系统的系统管理员,使他们在开发方进行系统培训前全部到位。

(3)用户方人员培训

用户方人员培训是将已编写好的用户手册分发给系统相关人员,对他们进行新系统的培训工作,讲授系统相关知识与功能模块的操作方法,以保证系统能够正常工作。他们的培训内容可分为以下两类:

1)系统管理员

①数据库管理系统的正确安装与日常维护;

②数据库安全机制的建立与维护;

③应用系统的参数配置与维护;

④应用系统服务器端与客户端运行环境的维护;

⑤应用系统常见问题的处理与维护。

2)业务操作人员

①在操作权限内应用系统各个功能模块的操作方法;

②了解各个功能模块数据之间的关系;

③应用系统常见问题的处理与维护;

④用户界面的操作和内容;

⑤相关系统的切换等操作。

(4)系统的检测、完善和转换

1)系统的检查

系统的检查主要包括以下几个方面:

①功能满足要求的检查。要检查系统是否能够正确地满足用户全部的业务需求;

②系统性能的检查。试运行时,要人为地创造业务处理的峰值,进行业务处理的压力测试,从而检测系统的性能;

③系统操作流程、接口数据正确性等方面的检查分析;

④系统实用性、界面友好性、用户可接受性等方面的检查和意见;

⑤与其他系统进行横向比较的意见,包括结构设计的先进性、实用性、可用性等方面的检查。

2)系统的完善和转换

信息系统项目的承担方应及时地修正和改进在试运行过程中遇到的问题及错误。可以将问题汇总，集中处理，并且对问题进行分类，需要马上改进的，优先考虑；不太紧急的，可以等待试运行结束后，根据试运行结果，确定修改方案。

系统项目通过试运行后，项目组需要对最终形成的软件版本进行归档处理，对于系统试运行过程中产生的修改，必须在用户说明书中及时进行相应的修改，还要完成系统包装及安装软件的制作等提交用户前的系统转换工作。

10.6.3 系统试运行阶段的成果

系统试运行阶段的成果有：
（1）用户反馈意见单；
（2）用户应用证明；
（3）培训记录单。

用户通过试运行，可以对系统进行客观的和主观的评价，并根据系统提供的功能、性能和安全性等方面因素给出合理的用户使用意见，由此而得到的就是《用户反馈意见单》。《用户应用证明》就是用户应用系统后产生的凭证文件，其中包括对系统各方面的总体评价。《培训记录单》是用户参加系统试运行培训的凭证，记录了受训人、培训员、培训时间等信息。

10.7 工程项目信息管理系统验收

10.7.1 系统验收概述

对系统进行测试、试运行后，系统项目就进入验收阶段。系统项目的验收是对系统项目成果的确认，也是对系统项目范围的再确认。它是指系统项目成果试运行后正式交付给用户之前，用户方同系统项目承担方对系统项目成果进行审查，核查双方约定的项目计划中所有规定范围内的各项工作或活动是否均已完成，应当交付的成果是否满足范围、功能和性能的要求，以使系统能够及时转入接收方的正常使用。

10.7.2 系统验收阶段的工作内容

系统验收阶段的工作有以下几点：
（1）资料准备

软件项目在验收以前，项目的承担方、用户方和监理方分别开展各自的验收前准备工作，整理好有关文件和技术资料。验收前期项目承担方应准备的文件资料包括：①系统开发文档，即分析、设计、编码、测试以及各种开发管理文档等资料；②用户文档，即用户操作和维护系统所需的资料；③宣传资料，即用于介绍系统性能、有助于系统推广的资料。

（2）成立系统项目验收委员会或项目验收小组

项目验收小组一般由用户方、承担方以及监理方组成，必要时可以聘请一些行业专家对项目进行评价。

（3）用户方制订系统项目验收计划

项目主管部门接到项目验收申请报告后，应审查项目验收条件是否已具备，具备验收条件时，要安排详细的验收流程。

（4）监理方提出验收意见

监理方组织用户方操作人员，深入、细致地对系统质量进行检测，提出系统验收意见。

（5）实验验收

这是一个审核过程，可能还包括部分必要的验证测试，主要过程如下：

1）用户方和有关工程项目技术人员对系统质量进行验收检查。

2）系统项目承担方介绍系统项目的研究过程情况，包括系统功能、项目进展过程、采用的技术、标准及规范。

3）用户方提供试运行情况报告。

4）用户方和有关工程技术人员介绍系统使用情况，介绍系统质量和文档质量的检查验收情况。

（6）验收小组填写验收意见

验收小组根据系统项目资料进行审议，编写验收报告，填写验收意见（包括遗留问题处理意见），验收小组成员签字。

（7）验收小组宣布系统项目验收结果

验收小组负责人宣布一致通过的验收意见，验收意见包括项目工作的开展情况，系统项目交付成果的功能、性能、实用性等技术指标以及整个项目的成功点、有待改进之处等方面内容。

10.7.3 系统的正式上线运行

系统项目本身具有一定的特殊性，它的移交工作不是将项目实体所有权交给用户那么简单。在项目的移交阶段，开发方不但要完成系统的切换工作，还要使用户方接收人员具备系统的独立使用和日常管理维护能力。所以在系统正式上线前后，需要做好以下工作：

（1）用户方成立项目接收组。在正式接收系统之前，用户方要成立专门的系统接收组，负责系统的接收工作，全面接管系统的日常管理维护工作。

（2）人员培训。人员培训是为了让用户方具备系统日常管理维护和独立使用的能力，这部分工作安排得越细致，用户方后期出现的问题就越少，承担方的维护工作也就越少。

（3）系统正式上线的基础准备工作。在系统正式上线运行前，用户方需安排人力，协助开发方构建新系统的运行环境，包括硬件、网络和工作站操作系统等，协助完成数据导入等工作。

（4）系统正式上线运行的技术保障工作。在系统正式上线后，开发方需按照约定，在一定时间范围内，为用户方提供技术保障，从技术、操作使用、日常管理等方面及时解决用户出现的问题。

（5）系统正式运行过程记录。系统正式上线运行后，需做好系统过程记录，即系统使用日志。设计良好的系统通常内置自动记录运行情况的功能模块，从而通过自身功能实现正式运行记录。正式运行记录主要包含以下几个方面：

1）系统使用时间记录。主要记录开始使用时间、结束时间、累计使用时间长度。

2）系统使用情况记录。记录数据录入、查询、处理、传递、输出效率等系统功能操作情况。

3）环境变化情况记录。记录硬件环境变化、软件操作系统环境变化、设置参数变化、版本变化（维护与升级）、操作人员变更。

4）系统异常情况。包括错误和异常中断等信息。

5）系统使用情况分析。包括使用情况统计分析，定期或不定期的使用意见征求会议，收集系统用户对系统功能的意见和看法。

10.7.4 系统验收阶段的成果

系统验收阶段的成果就是《系统验收报告》。《系统验收报告》主要包括甲、乙双方参加验收的人员名单，验收的总体结论，以及对合同中约定的各项功能达成情况的判定等。

10.7.5 系统验收实例

如表10-2所示为某市建设工程综合管理信息系统的系统验收的部分报告内容实例，主要包含项目名称、甲乙方验收人员、验收内容、模块清单、文档清单、系统验收结论等，由此来确认验收某市建设工程综合管理信息系统，从而放心交付使用。

综合管理信息系统验收报告　　　　　　　　　　　表10-2

项目名称	综合管理信息系统（OA办公、总控中心、系统维护）	
甲方验收人员		
乙方验收人员		
验收内容		
1. 是否确认功能模块完成（模块清单见附件1）	是□	否□
2. 系统验收相关文档是否齐全（文档清单见附件2）	是□	否□
3. 系统是否运行正常	是□	否□

续表

系统验收结论	通过□ 不通过□	
甲方验收小组 年 月 日	乙方签字	年 月 日

模块清单如表10-3所示，功能模块清单是甲、乙双方在最初订立开发综合管理信息系统合同的时候便达成一致意见，而后可能经历需求变更等，最终验收系统，通过或不通过甲方所要求的功能模块。

功能模块清单   表10-3

1	收文管理	收文登记	合同中所列模块	通过□ 不通过□
		收文列表	合同中所列模块	通过□ 不通过□
		待办收文	合同中所列模块	通过□ 不通过□
		收文查询	合同中所列模块	通过□ 不通过□
2	发文管理	发文登记	合同中所列模块	通过□ 不通过□
		发文列表	合同中所列模块	通过□ 不通过□
		待办发文	合同中所列模块	通过□ 不通过□
		发文查询	合同中所列模块	通过□ 不通过□
		模板维护	已确认的新增需求，问题描述详见《20161128意见反馈单》	通过□ 不通过□
3	督办管理	督办事项登记	合同中所列模块	通过□ 不通过□
		督办事项列表	合同中所列模块	通过□ 不通过□
		待办督办事项	合同中所列模块	通过□ 不通过□
		督办事项来源	合同中所列模块	通过□ 不通过□
4	汇报材料	汇报材料登记	合同中所列模块	通过□ 不通过□
		汇报材料列表	合同中所列模块	通过□ 不通过□
		待办汇报材料	合同中所列模块	通过□ 不通过□
		汇报材料查询	合同中所列模块	通过□ 不通过□
5	会议管理	会议室管理	合同中所列模块	通过□ 不通过□
		会议通知	合同中所列模块	通过□ 不通过□
		会议纪要	合同中所列模块	通过□ 不通过□
6	通知公告	信息录入	合同中所列模块	通过□ 不通过□
		待发布	合同中所列模块	通过□ 不通过□
		已发布	合同中所列模块	通过□ 不通过□

续表

7	单位会议安排	新建会议活动安排	合同中所列模块	通过☐	不通过☐
		本周会议活动安排	合同中所列模块	通过☐	不通过☐
		所有会议活动安排	合同中所列模块	通过☐	不通过☐
		单位制度查询	合同中所列模块	通过☐	不通过☐

10.8 工程项目信息管理系统维护

10.8.1 系统维护概述

系统的维护与评价阶段是系统生命周期的最后一个阶段。由于信息系统庞大且复杂，并且需要适应系统内部及外部各种环境的变化，各种人为、机器的因素影响，系统需要进行维护。

系统维护是在新系统交接、正式运行后开始的。这方面的工作要求规范化、制度化，由专人负责。当正常维护工作进行不下去的时候，按照生命周期的观点，系统就应该开始新一轮的循环了。

新系统正式投入运行后，为了让系统长期高效地工作，必须加强日常运行管理。日常运行管理工作不仅包括机房环境和设施的管理，更主要的是对系统每天运行状况、数据输入和输出情况以及系统的安全性与完备性及时如实记录和处置。这些工作主要由系统运行值班人员来完成。

10.8.2 系统维护阶段的工作内容

系统维护包括以下几个方面的工作：

1）程序的维护。在系统维护阶段，会有一部分程序需要改动。根据运行记录，发现程序的错误，这时需要改正。或是随着用户对系统的熟悉，用户有更高的要求，部分程序需要改进。或者是环境的变化，部分程序需要修改。

2）文件的维护。业务发生了变化，需要建立新文件或者对现有文件的结构进行修改。

3）代码的维护。随环境的变化，旧的代码不能适应新的要求，必须进行改造，制定新的代码或修改旧的代码体系。代码维护的困难主要是新代码的贯彻，因此各个部门要有专人负责代码管理。

4）设备的维护。包括机器、设备的日常维护与管理。一旦发生小故障，要有专人进行修理，保证系统的正常运行。

系统的修改，往往会"牵一发而动全身"，不论是程序、文件还是代码的局部修改，都可能影响系统的其他部分。因此，系统的修改必须通过一定的批准手续。通常对系统的修改应执行以下步骤。

1）修改要求。操作人员或业务领导以书面形式向主管人员提出对某项工作的修改要求。这种修改要求不能直接向程序员提出。

2）批准。系统主管人员进行一定调查后，根据系统的情况和工作人员的情况，考虑这种修改是否必要、是否可行，作出是否修改、何时修改的答复。

3）任务。系统主管人员若认为要进行修改，则向有关的维护人员下达任务，说明修改的内容、要求、期限。

4）验收成果。系统主管人员对修改部分进行验收。验收通过后，将修改的部分嵌入系统，取代旧的部分。

5）登记修改情况。登记所作的修改，作为新的版本通报用户和操作人员，指明新的功能和修改的地方。某些重大的修改，可以看作一个小系统的开发项目，因此，要求按系统开发的步骤进行。

系统的日常维护包括数据收集、数据整理、数据录入及处理结果的整理与分发。此外，还包括硬件的简单维护及设施管理。

另外，需要及时、准确、完整地记录系统运行情况，除了记录正常情况（如处理效率、文件存取率、更新率），还要记录意外情况发生的时间、原因和处理结果。整个系统运行情况的记录能够反映出系统在大多数情况下的状态和工作效率，对于系统的评价与改进具有重要的参考价值。记录系统运行情况是一件细致而琐碎的工作，从系统开始投入运行就要抓好。

有人做过估计，90%的软件人员从事系统的修改和维护工作，系统的运行和维护费用占全部开发费用的80%。这些数字充分说明了系统维护工作的重要性，同时也说明系统维护工作量是很大的。

10.8.3 系统维护阶段的成果

在系统维护测试中会发现系统的某些功能模块存在问题，此时我们就需要将这些问题以维护文档的方式通知系统开发人员加以改进。维护文档必须能够比较清晰而准确地反映所对应的问题，这样开发人员方可对这些问题进行准确提交。

一份好的测试维护文档必须包括：文档编号、提交日期、提交人、问题模块及问题详细描述，并应该配有适当的图表加以描述。

思考题

（1）简要概述工程项目管理信息系统开发的全过程。

（2）你认为工程项目管理信息系统开发过程中最重要的环节是哪一步？为什么？

第 11 章　工程项目管理信息系统安全

工程项目管理信息系统开发完成后，系统安全平稳的运行对工程的顺利进行至关重要。那么工程项目管理信息系统投入运行以后如何识别其安全问题？如何评估分析其安全质量？如何确定安全评估指标？如何分析信息安全管理制度对组织的影响？这是工程项目信息系统安全管理需要解决的问题。

安全评估，又名安全评价、危险度评价或风险评价。在信息系统始终会面临威胁和风险的现实情况下，安全评估就是指利用信息安全领域的丰富经验和创新技术，对组织、单位或者部门的信息系统进行整体评估，包括分析系统中的危险因素、系统发生安全事故的概率和严重程度以及提出安全目标和防护策略，为保护信息系统的安全提供参考和依据。

11.1　信息系统安全评估理论

信息系统安全性评估理论主要有瑞士奶酪模型、MMEM系统理论、SHEL模型、人因失误基本理论等经典理论，通过考察、分析和完善适合项目信息系统的安全评估流程步骤，从而对评估过程中安全指标的设立提供理论依据。

11.1.1　瑞士奶酪模型（SCM）

瑞士奶酪模型（Swiss Cheese Model，SCM）于20世纪由英国心理学教授詹姆斯·瑞森提出，其思想是：任何的组织活动都可以被分为多个不同的层面，任何一个层面都可能存在一定的漏洞，而这些存在漏洞的多个层面进行叠加，就构成了这个组织活动的主要组成部分。如果将不安全因素比作一束不会间断的光源，当这束光源照射到有多个存在漏洞的层面组成的组织活动上时，若其刚好透过所有的漏洞，那么事故就会产生，如图11-1所示。

这些存在漏洞的层面如同现实生活中的奶酪片叠加在一起，奶酪上的孔洞就如同潜在的系统漏洞，大部分威胁会被其中的某一片奶酪拦住，然而当每层的孔洞恰好连成一条贯穿的通道，威胁逐层突破，直至无法阻止安全事故发生。因此该模型得名瑞士奶酪模型。

奶酪模型中的奶酪漏洞主要归为两类，第一类是对于新技术的过分自信，发生系统之前未能发现的漏洞和缺陷；而第二类是忽视或者不遵守系统安全操作，未吸取已发生系统安全事故的教训，导致系统运行中产生新的问题。

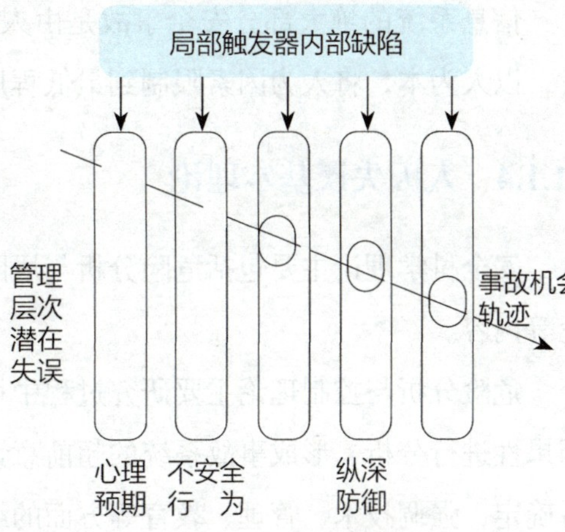

11.1.2 MMEM系统理论

MMEM系统理论指的是人（Man）、机（Machine）、环境（Environment）以及管理（Management）这四大核心要素对于系统安全的作用方法与重要性。作为信息系统而言，其主要组成部分包含了人、机和环境这三个重要方向，而信息系统的安全事故主要产生于人、机、环境这三部分。人、机、环境三部分既有可能各自单独出现问题导致事故产生，也有可能是因为互相影响而产生安全事故。因此，"管理"的作用显得至关重要。在MMEM系统理论中，信息系统的风险安全因素主要由人、机、环境、管理这四大部分构成，如图11-2所示。

11.1.3 SHEL模型

SHEL模型主要由软件（Software）、硬件（Hardware）、环境（Environment）以及人/生命件（Liveware）四部分构成。该模型以"人"为核心，构成人-软件、人-硬件、人-环境以及人-人这四个界面的交互模型。在交互模型中，各个层面既存在相互独立的部分，也存在相互关联共同产生结果的情况，如图11-3所示。

图11-1 瑞士奶酪模型

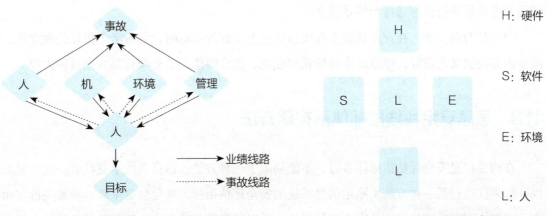

图11-2 MMEM系统理论示意图　　图11-3 SHEL模型示意图

信息系统的绝大部分安全事故是由人为因素造成的。因此，SHEL模型着重于从源头出发，以人为本，将人为因素限制到最低程度，从而从整体上减少信息系统安全事故的发生。

11.1.4　人因失误基本理论

安全科学理论主要包括危险分析与风险控制理论、事故学理论以及现代安全科学管理理论等内容。

危险分析与控制理论主要研究过程中可能出现的危险和隐患。该理论通过对发生事故的因果性进行分析，形成事故系统的超前意识和动态认识，对人、机、环境以及管理等因素进行确定，强调技术、管理、教育等方面的结合，从而减少事故的发生。

事故学理论主要通过对事故的研究，在已经发生的事故经验和教训上对安全进行逆向思维的认识。该理论包括事故模型论、事故致因论等理论分支。

现代安全科学管理理论主要针对安全系统进行研究。以"人-物-能量-信息"安全要素体系为基础，提出系统自身组织的思路，从而对系统本质安全的目标进行确定。在发展过程中逐渐形成了安全系统论原理、安全哲学原理、安全信息论原理等研究方向。

11.2　信息安全评估指标体系构建原则

（1）系统性与科学性：基于对工程项目的系统研究，应选择出能够反映建设工程项目信息系统安全的综合性系统指标。

（2）简要性与通用性：建筑市场不同的工程项目面临的信息安全问题存在差异，在建立指标体系时应当满足不同地区的不同情况和实际需求，评估过程与手段力求简明扼要，能快速让人掌握，迅速解决问题。

（3）实际可操作性：结合建设工程项目的实际情况，从其面临的实际问题出发，在实际调研和考察后进行指标选择和体系建立。

（4）相对独立性：在设立建设工程项目信息安全评价指标时，尽量考虑指标的独立性，减少内容的交叉与重复，使得每个指标相对独立，能反映建设工程项目某方面具体内容。

11.3　信息安全评估指标体系构建方法

在构建信息安全评估指标体系时，不能局限于一种方法。信息系统本身具有一定的复杂性，如果仅通过某一种方法来断定信息系统的安全评估指标，难免会受束缚，导致关键方面有所遗漏。因此，在构建信息安全评估指标体系时需采取多种方法，不仅要对相关的文献和标准进行查阅、归纳和分析，还要对建设工程项目实际情况进行调研，同时结合相关理论知识和调研情况与专家进行讨论和总结，并且结合一定的系统工程手段和数学方法，对指标体系的建立和安全评价过程进行计算和说明。

（1）文献查阅归纳：在构建信息安全评估指标体系前，需对国际与国内的信息安全标准进行系统地学习和归纳。以《通用评估标准》（CC），《信息技术安全性评估准则》（ITSEC），《可信计算机系统评估标准》（TCSEC），《信息安全管理标准》（BS7799），《信息技术—IT安全管理指导方针》（ISO/ICE 13355）及《信息技术—信息安全管理实施细则》（ISO/IEC 17799）等众多信息安全标准为例进行学习和查阅，有助于学习和了解信息安全评估标准。

（2）实地考察与座谈：在完成信息安全评估标准的学习和归纳后，需对建设工程项目进行实地考察，从建设工程项目的实际构造与业务入手，对整个建设工程项目的物理安全、网络安全、数据库安全等实际安全情况进行调研，同时也要对工程项目安全管理制度、安全机构、安全管理过程与记录等管理情况进行调查和分析，并且与相关管理人员和员工进行座谈，从而对于工程项目面临的实际安全问题和所要注意的重点方面有系统的了解和认识。

（3）相关理论参考和研究：结合瑞士奶酪模型、MMEM系统理论、SHEL模型、人因失误基本理论等涉及信息系统指标体系建立的经典理论，结合相关标准和规范，设计、选取和修改符合建设工程项目信息系统实际情况的指标，从而对整个信息系统指标体系进行搭建。

（4）专家咨询和分析：在建立指标体系的过程中，依据所得出的信息安全评估指标体系成果向相关专家进行请教和咨询，将整个信息系统评估指标体系进行修改和深化，最终建立建设工程项目信息安全评估指标体系。

11.4　信息系统安全评估指标分析

信息系统安全评估是一个复杂而繁琐的过程，对于指标设立而言，正确认识各类指标特征、选取合适的指标参与评估，是提高信息系统安全评估准确度和可信度的有效手段。依据国内外学者对于指标类型的描述，将指标分为以下类别：

1）主观指标与客观指标：主观指标指的是人对于评估对象的认知与看法，不同的人对于相同评估对象的看法可能会存在很大差异。在评价指标中全部采用主观指标是不够准确的。客观指标指的是反映客观数据和事实的指标，往往不以人的意志为转移。然而信息系统的服务对象本来就是人，因此完全采用客观指标往往无法反映人的需求和意志。因此，在设立指标体系时应当注重主观与客观指标相结合。

2）总体指标和类别指标：总体指标反映信息系统某一方面的基本特性，不够细致；类别指标可以针对不同类别的领域深入挖掘和分析，然而缺乏大体代表性，显示规律能力不明显。因此，在设置指标体系时要注重总体指标和类别指标相结合。

3）描述指标与分析指标：描述性指标反映了信息系统的实际状态，如客观存在的物理状况与人员配备情况，不具有延伸性和深入性；分析指标指的是在描述指标基础上通过其他技术手段进行分析后得出的指标，具有综合性和创新性，但是客观情况反映不足。因此，在设置指标体系时要注重描述指标与分析指标相结合。

4）静态指标与动态指标：静态指标反映了信息系统安全设置是否存在或者安全设施是否已部署，判别条件往往较为简单和直观，即"是"或者"否"以及"有"或者"无"，在某一时段内不具有可变性，比如网络安全中是否设置了DMZ区域。而动态指标反映了信息系统某项状态是否处于一种可变的情况，并且在可改变情况下信息系统是否处于一种安全范围内，比如物理安全中温湿度控制可以反映信息系统的实时温湿度，具有可变性，而信息系统的安全情况判断需要考虑指标的安全范围，不能用简单的"是否"或"有无"进行判断。

因此，在设置建设工程项目信息系统安全评估指标体系时，应考虑信息系统静态指标与动态指标的联系和区别，也可以对静态指标体系和动态指标体系分别进行设置，以满足信息系统安全评估的全面性和合理性。

11.4.1 基于MMEM系统理论的指标分析

依据MMEM系统理论，信息系统主要由人、机、环境和管理四部分构成，其中人的因素是整个系统的中枢。

（1）人的因素：从个人角度出发，人的因素包括了认知、生理、心理、素质四个方面。

（2）机的因素：机的因素主要包括设备自身的硬件故障、通信线路中断、系统本身或是软件缺陷对业务和系统稳定运转造成的影响。设备的技术与水平可显著提高安全性能和效率，降低人机相交互的频率，从而显著减少因人为因素而产生的安全事故。

（3）环境因素：信息系统不可能脱离环境而运转，而信息系统的内外环境本身就会对信息系统产生极大的影响。环境因素分为内部环境和外部环境。内部环境又分为工作环境、认知环境、行为环境以及技术环境，如电源供应不到位、静电问题、灰尘超标、潮湿程度过重、温度无法控制在合理范围内、虫蚁鼠害、电磁产生干扰、漏雨、地震、洪水、火灾等不利环境条件引发的信息系统故障。外部环境是指工作系统以外影响人员心理和情绪的环境因素，同样会造成一定程度的影响。

（4）管理因素：信息系统的运转离不开管理的保障。操作违规、管理制度不规范等管理问题都会造成信息系统安全事故发生。管理因素大体上分为法律法规、组织文化、相关培训、组织机构、反馈交流和计划程序等方面。

1）法律法规因素主要包括支持整个信息系统正常运转的相关政策、法规、标准、规

定、协议、操作程序等;

2) 组织文化因素主要包括个人对于信息系统安全的认知意识和态度;

3) 相关培训因素包括上岗前技能培训、相关安全意识培训、继续教育培训、应急培训、相关培训评估反馈等;

4) 组织机构因素主要包括机构构成、职责与权力、监督与监控、业务程序等指标;

5) 反馈交流因素主要包括部门间内部交流与外部交流;

6) 计划程序主要包括业务计划的制定和调整等指标。

通过基于MMEM系统理论的分析,我们可以得出管理因素是整个信息系统是否会存在风险的关键因素。

11.4.2 基于SHEL模型的指标分析

在基于SHEL模型的指标分析中,可将人-人界面模型内容细化为个人的因素指标和人-人因素指标,设备由软件和硬件组成,因此可以将人-硬件和人-软件这两个界面模型内容合并为人-设备因素指标;人-环境界面模型内容直接划分为人-环境因素指标。

(1) 个人因素指标:个人因素指标主要包含心理、生理、认知以及素质四个方面。

1) 心理因素指标主要包括行事动机、心理承受力、个性、习惯等;

2) 生理因素指标主要包括个人体能、耐力、运动能力、反应能力等;

3) 认知功能指标主要包括感知能力、注意力、记忆力、决策能力等;

4) 素质因素指标主要包括年龄、责任心、技能、知识、经验等。

(2) 人-人因素指标:人-人因素指标主要以人员在信息系统中扮演角色为划分条件,主要分为信息系统业务主管、安全主管、运营人员、设计人员等方面。这些角色的工作完成质量直接影响系统安全,因此,这些工作的质量情况可作为评价指标。

1) 业务主管主要负责制定信息安全管理策略、检查信息安全状态报告以及组织安全评估相关工作;

2) 安全主管主要负责进行安全检查评估、对安全情况进行监督等;

3) 运营人员主要负责安全控制情况、单位或企业对规章制度的遵守情况、部门系统协调情况、信息管理等;

4) 设计人员主要负责信息系统分析、设计、实施等工作。

(3) 人-设备因素指标:人-设备因素指标主要分为设备技术与设备管理两个方面。

1) 设备技术主要包括设备的设计、设备的操作、设备的维修等;

2) 设备管理包括设备的操作规程、设备的档案记录、设备常规检查、设备维修保养、设备定期报废以及应急措施等。

（4）人–环境因素指标：人–环境因素指标主要分为内部环境和外部环境两个方面。

1）内部环境主要包括工作环境、行为环境和技术环境等；

2）外部环境主要包括家庭环境和社会环境等内容。

11.4.3　理论框架下指标体系参考系

结合瑞士奶酪模型、MMEM系统理论、SHEL模型和人因失误基本理论等的指标分析结果，参考系基本可以分为人、人–人、人–设备、人–环境以及人–管理五部分，如表11-1所示。

理论框架下指标体系参考系　　　　　　表11-1

指标分类	第一层次	第二层次
人因素	心理	心理压力
		心理健康
		情绪
		意志
	生理	思维
		记忆
		耐力
		反应
		听觉、视觉
	认知	决策
		感知
	素质	知识
		技能
		经验
人-人因素	信息系统安全主管	安全检查评估
		安全情况监督
	信息系统业务主管	制定安全管理策略
		检查安全状态报告
		组织安全评估
	运营人员	安全控制情况
		规章制度遵守情况
		部门系统协调情况
		信息管理

续表

指标分类	第一层次	第二层次
人-人因素	设计人员	分析
		设计
		实施
人-设备因素	设备技术	设计
		操作
		维修
	设备管理	设备档案记录
		操作规程
		常规检查
		维修保养
		定期报废
		应急措施
人-环境因素	内外环境	社会、工作、行为、家庭
	政策法规	法规制度
		操作规范与程序
	组织文化	安全文化
		个人安全意识
		领导安全态度
		团队和谐
人-管理因素	教育培训	岗前培训
		安全技术培训
		在职培训与复训
		培训评估
	部门组织结构	职责与授权
		监督工序
	交流与反馈	部门内、外与相互交流
	计划程序	完备性
		合理性
		应对调整
		可接受性

在完成理论框架下指标体系参考系的搭建后，可以发现本参考系主要侧重点是人在信息系统中的参与程度与主要影响，而对于信息系统中设备与技术的考量较为欠缺，不能直接作为信息系统安全评估指标体系进行使用。

11.5 信息系统安全评估指标体系框架

工程项目管理信息系统的资产类型可大致分为数据、软件、硬件、服务、人员、物理条件以及管理制度七大类，然后根据资产类型将信息系统的威胁和脆弱性进行了划分和关联性对应。根据资产、威胁以及脆弱性的类型，由MMEM系统理论以及SHEL模型可以看出，信息系统中可能影响到信息安全的关键性环节不仅涉及硬件、软件及数据库等信息技术相关领域，而且在人员、制度、组织机构等管理领域的问题也不容忽视。结合《信息安全技术 网络安全等级保护基本要求》GB/T 22239—2019、《信息技术服务管理 第1部分：规范》GB/T 24405.1—2009、《信息技术 安全技术 信息安全管理体系 要求》GB/T 22080—2016、《信息技术 安全技术 信息安全控制实践指南》GB/T 22081—2016等相关信息安全标准和规范以及部分城市建设工程项目信息系统的实际调研情况，可将信息系统安全评估指标体系分为安全技术和安全管理两大部分。

在设置指标体系的过程中，考虑到信息系统的动态性和瞬时性，将评估指标体系分为静态指标体系和动态指标体系。静态指标体系着重于考量信息系统是否具备应有的安全措施或者是否达到静态指标体系的要求，判别结果往往为"是"或"否"以及"有"或"无"；而动态指标体系则侧重于对信息系统的可变性指标进行考察，可变性指标往往不是一个一成不变的状态或是数值，而是随着时间的变化而变化的。以机房的温度状态为例，在不同季节、不同日期甚至不同的时刻都会产生变化，此类指标就是典型的动态指标。因此，静态指标和动态指标具有不同的特性和不同的考量方式，因此设置不同指标体系分别进行考量。

11.5.1 信息系统静态安全指标体系

（1）信息系统静态安全技术指标体系

顾名思义，信息系统安全技术主要指的是信息系统技术部分所面临的问题，涉及整个信息系统的技术架构、网络情况、主机运行、数据存储以及移动端的技术操作等问题。以在客户端上进行招标投标文件等信息的传输服务为例，该项业务在正常运行时，可能会面临网络是否存在技术型故障、文件数据是否已经成功传输或保存、文件内容是否真实有效、关键性数据是否遭到窃取以及是否会遇到停电或火灾这种突发情况等问题。这些问题都是安全技术所要考虑和分析的。

接下来以某市建设工程交易中心信息系统调研情况为例说明信息系统安全技术指标体系划分，该信息系统主要由物理环境、网络系统、主机操作系统、无线交易平台、虚拟化平台、桌面系统、数据库系统、招标投标制作系统、电子开评标系统等部分组成。其主要存在的信息系统安全问题比例如图11-4所示。其中，无线交易平台、虚拟化平台、招标投标制作系统、电子开标评标系统信息安全问题可归为应用安全范畴。

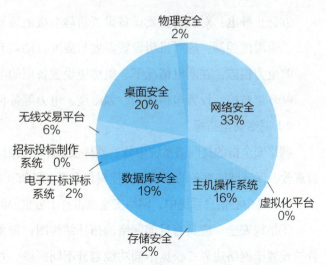

图11-4　某市建设工程交易中心信息系统安全问题分布

因此，结合MMEM系统理论中机的因素、SHEL模型中人–设备因素指标、《信息技术 安全技术 信息安全管理体系 要求》GB/T 22080—2016以及部分城市建设工程项目信息系统的实际调研情况，将建设工程交易中心信息系统安全技术指标体系主要分为物理安全、网络安全、主机安全、数据库安全、应用安全、桌面安全六个方面。

1）物理安全指标

物理安全是整个信息系统安全的重要组成部分。它主要是指信息系统相关实体的安全情况。建设工程交易中心在运行其主要业务时，首先要保证整个系统的相关实体不遭受侵害，在此基础上才能够进行相关技术和管理手段的叠加，从而保证整个信息系统的安全性。建设工程交易中心物理安全主要包括以下几方面的指标：

①物理位置的选择：承载建设工程交易中心信息系统的机房和办公场所应该具有最基本的防震、防风以及防雨能力，因此所选择的物理位置应位于具备防震、防风和防雨能力的建筑物内。

②物理访问控制：在承载信息系统的机房内应进行区域划分，在不同的区域设置物理隔离；并且在重要区域前要设置过渡区域、门禁系统或者专职工作人员，对访问人员进行甄别和记录；设置访问申请和审批流程，并对访问者的行动进行限制和检测。

③防盗窃与破坏：建设工程交易中心的主要设备应存放于机房内并对其进行固定，并设置明显而难以去除的标记；通信线缆应在隐蔽处铺设；对整个机房设置监控报警系统。

④防止雷击：对承载信息系统的机房应设置避雷装置和交流电源地线。

⑤防止火灾：机房应设置应对火灾发生的自动监测报警消防系统，同时整个机房和工作场所的建筑材料应达到一定的耐火等级。

⑥防止静电：对机房主要设备设置防静电接地装置，并安装防静电地板。

⑦温湿度控制：应对机房设置温度与湿度自动调节设备，保障机房运行。

⑧电力供应：在断电情况下，机房应设置备用的电力供应，保障业务的正常运行。

⑨环境监控：设置包括视频、温湿度、电力等各种方面的监控措施。

2）网络安全指标

网络安全指的是网络系统中软、硬件及数据不会因为偶然或恶意的原因而被破坏、泄露或者篡改，保证网络服务的连续性，使得信息系统能够正常运转而不影响业务的正常运行。在建设工程交易中心信息系统中，网络安全也占有十分重要的地位。它主要包含以下几方面指标：

①结构安全：应具有目前网络的拓扑结构图；避免重要网段与外部信息系统直接相连或者被设置于网络边界；根据不同功能划分不同网段，并设置非军事区（DMZ）。

②访问控制：在网络边界设置访问控制设备并确定正常运行；在非活跃时间内自动切断网络连接；对防火墙不同接口进行不同安全区域的划分。

③接入安全：关闭未使用的端口，并对已经投入使用的端口进行地址绑定。

④身份认证：在网络设备上设置身份认证功能，对管理用户进行必要的身份认证；设置认证和密码管理策略。

⑤账号管理：设置多个管理员账号并依据各自的功能给予不同的权限级别。

⑥安全审计：记录账号登录、退出时间以及在账号内进行的操作内容。

⑦入侵防范：部署入侵检测和恶意代码防护设备于网络中，并定期巡查。

⑧高可用性：配置高可用性（冗余）策略于关键网络路径中。

⑨监控报警：对网络状况进行监控，发现问题及时报警。

3）主机安全指标

主机安全是指主机在数据的存储以及处理方面所具有保密性、完整性和可用性应当得到保障。主机安全主要包括系统的硬、软件自身安全以及其他附加的安全技术及措施，其主要指标如下：

①身份认证：在主机设备上设置身份认证功能，对管理用户进行必要的身份认证；设置认证和密码管理策略。

②账户管理：在主机设备上建立账号，以最小化为原则进行配置，并删除没有作用的账号。

③安全审计：覆盖服务器及重要客户端所有的操作系统用户，对事件的时间、类型、主体以及结果等信息进行记录。

④服务管理：开机自启动重要服务程序并关闭或禁止开机自启动不必要程序，常用服务应使用非重复的其他端口，禁止使用默认端口。

⑤资源控制：对应用程序占用主机资源的情况进行控制。

⑥补丁管理：定期对相关软件产品进行补丁升级。

⑦恶意代码防护：操作系统上应安装防毒软件，并保证病毒库最新。

⑧监控报警：对网络状况进行监控，发现问题及时报警。

4）数据库安全指标

数据库作为信息系统的信息承载集合，其安全的重要性不言自明。数据库的安全特性包括数据的安全性、独立性、完整性以及故障的恢复等方面内容。其主要指标如下：

①身份认证：在数据库设置身份认证功能，对管理用户进行必要的身份认证；设置认证和密码管理策略。

②权限管理：以最小化原则分配数据库用户的系统权限，以按需原则分配数据库用户的对象权限。

③资源控制：对用户使用数据库资源的情况进行控制。

④数据备份：对在线日志进行分类和归档，并按照一定的备份策略和计划定期对数据库进行备份。

⑤高可用性：设置备用的在线数据库，使得在遭遇事故时能以最快的速度恢复数据库功能，并防止数据损失。

⑥监控报警：对数据库状况进行监控，发现问题及时报警。

5）应用安全指标

所谓应用安全，指的就是应当对应用程序的使用过程以及使用结果的安全情况进行保障。也就是通过相应的安全工具，针对应用程序在使用过程中可能出现的数据泄露和遭窃等安全问题进行解决和消除，杜绝类似情况发生。其主要指标如下：

①身份认证：在应用系统设置身份认证功能，对管理用户进行必要的身份认证；设置认证和密码管理策略。

②权限管理：对默认用户的访问进行严格限制，并使得用户无法操作不可操作的资源。

③安全审计：覆盖应用程序所有用户，对事件的时间、类型、主体以及结果等信息进行记录。

④机密性：双方通信前，使用相应密码技术进行验证，并在通信过程中对内容加密。

⑤完整性：校验数据完整性。

⑥软件容错：能够有效检验数据，过滤异常信息，并对异常信息进行捕获和处理。

⑦资源控制：对用户使用应用系统资源的情况进行控制。

⑧高可用性：设置备用的应用系统，使得在遭遇事故时能以最快的速度恢复应用功能，并防止数据损失。

6）桌面安全指标

桌面安全又称为终端安全，对于计算机设备的安全至关重要，桌面安全的维护可以有效降低企业整体维护成本，并且在监控IT环境变化上也有较为重要的作用。其主要指标如下：

①身份认证：个人办公电脑应设置操作系统登录密码，远程办公应设置两种及以上的认证方式以保证身份的真实性。

②账户管理：设置较为复杂的密码策略并对复杂度等内容进行规定，超过规定待机时间进行自动锁定。

③桌面资产管理：禁止将敏感信息直接放置于桌面上的明显区域，并应当将重要的数据放置在办公服务器中，设置访问权限的限制策略。

④网络接入安全：办公网络与访客网络隔离设置，办公用户接入网络时要验证身份。

⑤补丁管理：对办公电脑定期进行补丁升级。

⑥恶意代码防护：在办公电脑上设置防毒软件，并保证版本最新。

（2）信息系统静态安全管理指标体系

目前，对于广义上的信息系统安全管理体系，尚未形成一个明确的定义。而根据ISO/IEC 17799中对于相关方面的描述，信息安全管理体系可以被认为是组织管理体系的组成部分，包含设定、实施、审核以及保证信息安全方针所需的组织机构、安全目标、人员职责、执行程序、安全过程以及安全资源。

基于广义上信息系统安全管理体系的描述和以MMEM系统理论及SHEL模型为基础的信息系统安全因素分析，针对某市建设工程交易中心的信息系统安全管理提出了狭义的信息系统安全管理指标体系，目的同样在于对建设工程交易中心信息安全管理所包含的安全管理制度、安全管理机构、人员安全管理、系统建设管理、系统运维管理等方面进行规范和评估。

建设工程交易中心信息系统静态安全管理指标体系基本框架，如图11-5所示。

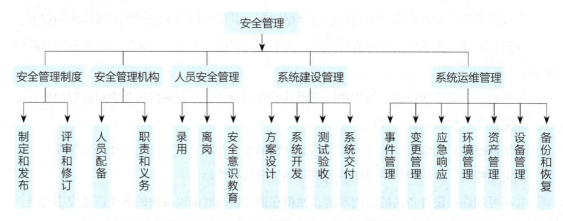

图11-5　建设工程交易中心信息系统静态安全管理指标体系基本框架

1）安全管理制度指标

信息系统安全管理制度是整个建设工程交易中心信息系统安全管理的参考要求和规范依据。在进行信息系统安全部署和评估过程中，应严格遵循安全管理制度，对于制度中存在的缺陷和漏洞应及时反映和更正，同时要注意更新和修订，以保证信息系统安全的时效性。在建设工程交易中心安全管理制度中，应对安全工作的方针和策略进行制定，并说明安全工作的目标、框架以及范围。其主要指标如下：

①制定和发布：安全管理制度应将格式统一并进行版本控制，并通过官方渠道正式而有效地发布。

②评审和修订：在安全管理制度已经发布后，要及时进行检查和修订，遇到漏洞和缺陷应尽快弥补。

2）安全管理机构指标

安全管理机构的设置对于建设工程交易中心的信息安全状况至关重要。在确保业务人员正常工作的情况下，设置安全管理机构能够对信息系统的安全现状进行有效管理，确保不会出现无人负责的情况。其主要指标如下：

①岗位设置：首先要建立针对整个交易中心的安全现状设立信息安全管理部门，并设定安全角色和规定其职责。

②人员配备：配备足够比例或一定量的安全管理员、网络管理员以及系统管理员等安全人员，各司其职，不得兼任。

③授权与审批：依据部门岗位的职责确定需要审批的事项、审批部门以及批准人等重要信息，保证有据可查；对重要的程序和操作设置审批程序并严格执行；对审批过程进行记录和存档。

④审核和检查：定期组织和进行安全检查，其中包括系统的日常运行情况、可能存在的漏洞以及数据的备份情况；将检查结果汇总、记录、存档并形成报告，最终将安全检查报告进行通报。

3）人员安全管理指标

在社会信息化飞速发展的今天，许多重复性和计算性的工作已经可以由程序代替。然而在面对信息本身所具有的安全问题时，人的存在和部分工作依然是无法代替的，对于人员信息安全意识和信息安全操作的培训和教育必不可少。因此，在人员安全管理方面，信息安全指标的设置同样具有重要的意义。其主要指标如下：

①人员录用：对于录用过程要进行严格地规范，对于被录用人的审查包括但不限于背景、身份、专业资格以及资质等各方面内容；编制符合规范和现状的保密协议并完成签署。

②人员离岗：对于离岗过程要进行严格地规范，及时收回离岗人员的所有权限并取回单

位配备的身份象征或其他重要物品（如钥匙、徽章、工作牌以及其他软硬件设备等）。

③安全意识培训与教育：应对所有人员进行安全意识培训，开展安全技术的学习教育；对培训和教育结果进行记录。

④外部人员访问：外部人员访问重要区域时需要提出书面申请，经过批准后由专人陪同或监督进入；允许外部人员访问的区域、设备以及信息等内容同样应进行书面的正式规定并严格执行。

4）系统建设管理指标

系统建设管理涉及整个建设工程交易中心信息系统的搭建、开发、测试验收以及系统交付，对于整个信息系统的建设、使用和测试等方面具有重要的意义。系统建设管理指标可以从信息系统的整体脉络上把握信息安全的设置和实行情况，其主要指标如下：

①安全方案设计：应编辑包含安全设计等方面内容的信息系统建设规划；对包含安全方案设计等信息安全内容的总体规划进行评估和审核，经分析和批准方可正式实施。

②软件开发：将开发环境和运行环境隔离，控制测试数据及结果；制定开发管理的相应规章制度，明确开发方法和开发人员的行事准则；制定代码安全规范并严格执行；对程序资源库的修改、更新和发布应提出申请后获得授权和批准。

③测试验收：根据设计或合同要求制定测试验收的具体方案，并在验收过程中记录结果，最终形成验收报告；组织相关部门和人员对验收报告进行审核和评定，签字或者盖章确认。

④系统交付：编辑交付清单，根据清单对交付内容进行清点；系统运维人员需要参加相应技能培训；确保提供系统建设文档以及指导运行和维护的文档。

5）系统运维管理指标

建设工程交易中心信息系统在完成建设后，对系统的运行和维护便成为主要工作内容。信息系统的运行和维护过程所面临的安全问题数量较多且情况复杂，需要设立大量而细致的安全指标对其进行规范和评估。其主要指标如下：

①环境管理：设置机房安全管理制度，对物品的带入带出、环境安全进行规定；加强办公环境和区域的安全管理，对工作人员的行为进行规定，如调离后交还钥匙或门卡、不得在办公区域接待来访或无关人员、离开位置后计算机锁定或退出登录状态等。

②资产管理：编辑资产清单并与负责部门对应，标记重要程度和具体位置；编辑资产管理制度，规范行为。

③介质管理：编辑介质管理制度，对介质的使用、保存以及销毁等方面进行规定；在介质送出维修或是销毁过程中，首先删除敏感数据，保密性较高的介质不得在没有收到批准的情况下自行销毁；依据备份需求对部分介质进行异地存储，基本标准与本地相同。

④设备管理：编辑设备管理制度，对各种软硬件设备的型号、位置、用途、发放与回收情况进行记录和管理。

⑤配置管理：由相关负责人编辑配置管理制度，阐述信息系统基础架构、应用系统部署和使用情况；配置更新后应及时更新信息，并对配置内容进行备份。

⑥网络安全管理：编辑网络安全管理制度，指定专人对网络进行管理，严格按照规定对网络安全配置、运行日志及保存时间、日常维护、网监记录、安全策略、补丁升级等方面进行管理；对网络设备及时更新，并对重要文件及时备份；定期对网络系统进行漏洞扫描和修补，保证所有与外部相连的情况均通过批准和授权。

⑦系统安全管理：编辑系统安全管理制度，设定系统管理员角色对系统进行管理，严格按照规定对系统安全配置、运行日志及保存时间、日常维护、监控记录、安全策略、补丁升级等方面进行管理；对系统设备及时更新，并对重要文件及时备份；定期对系统进行漏洞扫描和修补，发现异常行为及时上报。

⑧备份与恢复管理：编辑备份与恢复管理制度，规范备份方式、频率、介质以及期限，对备份过程进行记录和保存；定期执行恢复程序，检测备份介质有效性以保证规定时间内能完成恢复。

⑨事件管理：编辑事件管理制度，明确管理职责，确定事件报告流程、响应范围、程度以及处理方法；在安全事件报告中分析事故原因、搜集证据、记录过程、总结教训、制定补救措施，并对所有形成的文件和记录进行保存。

⑩变更管理：编辑变更管理制度，规定变更流程、操作流程以及变更方案内容等；按照制度实施变更，记录变更过程并妥善保存所有记录。

⑪应急预案管理：在统一框架下制定不同安全事件的应急预案，包括启动条件、处理流程、恢复流程、事后培训与教育等内容；对相关人员进行应急预案培训和教育；定期开展不同应急预案的演练。

综上可得，依据《信息安全技术 网络安全等级保护基本要求》GB/T 22239—2019、《信息技术 服务管理 第1部分：规范》GB/T 24405.1—2009、《信息技术 安全技术 信息安全管理体系要求》GB/T 22080—2016、《信息技术 安全技术 信息安全控制实践指南》GB/T 22081—2016等相关信息安全标准和规范以及对建设工程交易中心信息系统各组成部分建立的指标体系，可对建设工程交易中心的信息安全评价指标进行了体系搭建，在信息安全技术和信息安全管理两个大的方向上，共设立了十一部分的一级评价指标，在每个一级评价指标部分设置若干二级评价指标，可以得出建设工程交易中心信息系统静态安全评估指标体系，见表11-2。

建设工程交易中心信息系统静态安全评估指标体系　　　表11-2

指标范畴	一级指标	二级指标
信息安全技术	物理安全	物理位置选择（防震、防风、防雨）
		物理访问控制
		防盗窃与破坏
		防雷击
		防火灾
		防静电
		温、湿度控制
		电力供应
		环境监控
	网络安全	结构安全
		访问控制
		接入安全
		身份认证
		账号管理
		安全审计
		入侵防范
		高可用性
		监控报警
	主机安全	身份认证
		账户管理
		安全审计
		服务管理
		资源控制
		补丁管理
		恶意代码防护
		监控报警
	数据库安全	身份认证
		权限管理
		资源控制

续表

指标范畴	一级指标	二级指标
信息安全技术	数据库安全	数据备份
		高可用性
		监控报警
	应用安全	身份认证
		权限管理
		安全审计
		机密性
		完整性
		软件容错
		资源控制
		高可用性
	桌面安全	身份认证
		账户管理
		桌面资产管理
		网络接入安全
		补丁管理
		恶意代码防护
信息安全管理	安全管理制度	制定和发布
		评审和修订
	安全管理机构	岗位设置
		人员配备
		授权与审批
		审核和检查
	人员安全管理	人员录用
		人员离岗
		安全意识培训与教育
		外部人员访问
	系统建设管理	安全方案设计
		系统开发

续表

指标范畴	一级指标	二级指标
信息安全管理	系统建设管理	测试验收
		系统交付
	系统运维管理	环境管理
		资产管理
		介质管理
		设备管理
		配置管理
		网络安全管理
		系统安全管理
		备份与恢复管理
		事件管理
		变更管理
		应急预案管理

11.5.2 信息系统动态安全指标体系

前文已经针对建设工程交易中心信息系统设置了静态安全评估指标体系，从信息系统安全需求的角度对建设工程交易中心信息系统进行了关键点的指标设置。然而在信息系统安全评价过程中，仅通过静态指标对信息系统进行安全评价并不全面，完成安全设施的设置也还不足以保证信息系统的安全性。因此在信息系统安全评价中还需要对信息系统中可能发生变化的状态进行检测和评价，从而设置建设工程交易中心信息系统动态安全指标体系。

（1）信息系统动态安全技术指标体系

1）机房环境

①温湿度控制：信息系统机房的温湿度变化是客观存在的。机房往往会安装温湿度控制器进行监控和调节。对于温湿度控制器而言，其存在与否是信息系统是否安全的一个考量点，而其是否发挥作用使温湿度在可接受范围内同样是一个重要因素。对于温湿度控制而言，观察期内出现偏离可接受范围情况的频率能够反映信息系统机房环境是否存在安全问题。②电力控制情况：电力控制同样是信息系统动态指标的重要组成部分。电力持续供应是信息系统必须保证的，不允许出现断电情况。

2）网络

①入侵防范：在网络中应部署防病毒网关，并且应定期对日志进行巡检，发现入侵和病毒应及时处理。不允许出现入侵成功或者病毒感染造成损失的情况。

②定期巡检与升级：定期巡检和升级必须按期进行，不得发生遗漏。

③漏洞扫描：定期对网络系统进行漏洞扫描，对发现的网络系统安全漏洞进行及时修补，不得发生遗漏。

3）主机

①入侵防范：在主机操作系统中应安装入侵和恶意代码防护程序，并且应定期对日志进行巡检，发现入侵和病毒应及时处理。不允许出现入侵成功或者病毒感染造成损失的情况。

②定期巡检与升级：定期巡检和升级必须按期进行，不得发生遗漏。

4）数据库

恢复目标：建设工程交易中心以电子招标投标业务为主，通常业务周期为1天24h，业务常用时间节点为12点和17点。因此每天必须完成2次全库备份，不允许出现遗漏和错误。

5）应用系统

账户权限管理：对账户的权限和操作进行规定和记录，不允许发生登入账户越权操作的情况。

6）桌面系统

①恶意代码防护：在桌面系统应安装防毒软件并保证最新版本，不允许出现入侵成功或者病毒感染造成损失的情况。

②补丁管理：升级必须按期进行，不得发生遗漏。

（2）信息系统动态安全管理指标体系

1）人员安全

①安全保密协议：人员入职必须签署保密协议，不得遗漏。

②安全意识教育与培训：所有人员必须接受安全意识教育培训，并对培训过程和效果进行记录。教育培训率不得低于100%。

2）系统运维管理

①系统安全管理：定期进行漏洞扫描，对发现的系统安全漏洞及时进行修补，不得遗漏；安装系统的最新补丁程序，在安装系统补丁前，首先在测试环境中测试通过，并对重要文件进行备份后，方可实施系统补丁程序的安装，不得发生遗漏；定期对运行日志和审计数据进行分析，以便及时发现异常行为，不得逾期。

②媒体管理：媒体存放条件必须符合温、湿度要求。

③应急预案频率：根据不同的应急恢复内容，确定演练的周期，定期对应急预案进行演

练，至少每年一次。

综上可知，建设工程交易中心信息系统安全评估指标体系如表11-3所示。

建设工程交易中心信息系统安全评估指标体系　　　　表11-3

指标范畴	一级指标	二级指标
安全技术	机房环境	开机温湿度要求
		停机温湿度要求
		电源参数
	网络	入侵防范
		定期巡检与升级
		漏洞扫描
	主机	入侵防范
		定期巡检与升级
	数据库	全库备份时间
		最大恢复时间
	应用系统	账户权限管理
	桌面系统	入侵防范
		补丁管理
安全管理	人员安全	安全保密协议签署率
		安全意识教育培训率
	系统运维管理	系统漏洞扫描
		系统补丁更新
		系统定期分析
		媒体存放
		应急预案频率

思考题

（1）如何确定工程项目管理信息系统安全评估指标？

（2）工程项目管理信息系统安全评估理论有哪些？请简要阐述。

（3）建设工程项目信息系统安全评估指标体系主要分为哪几类？

第 12 章 工程项目管理信息系统评价

一个信息系统的应用不仅需要关注其建立过程，更需要对其加以评价以判断其优劣。如何对工程项目信息系统的投入以及其产生的效益进行分析是工程项目信息系统评价需要解决的问题。本章将介绍信息系统评价的相关概念，并通过具体的案例说明工程项目管理信息系统评价方法。

12.1 信息系统评价的概念

从评价的性质来看，评价可以为前瞻性，也可以为回顾性。前瞻性评价在开发和实施阶段进行，以过程导向着眼于系统改善。回顾性评价主要目的是评估系统应用的结果，判断系统是否成功。对于信息系统而言，其评价是前瞻性评价和回顾性评价的结合，指对信息系统自身以及效用进行全面检查、分析和评审，包括对实际指标和计划指标进行比较，以确定系统目标的实现程度，并对系统建成后产生的经济效益和社会效益进行全面分析。

工程项目信息系统的评价主要应考虑以下几个方面：

（1）系统的性能、成本、效益综合比，是综合衡量系统质量的首选指标；

（2）系统的开发过程是否规范，包括系统开发各个阶段的工作过程以及文档资料是否规范等；

（3）系统运行结果的有效性或可行性，即考查系统运行结果对解决预定的管理问题是否有效；

（4）信息资源的利用率，即考查系统是否最大限度地利用了现有的信息资源；

（5）提供信息的质量，即考查系统所提供信息的准确程度、响应速度及其推理、推断、分析、结论的实用性和准确性；

（6）系统对用户和业务需求的相对满意程度，即系统是否满足了用户和管理业务对信息系统的需求，用户对系统的操作过程和运行结果是否满意。

12.2　工程项目信息系统评价的特殊性及对策

国内外学者普遍认为信息系统的评价是一项困难的工作。首先，建设信息系统与其他类型项目工程不同，投资不可能一次完成，在建设和运行中必然伴随着占全部投资的比例大却无明显实体的投资费用（如开发费、软件费、维护费、运行费等）的情况出现。其次，信息系统的效益有着较强的滞后性，一般要在系统建成投入使用相当一段时间之后才能体现出来。再次，信息系统的作用与管理基础、管理体制乃至用户水平及积极性都有直接的相关性。因此，信息系统的评价因素很多，包括定性的、定量的、直接的、间接的、经济的、社会的、环境的、观念的等。面对错综交织的评价因素，可以利用物理-事理-人理系统方法论为指导进行探索尝试。

在物理阶段：理解评价对象——信息系统项目的最基本的属性和特征，按照特定的评价目标建立最能表征评价对象属性的评价指标体系，尽可能详尽、全面地收集有关的信息和原始数据，从而确定指标值，这是整个评价过程的基础。

在事理阶段：选择或创造合适的方法，将方法的功能互补性有机地结合起来，确定指标体系和指标的权值；将模型和算法创造性地移植和开拓，用以创建评价理论和方法，并按其所提供的过程和准则进行评价。

在人理阶段：协调领导者、评价者和评价对象之间的关系，经过多方面权衡之后，给出最终的评价结果。在具体的信息系统项目评价过程中，为了得到满意的、合理的评价结果，应尽可能地将物理、事理、人理联系起来。当评价本身涉及被评价群体、执行评价的群体以及上层领导者的切身利益时，更应充分考虑到"人理"的作用。利用物理来保持自然科学的基本准则，利用事理来尽可能科学地管理所有的事情，利用人理处理好人们之间的关系。知物理、明事理、通人理，有效完成评价工作。

12.3　工程项目信息系统评价指标

有效的信息系统评价指标不仅需要科学、合理，也需要全面反映所要评价系统的目标要求。但是，指标的选取是一个关键而不好解决的问题：指标太少会使信息量不足而影响分析与评价结果，指标太多则会出现大量的冗余信息，增加了分析难度。指标体系的设计是为了正确地对信息系统进行综合评价，为企业或有关部门提供数据支持，使信息系统更加完善，产生更大的经济效益。为此，设计信息系统评价的指标体系应遵循以下原则：

（1）科学性原则，指所选指标必须根据系统以及用户的实际情况，结合需求特点而制定。

（2）全面性原则，指所选指标应尽可能涵盖信息系统的综合情况，既能反映直接效果，又能反映间接效果。

（3）层次性原则，指所选指标按照一定的层次结构进行细化，避免同一层级存在明显的包含关系，为衡量信息系统的效果和确定指标权重提供方便。

（4）可操作性原则，指所选指标含义明确，数据资料可通过直接或间接方式准确获取，计算方法简单易懂。

（5）定性与定量结合原则，指为了进行综合评价，必须将部分反映信息系统基本特点的定性指标定量化，为客观反映问题打下基础。

基于上述原则，结合国内外相关文献和实际案例，提出了如下信息系统项目评价指标以供参考。在工程项目信息系统的评价过程中，可根据实际情况，从中进一步选择合适的指标进行评价。

12.3.1　工程项目信息系统的建设评价指标

工程项目信息系统的建设评价指标主要从以下九个方面进行考虑：

（1）规划目标实现度。对企业目标实现的支持度。

（2）系统整体先进性。是指所建信息系统在总体上是先进的，是能产生较大效益的，而且具有较长的生命周期。总体的先进性不只是硬件或者软件的先进性，而是指整个系统的方案、结构、功能、通信、使用、安装等综合起来是先进的。

（3）技术首创程度。进行首创型创新，可以开辟新的市场领域，提高企业的市场竞争力。

（4）企业再造程度。为适应新形势需要，以工作流程为中心，重新设计和安排企业的整个生产、服务和经营过程，使之合理化。

（5）系统实惠性。指系统建设经济性。开发费用较低，实施成本较少。

（6）资源利用率。信息系统集中了设备、信息和人力三大资源，信息资源（设备、人力、信息）的利用程度是极为重要的指标。

（7）开发效率。指信息系统的建设速度。一个信息系统从规划、可行性研究开始到系统分析、设计、实现，直到正常运行，这个系统开发生命周期越短越好。

（8）系统建设规范性。系统建设应符合信息标准规范，保证系统的规范性和数据的完整性，以便实现信息交换和资源共享。

（9）管理科学性。是指是否有完整的规章制度、值班制度和日志记录制度，安全防火系统和制度资料以及深度管理制度、系统运行维护制度等。

12.3.2　工程项目信息系统的性能评价指标

工程项目信息系统的性能评价主要从技术的角度进行考虑。

（1）系统效率（包括周转时间、响应时间、吞吐量等）。在保障质量的前提下，以一定的投入实现最大的产出。

（2）系统可靠性。系统要能容纳高负载和多用户的访问量，配置多台机器，在发生故障时系统能自动切换，确保信息系统稳定可靠地运行。

（3）信息可维护性。系统的维护是对系统内容及其功能的扩充、删除和修改，是绝对的、经常的，维护性差会影响系统生命力。系统具有较好的可维护性，有利于使现有的项目管理信息系统逐步成熟和完善。

（4）系统可移植性。指系统从某一环境转移到另一环境下的难易程度。良好的可移植性可以提高系统的生命周期。

（5）系统可扩充性。采用分布式设计，系统总体构架便于动态扩充，使硬软件具有扩充升级的余地，充分发挥原有系统的作用。

（6）系统适应性。随着环境的变化和信息技术的发展，信息系统评价方法也应随之做出改进和调整，以增强信息系统评价指标体系的适应性。

（7）系统安全保密性。系统必须具有较高的安全性，并使用严格的权限管理。在技术上采用严格的安全和保密措施，确保数据的一致性。

12.3.3 工程项目信息系统的效益评价指标

工程项目信息系统效益与项目执行过程紧密相连，考虑其对项目整体绩效的贡献。对于度量信息系统成本收益的研究由来已久，但是信息系统的特殊性使得其不仅包含显性收益，也有大量隐性收益；除显性成本外，也有需要注意的隐性成本。结合相关研究，梳理得到工程项目信息系统的效益评价指标如下：

（1）投入

1）直接投入成本包括硬件成本（服务器、处理器、打印机等）、软件成本（外购软件包、自行开发成本等）、安装成本（新旧转换费用等）、环境成本（办公设备、电线电缆等）、安全成本（防火墙、杀毒软件、备份等）、网络成本（网络通信的软硬件成本）、培训成本（培训、教育等）、组织成本（不兼容成本、迁移成本等）；

2）系统运行费用包括消耗性材料费用（打印纸、磁盘等）、系统投资折旧费、硬件日常维护费、人工费用等保证新的信息系统正常运行的费用。

（2）直接产出

1）系统运行新增加的效益。由于信息系统能及时、准确地提供对决策有重要影响的信息，从而提高了决策的科学性，避免不必要的开支。其主要反映在提高劳动生产率，减少人工费，库存量得到压缩，减少流动资金的占用，使流动资金周转加快；

2）投资回收期是指通过信息系统运行新增加的效益，逐步收回投入的资金所需的时间,该指标反映了应用信息系统经济效益的好坏程度。

（3）间接产出

信息系统的应用必然会给企业带来一系列新的变化。间接经济效益主要表现在企业管理水平和管理效益的提高等方面,这种效益很难用统计数字进行计算,只能做定性分析。尽管间接效益难以计算,但其对企业的生存和发展所起的作用往往要超过直接经济效益。应用信息系统的间接经济效益指标主要包括：

1）管理体制进一步合理化,指应用新的管理信息系统克服了企业传统管理体制和组织机构中存在的诸多弊端,加强了企业纵向和横向的业务联系,使各职能部门在分工的基础上相互协调一致,使企业的管理体制进一步合理化；

2）管理方法科学化,指管理信息系统使企业信息处理的效率提高,使企业由静态事后管理变为实时动态管理；

3）管理基础数据规范化,指新的管理信息系统需要规范和及时的基础数据,这对企业工作规范、有关标准计量和代码等基础管理有很大的促进作用,使企业管理基础数据向规范化发展；

4）提高管理效率,指信息系统代替人工处理信息,使管理人员从繁杂的数据处理中解脱出来,从而有更多的时间开展更具价值的管理、分析和决策工作。同时,系统信息的共享使各部门之间及管理人员之间的联系更加紧密,可加强他们的协作精神,提高了管理效率；

5）改善企业形象,指信息系统的建立对外可提高客户对企业的信任程度,对内可提高全体员工的自信心与自豪感,能显著地改善企业形象。

12.3.4　工程项目信息系统的用户评价指标

工程项目信息系统的用户评价主要是从系统使用者的角度评价此系统的可操作性。用户评价指标需从使用单位和操作人员两个层面考虑：

（1）使用单位评价

1）系统适应度,包括系统功能的可扩展性、可移植性和兼容性等；

2）工作标准程度；

3）方法效率；

4）文档管理,即系统有关文档资料是否齐全完备且规范。

（2）操作人员评价

1）用户友好性。信息系统应当容易学习,便于操作和使用,使项目管理人员切实感受到利用计算机辅助项目控制的好处,节约数据处理的时间,提高项目管理人员的效率。有利于充分发挥项目管理信息系统的功能和作用；

2）及时性。及时提供信息,决策者就可以及时做出决策；

3）操作容错性。即操作时出现错误的概率和错误出现后得到解决的概率和效率。能保证系统在故障存在的情况下不失效，仍然正常工作。使系统与人的交流或人与人借助系统的交流更加流畅；

4）界面设计合理。信息系统界面设计要便于操作、易于学习掌握。

12.4 工程项目信息系统评价模型

不同的视角使得工程项目信息系统评价的模型各不相同，本节从收益、用户、系统质量、系统应用四个视角介绍工程项目信息系统的评价模型。

12.4.1 收益的观点

收益的观点将工程项目信息系统作为资本投入来进行评价，可分为三类。

第一类为传统费用效益法，主要倾向运用传统的财务方法衡量信息系统的收益。此类方法大多以资金的时间价值理论为基础，根据一定折现率对信息系统项目在整个生命周期的投资、维护费用和收益等进行折现，计算净现值、内部收益率、投资回报率等。但是，传统的费用效益法缺少对无形、间接的社会成本和效益的分析，并依赖信息系统发挥作用的时间确定这一假设。因此，学术界采用期权理论尝试解决上述缺陷。该理论可适时根据市场波动情况来反应信息系统的价值，赋予了分析过程的灵活性。

第二类为过程导向评价法，强调信息系统对工程项目绩效的影响是通过对组织结构和过程的影响来实现。系统对各流程之间的影响越大，对项目绩效的贡献也就越大。因此，该类方法以波特的价值链方法进行分析，评价信息系统投资如何影响价值链中的生产、服务等业务活动。进一步使各个分散的价值链形成价值网络，分析信息系统可加强工程项目各参与方的网络联系而创造价值。

第三类为生产函数法，其以微观经济学为理论基础，对投入与产出进行比较，运用计量经济学模型分析信息系统的价值。例如，Lichtenberg（1995）利用Cobb-Douglas生产函数分析信息系统投资收益，发现1个熟练信息系统的工作人员的生产率等于6个非信息系统工作人员的生产率。也有研究利用超越对数函数、多要素生产率计算方法等，分析信息系统的整体效益。但是，此类方法的评价结果依赖投入产出指标的选择，也容易受到数据质量的影响。

12.4.2 用户的观点

用户的观点将工程项目信息系统作为服务提供者，强调信息系统的应用不仅需要关注其收益表现，也需要考虑用户的评价。技术接受模型（Technology Acceptance Model，TAM）和 DeLone & McLean 模型被广泛用于评价用户对信息系统的满意度。

TAM 由 Davis 于 1989 年提出，认为用户接收信息系统主要取决于感知有用性和感知易用性两个因素。感知易用性描述用户为能够使用信息系统所需付出的努力程度，由用户特征、外部特征、组织、政策等外部变量决定；感知有用性描述用户对于信息系统有用程度的看法，由外部变量和感知易用性共同决定。TAM 遵循若干基本假设，包括行为意图会引起实际行为，行为意图由个人态度决定，感知易用性与感知有用性之间存在着单向正向相关关系等。目前，在 TAM 的基础上已发展出若干变体。例如，TAM2 模型由 Davis 和 Venkatesh（2000）提出，不仅添加了主观规范因素，也增加了传统 TAM 不包含的变量。TAME 模型引入先前使用、变化认同等变量，充分考虑了用户历史经验对接受新的信息系统的影响。UTAUT 模型整合了包括理性行为理论、计划行为理论、创新扩散理论、社会认知理论等，构建了分析用户接收信息系统的综合模型。

DeLone & McLean 模型把信息系统的成功视为一个过程，包括系统质量、信息质量、系统使用、用户满意、个人影响、组织影响六个维度。其中，用户通过使用系统感受系统的特性，判断自己对系统是否满意；系统使用和用户满意直接对个人产生影响，继而最终影响项目整体的绩效。同 TAM 模型一样，DeLone & McLean 模型随着研究探索而不断演进。2003 年，DeLone & McLean 在最初版的模型中加入了服务质量，并将个人影响和组织影响合并为净收益，净收益水平会反过来影响系统使用和用户满意度。

12.4.3 系统质量的观点

系统质量的观点将工程项目信息系统作为产品，认为该产品的质量是反应信息系统绩效的重要属性。信息系统质量通常包含三个部分，即目标质量、过程质量和结果质量。目标质量指信息系统开发目标与工程项目目标的匹配程度；过程质量指系统开发、运行和维护的质量；结果质量指系统输出信息、支持决策的质量。

目标质量的确定需要考虑工程项目管理要求的动态变化。根据信息技术和信息系统发展的阶段，早期对目标质量的分析主要使用战略目标集转化法、关键成功因素法、信息工程法、战略匹配法等方法。战略目标集转化法将项目战略目标集合，然后转化为信息系统的战略，最后形成系统的完整结构。关键成功因素法根据工程项目的关键成功要素，确定信息系统建设的优先级，帮助项目通过一系列的信息技术发现新的价值增长点。信息工程法首先分析项目业务，建立业务模型，然后进行实体分析，建立主题数据模型，最后确定信息系统的数据内容和结构。战略匹配法强调在不同的竞争环境下，项目关注的焦点不同，因而需要在技术和功能集成的层面上考虑信息系统的规划。

过程质量强调在开发过程中保证质量，此过程依靠一个能支持高质量系统开发的技术平台以及一个以过程质量为导向的组织制度。目前较广泛使用的模型为能力成熟度模型。该模型通过初始级、可重复级、已定义级、已管理级和持续优化级5个等级描述信息系统开发过程的管理和技术水平。初始级指没有正式的方案计划；可重复级指系统开发主要依靠个人经验积累，能够重复熟悉的任务；已定义级指已形成良好的开发框架并能运用新工具和方法；已管理级指能良好地制定开发过程的制度并有效管理；持续优化级指能系统地监控开发过程并持续改善。

结果质量需对信息质量的特征进行分析。考虑具体的应用场景，信息质量的特征评价也不尽相同。固有信息质量要素包括准确性、真实性、无偏性等；关联性信息质量要素包括相关性、及时性、适量性等；表示性信息质量要素包括一致性、易读性、简洁性等；可访问性信息质量要素包括可获得性、兼容性、安全性等。上述信息质量要素往往很难兼得。例如，用户希望在他们需要信息的时候能快速得到高质量的信息，但为了保证信息的安全性，在某些场景需要设置密码和访问权限，此为及时性和安全性的冲突。

12.4.4 系统应用的观点

系统应用的观点将工程项目信息系统视为项目需要建设的内容，强调随着技术的趋同，信息系统的开发技术已经无法对核心竞争力产生影响，更重要的是如何应用开发的系统。信息系统应用对低端绩效影响相对明显，对诸如提高数据准确性、分析速度等方面具有短期直接的影响，而对组织绩效的长期影响，则反映在改善决策过程、操作控制等高端绩效方面。以系统应用为核心的评价，旨在综合评价集成性、经济性、扩展性、适应性等关键应用绩效指标，构建更快、更高效、功能更完善的信息系统，并且确认信息系统得到正确使用，以实现项目生产率增加、价值实现等产出路径。

12.5 轨道交通建设信息管理系统评价示例

轨道交通建设属于综合性复杂系统工程，具有建设规模大、技术要求高、项目投资大、建设周期长、参与单位多、信息海量、系统复杂等特点。而轨道交通建设信息管理系统可以服务于业主、承包商、监理单位及其他利益相关者，通过构建轨道交通建设信息管理系统，立足于现场层、管理层和操作层等多层次管理，能够全面纳入地铁工程建设所涉及的各种管理对象和实体，以最小的代价在异构数据库环境中进行无缝迁移，从而可以管理更多的结构化数据和非结构化工程数据，满足其海量异构数据的管理需要，以提供对轨道交通工程较为全面精准的集成化管理。

由于轨道交通工程建设周期长，需要对其信息管理系统进行周期性评价。科学的评价能对投资价值进行正确的评估，有助于发现该系统中成功或不成功的潜在要素，改善系统管理的方法和过程，从而促进系统产生更好的效果。这种效果中一是在项目中持续使用，通过评价后的系统改进，而使项目管理更加精细；二是通过对系统的评价和改进，使系统具有更强大的生命力和吸引力。轨道交通建设信息管理系统的评价尤其体现前一种效果，能够促进系统在轨道交通工程未来建设周期内持续改进，从而提供更有效的控制和管理。为给系统本身的改进提供足够的参考，本示例综合系统质量和应用的观点构建评价指标体系。

12.5.1 轨道交通建设信息管理系统评价指标体系

轨道交通建设信息管理系统依据轨道交通建设活动的管理模式，构建系统的信息传递机制，系统的实施给项目管理带来的效应主要体现在业务层、支持层、决策层三个层次上。

在业务层，系统主要被用于处理例行性的日常业务活动，提高日常工作效率和效益，如实时上报工程建设情况、日常跟踪、现场管控等。在支持层，系统以其庞大的数据库和数据分析系统辅助管理人员优化管理流程，如查询、分析、汇总各类信息、跟踪工作动态报告、资源管理优化等。在决策层，系统为项目领导提供良好的决策支持，如总控平台、项目库总览、批示回复等。

在指标体系选取的过程中，通过咨询专家意见，充分考虑轨道交通建设信息管理系统的特点，分别针对决策层、支持层、业务层提出评价指标（图12-1）。

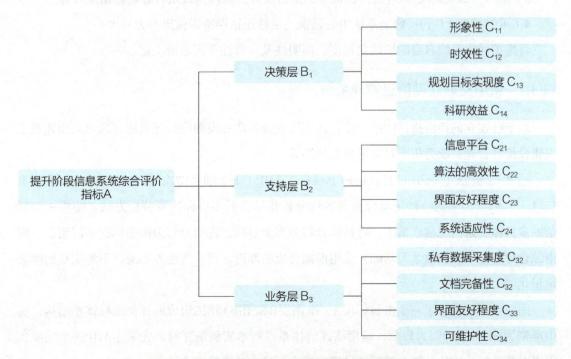

图12-1 轨道交通建设信息管理系统的评价指标体系

（1）决策层（B_1）

1）形象性（C_{11}）：开发完成的系统是否能形象显示宏观数据，辅助决策。

2）时效性（C_{12}）：开发完成的系统是否能及时显示最新数据以及完成信息送达。

3）规划目标实现度（C_{13}）：开发完成的系统在多大程度上实现了业主对信息系统的规划及设想的目标。

4）效益（C_{14}）：研究该系统所创造的经济效益、社会效益，以及多大程度上推动了轨道交通工程项目的管理效力。

（2）支持层（B_2）

1）信息平台（C_{21}）：考虑到轨道交通需要多方参与的特点，这一指标考察系统能否实现良好的信息共享和信息传播功能。

2）算法高效性（C_{22}）：研究系统在多方式查询下分析数据的能力。

3）查询界面友好度（C_{23}）：人-机界面是否友好，操作设计是否方便数据查询等。

4）系统适应性（C_{24}）：研究该系统功能的可扩展性、可移植性和兼容性。

（3）业务层（B_3）

1）私有数据采集度（C_{31}）：轨道交通的多方参与决定了必须评价其信息管理系统能在多大程度上采集施工或监理单位的真实数据。

2）文档完备性（C_{32}）：系统有关文档资料是否齐全完备而且规范。

3）录入界面友好度（C_{33}）：人-机界面是否友好，操作设计是否方便数据录入等。

4）可维护性（C_{34}）：确定系统中的错误，及修正错误所需做出努力的大小。

可维护性由系统自身的模块化程度、简明性及一致性等因素所决定。

12.5.2 轨道交通建设信息管理系统评价

基于已建立的评价指标体系，综合运用层次分析法和模糊综合评价法，选取某市地铁工程建设信息管理系统为研究对象进行实例演算。

层次分析法（Analytic Hierarchy Process，AHP）是20世纪70年代初由美国运筹学家T·L·Saaty提出来的一种定量分析与定性分析相结合的多目标决策分析方法，能将一个复杂的多目标决策问题视作系统，将目标分解为多个目标，进而分解为多指标的不同层次。模糊综合评价是以模糊数学为基础，应用模糊合成的原理，将一些边界不清、不易定量的因素定量化的一种方法。

图12-1所示确立了一个由目标层A、准则层B和子准则层C组成的评价指标体系结构，其中准则为3个，子准则为12个，运用该评价体系进行本实例演算时，先采用AHP法来完成各因素对总目标权重的计算，然后通过模糊综合评价方法进行综合评价。

首先构建准则层B的因素对目标A的判断矩阵，判断矩阵由轨道建设专家给出，见表12-1。

B层对目标层A的判断矩阵　　　　　　　　　　表12-1

A	B_1	B_2	B_3
B_1	1	2	3
B_2	0.5	1	2
B_3	0.33	0.5	1

进而由根法可得B层各要素对目标层A的权重向量W={0.540, 0.297, 0.163}。最大特征根λ_{max}=3.0055，一致性比例$C.R.$ = 0.0053<0.1，满足一致性要求。

同理得到C层各元素对B层相应准则的权重，见表12-2。

轨道交通建设信息管理系统单一准则下元素相对权重　　　　　表12-2

决策层（B_1）	0.540	形象性（C_{11}）	0.33
		时效性（C_{12}）	0.17
		规划目标实现度（C_{13}）	0.17
		科研效益（C_{14}）	0.33
支持层（B_2）	0.297	信息平台（C_{21}）	0.12
		算法的高效性（C_{22}）	0.28
		界面友好程度（C_{23}）	0.33
		系统适应性（C_{24}）	0.27
业务层（B_3）	0.163	私有数据采集度（C_{31}）	0.10
		文档完备性（C_{32}）	0.40
		界面友好程度（C_{33}）	0.20
		可维护性（C_{34}）	0.30

通过表12-2中单准则权重的合成，可以得到C层中各元素对于目标的总排序权重：

W={0.178, 0.092, 0.092, 0.178, 0.036, 0.083, 0.098, 0.080, 0.016, 0.065, 0.033, 0.049}

把信息系统评价体系中子准则层的12个因素作为模糊综合评价的因素集，权重向量W作为模糊综合评价中各因素的权重集。评价集由4个评价结果组成的V={优秀，良好，一般，差}，聘请10位行业专家组成评价小组，对轨道交通建设信息管理系统进行评价得到模糊评价矩阵R。

则模糊综合评价集为B=A·R=W·R={0.3773，0.3491，0.2561，0.0175}。

$$R = \begin{bmatrix} 0.4 & 0.3 & 0.3 & 0.0 \\ 0.2 & 0.4 & 0.3 & 0.1 \\ 0.5 & 0.3 & 0.2 & 0.0 \\ 0.4 & 0.4 & 0.2 & 0.0 \\ 0.3 & 0.5 & 0.2 & 0.0 \\ 0.2 & 0.4 & 0.3 & 0.1 \\ 0.5 & 0.4 & 0.1 & 0.0 \\ 0.3 & 0.2 & 0.5 & 0.0 \\ 0.3 & 0.4 & 0.3 & 0.0 \\ 0.5 & 0.3 & 0.2 & 0.0 \\ 0.4 & 0.4 & 0.2 & 0.0 \\ 0.4 & 0.3 & 0.3 & 0.0 \end{bmatrix}$$

通过上述计算，模糊综合评判法得出的结论是：该信息管理系统评价37.73%为优秀，34.91%为良好，25.61%为一般，1.75%为差，根据最大隶属度的原则，该信息管理系统评价为优秀。

思考题

（1）工程项目管理信息系统评价主要从哪些方面展开？
（2）你所在工程项目的信息系统的效益体现在哪几个方面？

附录 需求规格说明书

1. 引言

引言部分应当提供整个SRS的概述，包括以下各条：

1.1 目的

1）描述SRS的目的；

2）说明SRS的预期读者。

1.2 范围

1）通过名称识别要生产/开发的软件产品；

2）必要时，说明软件产品将做或不做什么；

3）描述规定的软件的应用，包括相关的收益、目标和目的；

4）如果上层规格说明（如系统需求规格说明）存在，与上层规格说明的类似陈述保持一致。

1.3 定义、简写和缩略语

本条宜提供对正确解释SRS所要求的所有术语、简写和简略语的定义，这些信息可以通过引用文档中的一个或多个附录，或者引用其他文件的方式来提供。

1.4 引用文件

1）提供SRS引用的所有文件的完整清单；

2）标识出每个文件的名称、报告编号、日期、出版组织；

3）标明可以获得引用文件的来源。

这些信息可以通过引用附录或引用其他文档的方式提供。

1.5 综述

1）描述SRS的其余章条包含的内容；

2）说明SRS是如何组织的。

2. 总体描述

本章宜描述影响产品及其需求的一般因素，而不叙述具体的需求。相反，它提供需求的背景并使它们更易理解，在文档后面将详细定义这些需求。总体描述通常由以下6条组成：

2.1 产品描述

本条宜把产品置于其他有关产品的全景之下。如果产品是独立的和完全自我包含的，这里宜如实给予陈述。正如常出现的那样，如果SRS定义的产品是较大系统的组成部分，则本章宜将软件的功能性与较大系统的需求相联系，而且宜识别软件和系统之间的接口。

使用框图对于展示较大系统的主要部分、相互联系以及外部接口是有帮助的。

本条也宜描述在各种不同的约束下软件如何运行。这些约束可包括：

1）系统接口

本条宜列出每个系统接口，识别完成系统需求的软件功能以及与系统匹配的接口描述。

2）用户界面

本条宜规定软件产品与用户之间每个界面的逻辑特征和优化系统界面对用户的显示方式。

3）硬件接口

本条宜规定系统硬件各部件与软件产品之间每个接口的逻辑特征，包括配置特征（端口数量、指令等），同样也覆盖这些事项，如支持什么设备、如何支持以及采用什么协议。例如，相对逐行支持，终端支持可能规定为全屏支持。

4）软件接口

本条宜规定对其他软件产品（例如数据管理系统、操作系统或数学软件包）的使用，以及与其他应用系统（例如，账户接收系统和一般的会计记账系统的链接）的接口。

5）通信接口

本条宜定义不同的通信接口，如局域网协议等。

6）内存约束

本条宜规定对主存和辅存的任何适用特征和限制。

7）操作

本条宜规定用户要求的正常的和特定的操作，包括用户组织的不同操作模式、交互操作的周期和无人值守操作的周期、数据处理支持功能、备份和恢复操作。

（注：有时此条规定作为用户界面的一部分）

8）现场适应性需求等

本条宜对于给定的现场、任务或运行模式（如网格数、安全限制等），为任何数据或启动顺序定义，以及针对软件适应特定的安装现场或任务，规定应当修改的特征。

2.2 产品功能

本条宜给出软件将执行主要功能的概要，而不涉及这些功能要求的大量细节。该部分内容可以利用文本或图示的方法，显示不同的功能及其之间的逻辑关系，使读者更容易理解产品的功能列表。

2.3 用户特点

本条宜给出软件产品预期用户的一般特征，包括教育程度、经验、专业技术情况。它不宜指出具体的需求，但宜给出规定某些具体需求的原因。

2.4 约束

本条宜给出将会限制开发人员选择的任何其他事项的一般描述。其主要包括以下内容：法规政策、硬件局限、其他应用的接口、并行操作、审核功能、控制功能、高级语言需求、信号握手协议、可靠性需求、应用的关键性、安全和保密安全考虑。

2.5 假设和依赖关系

本条宜列出在软件系统需求说明中影响需求陈述的因素，确定项目对外部因素存在的依赖。

2.6 需求分配

本条宜识别可能推迟到系统将来版本的需求。

3. 具体需求

本章宜包括足够详细的所有软件需求，使设计人员能够设计系统以满足这些需求，并且使测试人员能够测试该系统满足这些需求。贯穿本章，对于用户、运行人员或其他外部系统，每个规定的需求应当是外部可理解的。这些需求至少应当包括：每个系统输入、输出以及系统通过响应某个输入或支持某个输出所执行的所有功能。由于这通常是SRS篇幅最大和最主要部分，适用以下原则：

1）规定的具体需求宜符合2.2描述的所有特征；
2）具体需求宜引用较早的相关文件；
3）所有的需求宜是唯一可标识的；
4）宜注意需求的组织，使其具有最大的可读性。

3.1 接口描述

本条宜是软件系统所有输入和输出的详细描述。其主要包括的内容和格式有：项目的名称、目的描述、输入源和输出目的地、有效范围、准确度或容限、测量单位、定时、与其他输入/输出的关系、屏显格式/组织、窗口格式/组织、数据格式、命令格式、结束消息。

3.2 功能需求

功能需求的详细描述包括：功能需要的输入信息，对输入信息进行的有效性检查，操作的步骤，出现异常的影响，对输出数据的影响等。

3.3 性能需求

本条宜指出产品的性能指标，包括：产品响应时间、容量要求、用户数要求等。

3.4 数据库逻辑需求

本条宜规定将置于数据库的任何信息的逻辑需求，包括：不同功能使用的信息类型、使用频度、访问能力、数据实体及其之间的关系、整性约束、数据保存要求。

3.5 设计约束

本条宜规定可能由其他标准、硬件局限等引发的设计约束。

3.6 软件系统属性

有一些软件属性可以作为需求。规定所要求的软件属性是重要的，这样才能客观地验证属性的实现情况。例如软件的可靠性、可用性、安全保密性、可维护性、可移植性等。

3.7 具体需求的组织

除了微小的系统之外，任何系统倾向有大量的详细的需求。由于不同类型的系统有不同的需求组织方式，宜以最优化可理解性来考虑这些需求的组织方式。

附件

1）用户文档——列举出将与软件一同发行的用户文档部分，如操作手册、安装手册、维护手册、在线帮助和教程。明确所有已知用户文档的交付格式和标准。

2）待定问题列表——说明书中所有待定问题的清单。

3）分析模型——描述文档中所涉及的表达需求的模型，可能是数学模型、功能模型、数据模型或其他模型。

参考文献

[1] 丁士昭. 工程项目管理[M]. 北京：中国建筑工业出版社，2006.

[2] 丁士昭，马继伟，陈建国. 建设项目信息化导论[M]. 北京：中国建筑工业出版社，2005.

[3] 刘国靖，邓韬. 21世纪新项目管理——理念、体系、流程、方法、实践[M]. 北京：清华大学出版社，2003.

[4] 国家电力公司. 工程项目管理模式[M]. 北京：中国电力出版社，2002.

[5] 周三多. 管理学[M]. 北京：高等教育出版社，2000.

[6] Sanvido, V. E. Conceptual construction process model[J]. Journal of Construction Engineering and Management, 1988, 114(2): 294-311.

[7] 孙悦. 基于BIM的建设项目全生命周期信息管理研究[D]. 哈尔滨：哈尔滨工业大学，2011.

[8] Oglesby, C.H., Parker, H.W., Howell, G.A. Productivity Improvement in Construction[C]. McGraw-Hill Series in Construction Engineering and Project Management, 1989.

[9] 雷丽英，骆汉宾. 建筑业信息化标准体系设计[J]. 土木建筑工程信息技术，2010，（04）：9-13.

[10] Proverbs, D.G., Holt, G.D., Olomolaiye, P.O. The management of labor on high rise construction projects: An international investigation[J]. International Journal of Project Management, 1999，17(3): 195-204.

[11] 彭若愚. 工程项目的信息生命周期管理[D]. 天津：天津大学，2005.

[12] Halpin, D. W, Lucko, G, Senior, B. A. Construction Management[M]. New York:John Wiley &Sons Inc, 1998.

[13] 胡迪，丁烈云. 计算机集成建造的集成框架研究[J]. 华中科技大学学报（城市科学版），2005，增刊：5-9.

[14] 曹雷. 工程项目管理信息可视化研究[D]. 湖北：华中科技大学，2017.

[15] 刘荔娟. 现代项目管理学[M]. 上海：上海财经大学出版社，2003.

[16] 黄金枝. 工程项目管理——理论与应用[M]. 上海：上海交通大学出版社，1995.

[17] Chen, L., Luo, H. A BIM-based construction quality management model and its applications [J]. Automation in Construction. 2014, 46: 64-73.

[18] 赵雪锋. 建设工程全面信息管理理论和方法研究[D]. 北京：北京交通大学，2010.

[19] Becker, F. The Total Workplace–Facilities Management and the Elastic Organisation[M]. New York：Van Norstrand Reinhold, 1990.

[20] Kincaid, D. Integrated Facility Management[J]. Facilties, 1994, 12(8): 20-23.

[21] Chotipanich, S. Positioning facility management[J]. Facilties, 2004, 22(13/14): 364-372.

[22] 邓德华. 基于三层C/S结构的医院管理系统的设计与实现[D]. 上海：华东师范大学，2007.

[23] Grimshaw, R. W. FM: the professional interface[J]. Facilties, 2003, 21(3/4): 50-57.

[24] Hinks, J., McNay, P. The creation of a management-byvariance tool for facilities management performance assessment[J]. Facilties, 1999, 17(1/2): 31-53.

[25] Quah, L.K. Maintenance and Modernisation of Building Facilities: The Way Ahead into the Millennium[C]. Proceedings of CIB W70 Symposium on Management, Singapore, McGraw Hill, 1998, 18-20.

[26] 王兆红，邱菀华，詹伟. 设施管理研究的进展[J]. 建筑管理现代化. 2006，3：5-8.

[27] 邹祖绪，李惠强. 对工程项目管理模式的探讨[J]. 建材技术与应用，2003，5：60-62.

[28] 姜早龙，季同月，邓锦丽. 常用工程项目管理模式分类探讨[J]. 建筑技术开发，2005，32（1）：85-87.

[29] 徐迅. 基于云计算的建筑群项目BIM集成技术研究[D]. 武汉：华中科技大学，2014.

[30] Pusch, R. Practical visualization of rock structure[J]. Engineering Geological, 2008, 49: 231-236.

[31] Son, H., Kim, C. 3D structural component recognition and modeling method using Color and 3D data for construction progress monitoring[J].Automation in Construction.2010, 19(7): 844-854.

[32] Bell, L.C, McCullouch, B.G. Barcode Application in Construction[J]. Journal of Construction Engineering and Management. ASCE.1988, 114(2): 263-278.

[33] Li, H., Chen, Z., Wong, C.T. Barcode Technology for an Incentive Reward Program to Reduce Construction Wastes[J]. Computer-Aided Civil and Infrastructure Engineering.2003, 18(4): 313-324.

[34] Lu, W., Huang, G. Q., Li, H. Scenarios for applying RFID technology in construction project management[J]. Automation in Construction. 2011, 20(2): 101-106.

[35] Wang, L. C. Enhancing construction quality inspection and management using RFID technology[J]. Automation in Construction,2008, 17(4): 467-479.

[36] Dziadak, K., Kumar, B., Sommerville, J. Model for the 3D Location of Buried Assets Based on RFID Technology[J]. Journal of Computing in Civil Engineering,2009, 23(3): 148-159.

[37] Oh, S. W., Kim, Y. S., Lee, J. B, et al. An application of PDA and barcode technology for the improvement of information management in construction projects[C]. Proceedings of the Korean Institute of Construction Engineering and Management. Korean Institute of Construction Engineering and Management, 2003: 553-558.

[38] Lu, W., Huang, G. Q., Li, H. Scenarios for applying RFID technology in construction project management[J]. Automation in Construction. 2011, 20(2): 101-106.

[39] Goodrum, P. M., McLaren, M. A., Durfee, A. The application of active radio frequency identification technology for tool tracking on construction job sites[J]. Automation in construction, 2006, 15(3): 292-302.

[40] 杨泰来. 综述GPS工程测量技术[J]. 城市建设理论研究：电子版，2012（20）.

[41] 习云航. 数据采集技术在施工现场管理中的应用研究[D]. 大连：大连理工大学，2015.

[42] Lee, J. S., Su, Y. W., Shen, C. C. A Comparative Study of Wireless Protocols: Bluetooth, UWB, ZigBee, and Wi-Fi[C]. Industrial Electronics Society, 2007. IECON 2007. Conference of the IEEE. IEEE, 2008：46-51.

[43] 刘晓辉. 基于PDA的大坝施工监控平台设计与实现[D]. 天津：天津大学，2010.

[44] 范晓阳. 隧道内外ZigBee与GPS综合定位卡研究[D]. 北京：北京市市政工程研究院. 2011.

[45] Khoury, H. M, Karat, V. R. Evaluation of position tracking technologies for user localization in indoor construction environments[J]. Automation in Construction. 2009,18(4): 444-457.

[46] 胡振中，陈祥祥，王亮，等. 基于BIM的机电设备智能管理系统[J]. 土木建筑工程信息技术，2013，5（1）：21-25.

[47] Woo, S., Jeong, S., Mok, E., et. Application of WiFi—based indoor positioning system for labor tracking at construction sites：A case study in Guangzhou MTR[J]. Automation in Construction. 2011, 20(1): 3-13.

[48] 周少东，饶阳，周迎，等. 基于BIM的地铁施工过程集成管理[J]. 土木工程与管理学报，2016, 33（4）：1-7.

[49] Li, J., Fan, Q. N., Zhang, K. Keyword Extraction Based on tf/idf for Chinese News Document[J]. Wuhan University Journal of Natural Sciences,2007, 12(5): 917-921.

[50] Ding, L., Zhou, Y., Akinci, B. Building Information Modeling（BIM）application framework: The process of expanding from 3D to computable nD [J]. Automation in Construction, 2014, 46：82-93.

[51] El-Beltagy, S. R. KP-Miner: A Simple System for Effective Keyphrase Extraction[C].Innovations in Information Technology. IEEE Xplore, 2006：1-5.

[52] 阁桥露. 基于BIM-SIM的建筑电气系统管理研究与应用[D]. 武汉：华中科技大学，2016.

[53] 任桂娜. 基于BIM的工程项目进度计划自动生成模型研究[D]. 哈尔滨：哈尔滨工业大学，2013.

[54] 王超. 基于BIM的监测信息IFC表达与集成方法研究[D]. 哈尔滨：哈尔滨工业大学，2015.

[55] 胡云忠. 基于本体的建筑施工质量规范知识建模与应用研究[D]. 武汉：华中科技大学，2013.

[56] 李素建，王厚峰，俞士汶. 关键词自动标引的最大熵模型应用研究[J]. 计算机学报，2014，27（9）：1192-1197.

[57] 张帆. 钻井风险管理知识集成与智能决策研究[D]. 西安：西安石油大学，2012.

[58] Carbonari, A., Giretti, A., Naticchia, B. A proactive system for real-time safety management in construction sites[J]. Automation in Construction. 2011, 20(6): 686-698.

[59] 周命端. 基于施工机械安全监控的GPS技术与方法研究[D]. 武汉：武汉大学，2013.

[60] Zhang, C., Hammad, A, Rodriguez, S.Crane pose estimation using UWB real—time location

system[J]. Journal of Computing in Civil Engineering. 2011, 26(5): 625-637.

[61] Ercan, G., Cicekli, I. Using lexical chains for keyword extraction[J]. Information Processing & Management An International Journal, 2007, 43(6): 1705-1714.

[62] Hildreth, J., Vorster, M., Maninez, J. Reduction of short-interval GPS data for construction operations analysis [J]. Joumal of Construction Engineering and Management, 2005, 131(8): 920-927.

[63] Pmhananga, N., Teizer, J. Automatic Spatio—temporal analysis of construction site equipment operations using GPS data[J]. Automation in Construction, 2013, 29(1): 107-122.

[64] 方俊，郭雷，王晓东. 基于语义的关键词提取算法[J]. 计算机科学，2008，35（6）：148-151.

[65] Brilakis, I., Park, M. W., Jog, G. Automated vision tracking of project related entities[J]. Advanced Engineering Informatics, 2011, 25(4): 713-724.

[66] Peddi, A., Huan, L., Bai, Y., et al. Development of human pose analyzing algorithms for the determination of construction productivity in real-time[M]. Building a sustainable Future, ASCE. 2009.

[67] Yang, J., Vela, P. A., Teizer, J., et al. Vision-based crane tracking for understanding construction activity[C]. Prod. 2011 ASCE International Workshop on Computing in Civil Engineering. Miami, USA, 20ll: 258-265.

[68] Golparvar-Fard, M., Pefia-Mora, F., Savarese, S. D4AR-A 4-Dimensional augmented reality model for automating construction progress monitoring data collection, processing and communication [J]. Journal of Information Technology in Construction, 2009, 14(7): 129-153.

[69] Rainer,. Jr. R. K. et al. Risk Analysis for Information Technology[J]. Journal of Management Information Systems. 1991, 8(1): 129-147.

[70] Klein, L., Li, N., Becerik·Gerber, B. Image-based verification of as—built documentation of operational buildings[J]. Automation in Construction, 2012, 2l(1): 161-171.

[71] Ibrahim, Y. M., Lukins, T. C., Zhang, X., et al. Towards automated progress assessment of workpack89e components in construction projects using computer vision[J]. Advanced Engineering Informatics, 2009, 23(1): 93-103.

[72] Hajian, H., Brandow, G. As-built documentation of structural components for reinforced concrete construction quality control with 3D laser scanning [C]. Prod. 2012 ASCE International Conference on Computing in Civil Engineering. Clearwater Beach, USA, 2012 : 253-260.

[73] Lee, J., Kim, C., Son, H., et al. Skeleton-based 3D reconstruction of as-built pipelines from laser-scanned data [C]. Prod.2012ASCE International Conference on Computing in Civil Engineering. Clearwater Beach, USA,2012: 245-252.

[74] Brilakis, I., Lourakis, M., Sacks, R., et al. Toward automated generation of parametric BIMs based on hybrid video and laser scanning data[J]. Advanced Engineering Informatics,2010, 24(4): 456-465.

[75] Turkan, Y., Bosche, F., Haas, C. T., et al. Automated progress tracking using 4D schedule and 3D

sensing technologies[J]. Automation in Construction,2012, 22: 414-421.

[76] 郭宁. 信息安全风险评估指标体系研究[C]. 中国信息经济学会2006年学术年会. 2006: 17-21.

[77] 程效军. 数字近景摄影测量在工程中的应用研究[D]. 上海: 同济大学, 2002.

[78] 张国建, 于承新等. 数字近景摄影测量在桥梁变形观测中的应用[J]. 全球定位系统, 2016, 41 (1): 91-95.

[79] Dai, F., Lu, M. Assessing the accuracy of applying photogrammetry to take geometric measurements on building products[J]. Journal of Construction Engineering Management, 2010, 136(2): 242-250.

[80] 李振涛, 许妙忠. 数字近景摄影测量在古建筑物重建中的应用研究[J]. 测绘地理信息, 2007, 32 (4): 8-9.

[81] Mohsini, R.A., Davidson, C.H. Determinants of performance in the traditional building process[J]. Construction Management Economics, 1992, 10(4): 343-359.

[82] 唐建华. 工程项目管理模式浅析[J]. 科学与管理, 2006, 4: 76-78.

[83] 丁玉君, 汪霄. 项目伙伴关系模式及其在我国的应用研究[J]. 经济师, 2006, 1: 50-51.

[84] 黄紫电. 建筑工程项目管理模式探讨[J]. 四川建材, 2006, 4: 122-124.

[85] 马世骁, 刘丽丽, 牟瑞, 等. 工程项目管理模式分析与创新实践[J]. 项目管理, 2007, 4: 9-11.

[86] 胡文亮, 霍卫世. 建设工程项目管理模式的比较和选择[J]. 西部探矿工程, 2007, 8: 230-233.

[87] Walker, M., Wakefield, R. Internet-Based Information Management for Production Builders[J]. Leadership and Management in Engineering, 2003, 3(2): 91-93.

[88] 潘佳怡, 赵源煜. 中国建筑业BIM发展的阻碍因素分析[J]. 工程管理学报, 2012（01）: 6-11.

[89] 李静月, 李培峰, 朱巧明. 一种改进的TFIDF网页关键词提取方法[J]. 计算机应用与软件, 2011, 28 (5): 25-27.

[90] 何琪, 陈李斌. 国内外工程项目管理现状比较与探讨[J]. 石油化工技术经济, 2004, 5（10）: 39-44.

[91] Irwin, B., Pilkington, N. High Level Internet Scale Traffic Visualization Using Hilbert Curve Mapping[C]. Vizsec 2007, Proceedings of the Workshop on Visualization for Computer Security, Sacramento, California, Usa, October. DBLP, 2008: 147-158.

[92] Akiyoshi, M.Knowledge sharing over the network[J]. Thin Solid Films, 2008, 517(4): 1512-1514.

[93] Algarni, A. M., Arditi, D., Polat, G. Build-Operate-Transfer in Infrastructure Projects in the United States[J]. Journal of Construction Engineering and Management, 2007, 10, 728-735.

[94] 熊忠武. 国际工程项目管理模式的比较分析[J]. 科技论坛, 2007, 6: 50-51.

[95] Kahkonen, K. Understanding and facilitating investment project definition process[C]. 14th World

Congress on Project Management, Slovenia, Finland, 362-368.

[96] Cleland, I.D. Project Management, Strategic Design and Implementation[M]. New York: McGraw-Hill International Editions, 1999.

[97] Jaafari, A., Manivong, k. Synthesis of a Model for Life-Cycle Project Management[J]. Computer-Aided Civil and Infrastructure Engineering, 2000, 15: 26-68.

[98] 陆惠民，苏振民，王延树．工程项目管理（第3版）[M]．南京：东南大学出版社，2015．

[99] 刘尔烈．国际工程管理概论[M]．天津：天津大学出版社，2003．

[100] 展磊．日本建设领域信息化标准的发展及其启示[J]．中国标准化，2007．

[101] 建设部：建设领域信息化工作的基本要点[J]．中国建设报，2001．

[102] Nam, C.H., TaTum, C.B. Noncontractual method of integrationon construction project[J]. Journal of Construction Engineering and Management. ASCE, 1992, 118 : 385-398.

[103] Egan. Rethinking Construction[M]. UK : Ministry of Construction Publishing House, 1998.

[104] 庄霁芳．Computer Integrated Construction的概念及其系统的研究[D]．上海：同济大学，2001．

[105] Howard, H.C. Computer integration: reducing fragmentation in the AEC Industry[J]. Journal of Computing in Civil Engineering, ASCE. 1989, 3 : 18-32.

[106] Anumba, C.J. Integrated System for Construction:Challenges For the Millenium[C]. International Conference on Construction Information Technology, HongKong, 2000.

[107] Evbuomwan, N.F.O., Anumba, C.J. An integrated framework for concurrent lifecycle design and construction[J]. Advances in Engineering Software, 1998, 29 : 587-597.

[108] 赖明．建筑行业信息化标准的发展对策与应用[M]．北京：中国建筑工业出版社，2002．

[109] 王要武，李晓东，孙立新．工程项目信息化管理—Autodesk Buzzsaw[M]．北京：中国建筑工业出版社，2005．

[110] 叶国晖．PIP（Project Information Portal）在工程建设项目中应用的研究[D]．上海：同济大学，2000．

[111] 贾广社．项目总控（Project Controlling）-工程项目的新型管理模式[M]．上海：同济大学出版社，2003．

[112] 刘伊生．建设项目信息管理[M]．北京：中国计量出版社，1999．

[113] 赵艳华．信息分类编码标准化[M]．北京：中国标准出版社，1996．

[114] 丁烈云，祁神军．大型复杂工程智能进度计划管理系统设计与实现[J]．施工技术，2006，35（12）．

[115] 钟波涛．丁烈云．基于知识支持的建筑施工质量控制系统研究[J]．计算机工程与应用，2006（33）．

[116] 史永辉，刘曲明，宋艳芳．软件需求分析的进一步研究[J]．情报指挥控制系统与仿真技术，2003（4）：40-43．

[117] 邱树伟. 关于软件需求分析的探究[J]. 福建电脑, 2008（7）: 48~50.

[118] 姚辉文. 国土信息系统需求分析[J]. 地矿测绘, 2004, 20（1）: 28~29.

[119] 孙凌. 计算机信息系统分析与设计[M]. 武汉: 武汉大学出版社, 1994.

[120] 宋远方, 成栋. 管理信息系统[M]. 北京: 中国人民大学出版社, 1999.

[121] 徐绪松. 管理信息系统[M]. 武汉: 武汉大学出版社, 1998.

[122] 中国东方航空公司电脑中心,《管理信息系统指南》编写组. 管理信息系统开发指南[M]. 上海: 上海科学普及出版社, 1992.

[123] 左美云. 信息系统开发与管理教程（第二版）[M], 北京: 清华大学出版社, 2006.

[124] 谢琼. 建设项目信息流分析[D]. 南京: 东南大学, 2005.

[125] 王锁柱, 李怀祖. 企业高层管理者之信息需求——软信息[J]. 情报科学, 2009, 23（1）: 38-42.

[126] 龚建斌. 浅析项目沟通管理体系[J]. 电子商务, 2012（12）: 49-50.

[127] 王宇静. 基于项目信息门户（PIP）的工程项目信息管理研究[J]. 工程管理学报, 2007（2）: 44-47.

[128] 邝孔武. 管理信息系统分析与设计[M]. 西安: 西安电子科技大学出版社, 1995.

[129] 李明星, 黄梯云. 管理信息系统[M]. 哈尔滨: 哈尔滨工业大学出版社, 1998.

[130] 薛华成. 管理信息系统（第四版）[M]. 北京: 清华大学出版社, 2003.

[131] 顾基发. 物理-事理-人理（WSR）系统方法论[J]. 交通运输系统工程与信息, 1995（3）: 25-28.

[132] 徐维祥, 张全孝. 从定性到定量信息系统项目评价方法研究[J]. 系统工程理论与实践. 2001（3）.

[133] 李晓东, 张德群, 孙立新. 工程管理信息系统[M]. 北京: 机械工业出版社, 2004.

[134] 张静, 骆汉宾. 基于知识库的建筑工程施工质量控制平台研究[D]. 武汉: 华中科技大学, 2005.

[135] 全国工程项目质量监督工程师培训教材编写委员会编. 工程质量管理与控制[M]. 北京: 中国建筑工业出版社, 2001.

[136] Xu, S., Luo, H. The Information-related Time Loss on Construction Sites: a Case Study on Two Sites[J]. International Journal of Advanced Robotic Systems.2014, 11(8): 128.

[137] Agarwal, R., Chandrasekaran, S., Sridhar, M. Imagining construction's digital future[J]. McKinsey & Company, 2016.

[138] 清华大学建筑节能研究中心. 中国建筑节能年度发展研究报告2020[M]. 北京: 中国建筑工业出版社, 2020.

[139] Peter, M., Timothy, G. The KIST Definition of Cloud Computing[S]. National Institute of Standards and Technology: Tech, Rep, 2009.

[140] 丁烈云. 数字建造导论[M]. 北京：中国建筑工业出版社，2020.

[141] 高星林，张鸣功，方明山，等. 港珠澳大桥工程创新管理实践[J]. 重庆交通大学学报（自然科学版），2016，35（S1）：12-26.

[142] 杨正洪，周发武. 云计算和物联网[M]. 北京：清华大学出版社．2011．

[143] Song, K., Pollalis, S. N., Penamora, F. Project dashboard: Concurrent visual epresentation method of project metrics on 3D building models[J]. Computing in Civil Engineering, 2005, 26(5): 12-27.

[144] Besl, P. J., McKay, N. D. A method for registration of 3-D shapes[J]. IEEE Trans Pattern Anal Mach Intell, IEEE Transactions on Pattern Analysis & Machine Intelligence, 14 (1992) 239-256. DOI: 10.1109/34.121791.

[145] 黄赞杰. 无线网络环境下的资源分配问题算法研究[D]. 合肥：中国科学技术大学，2015.

[146] 傅卫平，秦川，刘佳，等. 基于SIFT算法的图像目标匹配与定位[J]. 仪器仪表学报，2011，32（1）：163-169.

[147] Westoby, M. J. , Brasington, J. , Glasser, N. F,, et al. 'Structure-from-Motion' photogrammetry: A low-cost, effective tool for geoscience applications[J]. Geomorphology, 2012, 179 : 300-314.

[148] 王子朴，梁金辉，陆卫平，等. 国家体育场投融资模式及赛后运营财务分析[J]. 体育科学，2010，30（001）：16-29.

[149] Sutherland, I. E. A head-mounted three dimensional display[C]. In Proceedings of the December 9-11，1968，fall joint computer conference, part I, pages 757–764. ACM, 1968.

[150] Lanier, J. Virtual reality: The promise of the future[J]. Interactive Learning International, 8(4): 275–79，1992.

[151] Fuchs, P., Moreau, G., Guitton, P. Virtual reality: concepts and technologies[M]. CRC Press,2011.

[152] Cruz-Neira, C., Sandin, D. J., DeFanti, T. A., Kenyon, R. V., Hart, J. C. The CAVE: Audio visual experience automatic virtual environment.Communications of the ACM, 1992，35(6): 64-73.

[153] De, Klerk. R., Duarte, A. M., Medeiros, D. P., et al. Usability studies on building early stage architectural models in virtual reality[J]. Automation in Construction, 2019，103 : 104-116.

[154] Rahimian, F. P., Seyedzadeh, S., Oliver, S., et al. On-demand monitoring of construction projects through a game-like hybrid application of BIM and machine learning[J]. Automation in Construction, 2020，110 : 103012.

[155] Shi, Y., Du, J., Lavy, S., Zhao, D. A Multiuser Shared Virtual Environment for Facility Management[C], in: Procedia Engineering. Elsevier Ltd, 2016. 120-127.

[156] Sandor, C., Klinker, G. A rapid prototyping software infrastructure for user interfaces in ubiquitous augmented reality[J]. Personal and Ubiquitous Computing, 2005，9（3）：169-185.

[157] Fukuda, T., Yokoi, K., Yabuki, N., et al. An indoor thermal environment design system for renovation using augmented reality[J]. Journal of Computational Design and Engineering, 2019, 6

（2）:179-188.

[158] Park, C. S., Kim, H. J. A framework for construction safety management and visualization system[J]. Automation in Construction, 2013, 33 : 95-103.

[159] Fazel, A., Izadi, A. An interactive augmented reality tool for constructing free-form modular surfaces[J]. Automation in Construction, 2018, 85 : 135-145.

[160] Neges, M., Koch, C. Augmented reality supported work instructions for onsite facility maintenance[C]. 23rd International Workshop of the European Group for Intelligent Computing in Engineering, 2016.

[161] Mehrbod, S., et al., Characterizing interactions with BIM tools and artifacts in building design coordination meetings[J]. Automation in Construction, 2019. 98 : 195-213.

[162] Boton, C., Supporting constructability analysis meetings with Immersive Virtual Reality-based collaborative BIM 4D simulation[J]. Automation in Construction, 2018. 96 : 1-15.

[163] Wolfartsberger, J., Analyzing the potential of Virtual Reality for engineering design review[J]. Automation in Construction, 2019, 27-37.

[164] Liu, Y., et al., Evaluating the Impact of Virtual Reality on Design Review Meetings[J]. Journal of Computing in Civil Engineering, 2020. 34(1): 04019045.

[165] 中华人民共和国住房和城乡建设部. 盾构法隧道施工及验收规范GB 50446-2017[S]. 中国建筑工业出版社，2017.

[166] Lindstrom, P. Out-of-core simplification of large polygonal models[C]//Proceedings of the 27th annual conference on Computer graphics and interactive techniques. 2000 : 259-262.

[167] Han, K. K., Cline, D., Golparvar-Fard, M. Formalized knowledge of construction sequencing for visual monitoring of work-in-progress via incomplete point clouds and low-LoD 4D BIMs[J]. Advanced Engineering Informatics, 2015, 29(4): 889-901.

图书在版编目（CIP）数据

工程项目管理信息分析/骆汉宾主编；钟波涛副主编．—北京：中国建筑工业出版社，2021.12（2024.7重印）
住房和城乡建设部"十四五"规划教材　高等学校智能建造专业系列教材
ISBN 978-7-112-27031-6

Ⅰ.①工… Ⅱ.①骆…②钟… Ⅲ.①工程项目管理—高等学校—教材 Ⅳ.①F284

中国版本图书馆CIP数据核字（2021）第270043号

本书以工程项目为对象，系统地介绍了工程项目管理信息分析的有关理论知识和实务。本书主要内容包括：工程项目管理基本概念及数字建造模式下的工程项目管理变革，工程项目管理信息的采集与传输、表达与建模、存储与分析，工程项目管理信息系统开发、实施及其评价等。

本书可供建设行业专业技术人员和管理者使用、高等院校相关专业师生学习参考，可作为工程项目管理信息化相关课程的教材。

为更好地支持相应课程的教学，我们向采用本书作为教材的教师提供教学课件，有需要者可与出版社联系，邮箱：jckj@cabp.com.cn，电话：（010）58337285，建工书院http://edu.cabplink.com。

责任编辑：张晶
书籍设计：锋尚设计
责任校对：姜小莲

住房和城乡建设部"十四五"规划教材
高等学校智能建造专业系列教材
工程项目管理信息分析
骆汉宾　主　编
钟波涛　副主编

*

中国建筑工业出版社出版、发行（北京海淀三里河路9号）
各地新华书店、建筑书店经销
北京锋尚制版有限公司制版
建工社（河北）印刷有限公司印刷

*

开本：787毫米×1092毫米　1/16　印张：18¾　字数：385千字
2022年6月第一版　2024年7月第二次印刷
定价：**48.00** 元（赠教师课件）
ISBN 978-7-112-27031-6
（38831）

版权所有　翻印必究
如有印装质量问题，可寄本社图书出版中心退换
（邮政编码100037）